映像メディア表現の教育的意義

~感性による教育の地平から~

柳沼宏寿 編著

学術研究出版

目　次

第3部　拡張する表現

第4部　創造の現場

序

　本書は映像メディア表現の教育的意義に関する論考・実践集である。近年、インターネットやソーシャルメディアを介したコミュニケーションが急速に発展してきたが、その中でも映像メディア表現は大きな比重を占めている。視覚文化として言葉を超えた広がりを見せており、これからのグローバル社会においても期待が高まるところである。政府が掲げる Society5.0 や GIGA スクール構想も、教育現場では当初鈍い足取りだったが、皮肉にも 2020 年に発生した感染症パンデミックによって後押しされる結果となり、「個別・最適な学び」というスローガンと合致しつつ児童生徒 1 人 1 台のタブレット端末が配備されるに至った。しかし、その展開に対応するカリキュラムや教科書、さらにはメディアリテラシーなど、必要とされるコンテンツの整備は追いついていない。さらに現場では、授業での ICT 活用が目的化し、多くの教師が疲弊してしまうという状況すら生じている。さらに留意しなければならないのは、「個別・最適な学び」というスローガンが、格差を是正し個の実情に応じた教育を保障するかのように見えて、ややもすれば美術教育が大切にしてきた「個性の尊重」とは乖離してしまう危険性があることだ。子どもの個々の多様性や特殊性をより効率的に矯正するストラテジーにも転化しやすい危うさを我々は見過ごしてはならない。そのような意味で、視覚リテラシーの観点から鑑賞教育を蓄積してきた美術教育が果たすべき役割は極めて重要である。歴史的にも大きな転換期であるこの時期に、映像メディア表現に関する先端的な理論と実践を集約し、本質に迫る議論を生み出すとともに新しい実践への道標にしようというのが本企画の趣旨である。

　今回の出版にあたり、この局面を乗り越えるための一つの視座を「感性」に据えた。「感性」については宮脇理が著書『感性による教育―学校教育の再生―』(1988年) において、「知」に偏した学校教育に対する美術教育の役割として示している。そこで取り上げられていたのは映画監督羽仁進の『絵を描く子どもたち』である。戦後間もない頃の子どもたちが鉛筆やクレヨンで絵を描いている映像からは素朴なユートピアが連想されがちだが、宮脇はアメリカ映画『暴力教室』と対比させながら、それぞれの次元で感情を爆発させている様相に「創造」の本質を捉えている。「芸術教育が主たる教育への味付け程度のレベルから一転して装置として

はきわめて前衛的、急進的な性格を携えている」と、子どもの表現における「感性」の両義性と可能性に言及しているのだ。現在、デジタルネイティブとも言われる子どもたちがタブレットで自在に映像加工や編集を行っているが、それは『絵を描く子どもたち』で映し出された子どもの姿と重なって見える。時代が変わっても、その時代に即応したツールを手にした途端、子どもたちの「感性」がほとばしる光景は同じであり、また、それが一転して「暴力」と化してしまう危うさも同様に潜在する。やはり、子どもの「感性」こそ、教育の重心に据えられるべきではないだろうか。映像メディア表現を通して子どもたちに何を育むのか、今こそそのような視点から「映像メディア表現」の意義と可能性を見出し共有することが必要である。

　本書に収められた論考23編は、教育史の大きな転換点において様々な領域から映像メディア表現の意義と可能性を開示している。おおよその内容から4部に構成したが、視点の重心が異なるだけで、それぞれが共振し合いながら映像メディア表現の教育的な意義を浮かび上がらせている。本書を手にされた方々とさらに共振し、その波動を広げながら、新しい時代を担う子どもの「感性」を豊かに育む一助となれば幸いである。

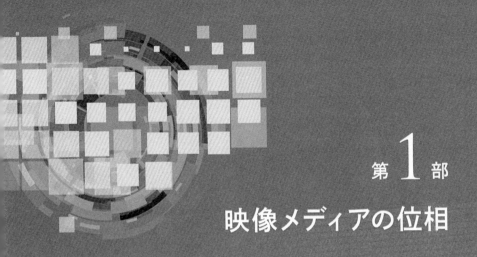

第 1 部

映像メディアの位相

映像・イメージをとりまく認知多様性と美術教育

Image and imagery: Cognitive diversity and art education

佐原　理

Osamu, Sahara

1．映像とイメージの関係は興味深い

　映像とは何か？と問われた時に、私はよくフランス語のイマージュ（image）で考えるとわかりやすいと説明する。Image とは目の前にあって見えているイメージと、頭の中のイメージ、双方を指す言葉である。つまり私たちの頭の中と目の前の現実世界とを双方向に行き来する視覚的なイメージが映像なのである。私たちは呼吸をするかのように、古代から頭の中のイメージを外に描き出し、それに触れることでまた感受しイメージを膨らませてきた。そこに中世にはカメラ・オブスキュラ等、レンズによって映し出されるイメージを絵画として描く手法が広まり、また、19 世紀にはダゲレオ・タイプなど眼前の世界を定着し写しだすイメージが技術として登場したことで、いわゆる写真などの映像メディアが登場する。現実世界をレンズによって如実に紙やフィルムに定着させる技術は 1900 年のパリ万博では、気球に搭載した全天球カメラで撮影した映像を、直径 30m の全天球のスクリーン劇場に投影し、中空に浮かぶ仮設の気球から鑑賞する「シネオラマ」が上映（技術的な問題により 1 日目で公開終了しているが）されるなど 120 年も前にすでにこうした映像表現に果敢に挑戦している点は非常に興味深い。特に我々が見る世界をそのままのように切り取れる映像技術の隆盛は我々自身が何者で我々の世界がどのような場所であるのか客観的に認識するという、外なる視覚を持つに至ったわけである。そして、私たちが頭の中で描く内なる視覚イメージもまた映像として表出させることで我々の社会に定着させてきたのである。この内なる視覚イメージの豊かさもまた、そうしたテクノロジーの進展とともに変化を遂げてきたと言って良いだろう。例えば私たちは SF 映画を見ることで宇宙をより鮮明に思い描くことができるだろうし、また、ドラマのシーン構成のようにモンタージュ映像的な構想も自然と身につけているだろう。さらにはInstagram のリール（Reels）のように映像的に発想をすることもあるかもしれな

い。つまり、どのようにこの世界をみつめ、頭の中で豊かに映像を創造し、また映像として表出するかという一連の行為は、感性を豊かにするという美術教育の要点とも関連するし、映像メディアの隆盛とも大いに相関しているといえよう。

　しかしながら、執筆にあたり"頭の中で豊かに映像を創造する"というイメージ想起に関して断りを入れておかなければならない。研究をしていると"これまで常識的に正しい"と思っていたものが実は違っていたということが稀にある。2018 年に出版された神林・ふじえによる『美術教育ハンドブック』の中では「ドビュッシーの『映像（Images）』第 1 集『水の反映（Reflets dans lea）』を聴くと、おそらく誰もが頭の中に水の弾ける美しい映像が広がるのではないか[1]」と冒頭で述べている。しかし、これが間違えだったのである。実は"誰もが"頭の中で視覚的なイメージ（心的視覚イメージ）を想起しているのかというと、そうではなく別のモダリティ（感覚の方式）を使って認知プロセスしているという理解が広がりつつある。例えば小説などの文字情報から"場面や情景を思い浮かべながら"読む、またはそれをもとに描くといった日常生活や美術教育でよくある場面がある、実はこのイメージの想起には個人差が大きく、全く心的視覚イメージを用いない人々がいるということも明らかとなっている。

２．映像メディアによる教育で何が得られるのか？

　それでは美術科における映像メディア教育の重要性はどのように考えるべきだろうか。これまでの研究では映像メディア表現が育む能力感の 1 つとして、映像が身体感覚を刺激し、映像から身体的アナロジーによって身体感覚を想像し表象的感覚を形成すること、また知識化していくことを【映像的触覚知】（V-TISK＝Visually Triggered Ideated Somatic Knowledge）と定義して研究[2]を進めてきた。

　映像的触覚知の研究は米国の認知言語学者ジョージ・レイコフ[3]やマーク・ジョンソン[4]のイメージ・スキーマ理論の言うような認知の投射による概念形成の過程に大きく関連する。ここでいうイメージスキーマは身体的な経験やそこから得られた感覚を投射し、抽象的な概念を形成する認知構造である。例えば「熱い」という言葉を例に考えると、火傷するほどに熱いコーヒーカップに触れた瞬間には、熱や痛みで反射的に飛び退き、その後じわっと痛みが指先に広がるだろう。

我々はそうした身体経験をもって、そこから熱いという経験を抽象化し「胸が熱くなる」といった抽象化された概念に転化しているのである。他にも「のぼる」という言葉の概念は 1 つの線状の経路に沿って上昇するということだが、木や公園遊具のはんとう棒に登る経験が元にあれば、「天にものぼる」といった心の動きに対応する抽象概念イメージが明確になる。つまり身体経験は概念形成の素地として働き、経験の投射によるアナロジー（類推）によって高次の概念に昇華させる。だからこそ幼児教育や初等教育において身体経験を重要視するというのも大変理解できる。

　現代の特に日本における美術教育では、素材と“触れ合う”ことや、自然などの眼前の世界を“身体をつかって経験する”ことが重要視されてきた。よって、だからこそ映像からではそうした身体的な認知やそれを元にした概念形成ができないと危惧されるわけである。一方でこれまでのどの時代よりも映像によって情報を得る現在、映像視聴において、より強く身体的な認知ができないかと考えたのが映像的触覚知である。

　映像による身体認知という点では、視覚と身体の不可分性に注目してきた。簡単なところでは、レモンの映像を見れば（レモンを食した経験があれば）唾液がでるように視覚と身体は密接に接続されており、切り離すことはできない。ブランコに乗る自身を映像によって鏡のように見ている最中に自分自身だけを消すと、たちまち自分の身体が消え去ったような錯覚に陥る作品も作成してきた[5]。また近年おこなっている Film Cycle Project[6] では、地域に遍在する個人が撮影した写真やフィルムを収集し、対話の場や上映会を地域に設けることで公共的な観点でフィルムを循環させ活用している。そこで、対話を引き出す手法として、手技による白黒写真のカラー復元を学生とともに進めてきた。色は調査に基づいて復元するわけだが、それでも本物ではない色味で写真の持ち主に持っていくと、それが記憶のトリガーとなり当時の記憶を引き出し多様な会話が生まれると言うものである。要点はそのフィルムへの着色の手技中のことである。画像加工ソフトウエアを用いて細部に渡りレイヤーを切って色味のバランスを取って組み上げていくと、息を吹き返すようにピタッと合う瞬間があり、それを繰り返していると写真の中の人に触れたような感覚に陥るのである。時には写真の中の音が聞こえたり、ふと匂いを感じる瞬間がある。そうした共感覚的な認知を体験した

瞬間、映像であっても、そのものの実体を体験したような不思議な感覚になる。まさにそれが映像的触覚知の体験である。また、こうした体験は同様に活動する学生らにも共通する。

　何百枚とこの白黒画像の着色作業を繰り返していると、白黒写真を見た瞬間にスイッチを入れるように集中すると色が透けて見えるようになってくる。こうした脳の認知構造は大変順応性・可塑性があり興味深い。例えば VR のヘッドマウントディスプレイを装着し上下左右反転した映像で生活することを強いても、しばらくすると順応して普通に生活ができるようになる。また、スマートフォンで頻繁にスロー撮影をくり返していると、自然とスローで撮影した映像を頭のなかで自己生成できるようになる。つまり、私たちがどのようにこの世界を認知するかは、身体だけではなく使用しているテクノロジーやどのように世界と接しているのかによって変化する。そうした意味で感性を豊かにするという点でもテクノロジーが果たす役割は大きい。映像メディアでしか育たない、発露し得ないものの見方や感性にアプローチできるということがわかる。実際に写真 1 枚に何日も時間をかけて"擦る"ように強固に身体的につながりを得ると、その生きたリアルな感覚は他の写真や映像を視聴する際にも再現できるようになる。

　一方で本当にそうした映像的触覚知があるのか？と自分で体験しながらも、こうした感覚には実体がなく確証が得られないというのが困りごとであった。そこで近赤外線分光法 Near-infrared spectroscopy（NIRS）を用いて脳が実際に映像視聴時に触覚を誘発しているのかを計測することにした。我々の脳にはブロードマンエリア 5（BA5）と呼ばれる箇所があり、手指や皮膚など末端の神経から入力された触覚信号をまとめ、体性感覚・運動を処理している。またブロードマンエリア 7（BA7）はさらに視覚と運動を統合し、空間上のものを手で取るといった処理に関係している。これまでの研究では、映像を拡大したり色づけしたり何度も"擦る"ような作業を繰り返すと映像視聴の際にも体性感覚を司る BA5 や BA7 が活性化するようになることが明らかになっている。つまりは、美術教育における映像メディア表現でよくみられるような、映像を加工し自己表現するような活動は、映像に対する感受性を確かに陶冶することが可能であると言える。また、調査したのは触覚に関する反応であるが、匂いや色なども同様に発露が可能であると推察している。よって、前段のような体験は実際に脳の活動計測からも裏付

けられ、美術教育を通して写真や動画など映像メディア機器を用い、立ち止まり深く見つめる、映像に触れ、豊かに感じ取り表現するといった行為そのもの経験が実は大変重要ということになる。多様で膨大な量の情報を映像によって得る今日だからこそ、この世界を自己と結びつけより実態あるものとして感受し、映像的な感性やものの見方を育むことは発達段階に合わせ幼児期からでも重要で、未来を生きる子どもたちに取って有用な資質となる。

3. 頭の中の映像と認知多様性

　一連の NIRS を用いた映像的触覚知の研究をしていると、映像をどのように感じ取っているかには個人差が大きいこともわかった。写真などの映像をみても全く BA5 などの触覚野が反応しない人もいれば、多様な部位が反応する人もおり、ある一定のパターンで感じ取っている特性があることに気づく。前項で述べたように時間をかけて実践を積めば、脳が順応し多様な感じ取り方ができるようになりそうではあるが、そこはより慎重に検討をしていく必要がある。というのも、冒頭で述べたように "誰もが" 頭の中で視覚的なイメージを想起しているわけではなく、別のモダリティを使っている場合もあることがわかったのである。写真の色づけなどをしている際にも「白黒写真をみて頭でどんな色かイメージを思い浮かべて進めてみましょう」というような声がけをすると「イメージが浮かびません」と応える学生がいる、普段であれば、「当時の資料を探してみましょう」などと助言して見過ごしてしまうが、たまたま映像と認知の研究をしていたことから、色々調査をしてみたところ、日常的に心的視覚イメージを使用しない認知特性タイプの人がいるということがわかったのである。

　それはアファンタジア（Aphantasia）[7] と呼ばれ、2015 年にスコットランド、エディンバラ大の心理学研究者アダム・ジーマン（Adam Zeman）によって名付けられ "生涯にわたり心的視覚イメージをもたないもの" と定義づけられている。2015 年？と疑問に思われる方も多いかもしれないが、どうも認知心理学では全く心的視覚イメージが浮かばない状態、つまり調査票に全て 1 と記入した場合はエラーとして排除していたということのようである。またアファンタジアは全くイメージを想起しない状態から、輪郭程度なら視覚的に想起できるなど認知のスペクトラムとして存在している。概ね 4％程度の出現率であるため、30 人学級で

あれば、おそらく一人ぐらいはこうした特性の子どもがいると考えても良いだろう。逆に視覚的イメージを鮮明かつ詳細に想起できるハイパーファンタジアも同程度おり、2023年の福島大学の高橋による研究[8]では正規分布していることがわかっている。さらに、これまでの筆者の研究では創造的に"見たことのないもの"を想像するとなると20%以上はまったくイメージを想起しないことも明らかとなっており、より複雑なものになればこの数字が増加することが考えられる。

実はこうした心的視覚イメージの認知が、創造性のプロセスにも多様に関わっており、例えばアファンタジアタイプでも音声言語モダリティによってプロセスするタイプでは、視覚的に想像を膨らますよりも、音声イメージを膨らませた方がはるかに創造的な思考がしやすい。つまり、イメージという言葉を聞くと、ついつい視覚イメージを優先して考えてしまうのだが、視覚以外にも聴覚、嗅覚、味覚、触覚、身体感覚、感情など複数の感覚モダリティを用いて心的イメージを形成しており、これらの鮮明度の強弱や得意なモダリティーは個人差が大きいということである。特に先の高橋の研究によれば、アファンタジアでは全てのモダリティーが低いタイプと視覚だけ低いタイプがあり、これも個人間で多様である。また、アファンタジア特性の方は視覚イメージを使わないため、リズムの大・小を表現するなど感覚の比喩的な表現も苦手な場合が多い。そうした場合には、触覚や言語などまた別に得意とするモダリティーをつかって想像を膨らませるほうが容易に対応できそうである。つまり美術教育の現場で創造的なプロセスをサポートするには各個人の特性をまずは把握し、その特性に合わせ個別最適化して声がけするなどの対応をする必要がありそうだ。

またアファンタジア特性の方々はこれまでも特に日常生活を送る上で何ら不自由な障がいがなかったように、あくまでも特性であり心的視覚イメージが"できない"のではなく、心的視覚イメージを"使わない"特性と捉えることが肝要だと強調しておきたい。また静物画のデッサンなどに顕著な、見ながら描くといった参照能力は別機能であり、さらに夢を見るものもいれば見ないものもいる。よって、Recallという想起する機能を使わない特性ということである。また、アファンタジアスペクトラムでも比較的に弱いハイポファンタジア（Hypophnatasia）では、心的視覚イメージを想起する際に白い朧げな輪郭で想起するという方もいる。これまでの経験では、心的視覚イメージ想起を無理に依頼すると過度な集中

をすることで疲労から心身の不調を申し出ることもあり、注意が必要で、異なったモダリティを強要してしまうと高い教育効果が望めないと考えられる。

　アファンタジア特性は心的視覚イメージを使わないからこそ、その他のモダリティによる発想や表現が強く現れる。2023 年開催の大学美術教育学会香川大会でのシンポジウムでは、実際にアファンタジア特性をもつ方をお招きして、どのようにプロセスしているのか公の場で伺う機会を得た。お一人は大抵何かを思い浮かべるというときは、頭の中でずっとラジオ音声が流れているようなイメージと述べているし、また別の方は映像を見ると、全て字幕のように文字が出てきて、何かを思い浮かべる際は文字が降り注ぐように浮かぶようなイメージ、またあまりにもインプットが多いと文字が溢れすぎてフリーズしてしまうと述べている。さらには、触覚的な記憶で整理している部分も多く、文字は触れるような触覚記憶で覚えていたり、旅行に出た際にはその地にある銅像と同様のポーズをとることで体性感覚で記憶に残していたりするなど、特定のモダリティで処理をしていることが窺われる。

　逆にハイパーファンタジアに関する研究もまだまだ少ないが、筆者個人はそこに当てはまるため、個人の所感にすぎないが、概ね全て鮮明・詳細に視覚的に想起する特性であるためか、文字記憶が大変不得意で書籍を黙読で 1 冊も読めたことがない。声に出して読む、もしくはイマーシブリーダーなどの MS-Word に標準装備されている音声読み上げと読み上げ箇所の視覚的明示をする支援ツールを使えば容易に理解ができる。つまり音声情報に変換していれば問題がない。この特性のおかげで、本を読むときは大抵は小声でブツブツと喋っていなければ頭に入らず、文字だけで黙読した際にはたちまち頭の中で視覚イメージをつくり、その視覚イメージがどんどんと進展していってしまうため、相当に集中して読まない限りは、ふと気づいた時には読んでいる文書と全然違うストーリーが頭の中にできてしまう。だからまた最初から読み返さなければならず、それを繰り返しているうちに、1 ページも読まないうちに寝てしまうということが多々ある。

　アファンタジアに話を戻せば、こうした特性をもつ人々は映像に対する興味や執着が人一倍強い場合もあり、のちに参照するために写真を人一倍多く撮影して残している方もいる。また、実際に私の映像デザイン研究室を希望する学生の中にこうした特性を持つ学生が多いのも事実である。特に美術教師はそうした特性

をもつ生徒が必ずいるということを知識として持っておくことが重要である。

４．映像教育と美術教育の地平

　美術教育の視座からアファンタジアスペクトラムを研究することは、すなわち私たちの創造プロセスとその教育を考えることにもつながる。例えばジーマンも登場する Aphantasia: The People Without a Mind's Eye | 'Out of Mind' | Wired UK[9] の中で紹介されるアファンタジア特性をもつデザイナーの AMY RIGHT の例では、私が記憶している方法はとても異なっていて、全て正常に稼働しているがモニターだけが消えているコンピューターだと比喩的に述べている。また「創造性は頭の中で見えている視覚イメージによらない、それは多様な場所からくる」と述べている。ディズニーのアファンタジア特性をもつアニメーターを例に、アファンタジア特性の表現方法について、キャラクターの感情（表情や動きで）を表す際には、心的視覚イメージを持たないため、自分で表情をつくったりキャラクターの動きを自分でやってみる等の触覚的な感覚で頭の中のイメージを翻訳して紙に描き出すとした。

　この創造性は多様な場所からくるというのが重要であるし、またインクルーシブデザインの観点からも今一度美術教育における創造のプロセスを再考することが重要であろう。例えば日本文教出版の中学校美術教科書にある【想像の世界へ】の単元 [10] では以下のような教示文がある。

　　私たちは、童話や各地に伝わる民話や伝説、詩や物語などを読んでいて、その場面を思い浮かべることがあります。また、偶然目にした面白い形や美しい色などから、何かを連想することもあります。このようなきっかけをもとに想像を広げ、材料や表し方を工夫して、絵や立体に表してみましょう。

　こうした想起することを前提とする題材の場合は、特にアファンタジア特性の場合は、そのまま視覚的な想起を前提にすると、シンボルの組み合わせによる表現が多くなることから、音や触覚、会話など多様なモダリティにも注目して想像を膨らませることが重要である。また、それらのモダリティから視覚情報へと変換して絵や立体に表すためには参照する画像などを十分に用意し、それらを組み

合わせ視覚的な表現に結びつけるサポートをする必要がある。得意なモダリティ
で想像を膨らませそれを一旦メモ等で書き起こしたり拡げる活動をした上で絵と
して表現するといった指導上の工夫や配慮をすることはアファンタジア特性に限
らず有用であると考えられる。また、こうした視覚的なイメージ想起や参照のサ
ポートをするには、例えば Adobe 社の Photoshop でも標準機能として生成 AI に
よる描画が搭載されている。教室内に 1 台でもこうした映像メディア機器とアプ
リケーションがあれば十分にサポートが可能である。また、一人一台のタブレッ
ト端末配備がされている環境であれば画像検索を許可するだけでも大きなサポー
トになるだろう。また、描かれた絵だけではなく、どのように想像を広げ、表現を
工夫したのかというプロセス部分にもより注視して対応する必要があるだろう。
よって、個々の児童、生徒、学生には多様な特性や感覚モダリティがあり、特性に
沿った指導をすることでより教育効果が高くなることが予想される。例えば私で
あれば、"集中して黙読することで物語を味わい理解しよう"などと言われたら、
それはもう無理としか言いようがない。幼児期などの早い段階で 1 つの特性に限
定して育てるというよりかは、発達段階で多様なモダリティで眼前の世界をプロ
セスすることを経験し、自分の特性を理解することも肝要である。これまで、ど
ちらかといえば映像による教育という視点で映像を捉えてきた。もちろん映像の
教育も重要なのは言うまでもない。生成 AI 等による Fake 情報などが大きな社
会問題になっているが、当然のことながら"つくる"側に立つほうがリテラシー
も高くなる。心的イメージの認知特性やこうした社会的なニーズに美術教育が寄
り添っていくことを期待したい。

　最後に簡潔に本稿をまとめておきたい。私たちがこの世界をどのように捉える
のか、それは物理的な眼前の世界のみならずタブレットやスマートフォンなどの
モニター、またはスクリーンを通した映像の世界も並行して勘案していく必要が
ある。多様なものに触れ、身体を通して経験を積み重ねていくことは特に幼児期
からの概念形成上でも重要であるが、一方で先に述べたような映像的触覚知によ
る実体的な映像の感受や思考による概念形成も今の社会を生き抜くには大変重要
である。さらに、私たちがどのようにこの世界を捉えているのかは多様性があり、
心的視覚イメージが非常に詳細かつ鮮明に想起できるというのは非常に少数で、
見たことのない複雑なものや創造的な視覚イメージの想起は相当の割合（現段階

の研究では2から3割程度）で"全く心的視覚イメージが出ない"ということも理解しておく必要があるだろう。またアファンタジア特性に限らず個人個人が得意とするモダリティを活用して創造的な思考を広げることは美術にとどまらず、全ての学びを考える上で重要である。美術教育は特にそうした"我々が人間らしくより豊かに世界を感受し、創造的に生きる"その基盤を担う教科である。

註

謝辞：本研究は JSPS 科研費 23K02459 の助成を受けたものです。

1）佐原 理、「映像メディアによる美術教育をどう扱うか」『美術教育ハンドブック』神林恒道・ふじえみつる、三元社、2018

2）Sahara. O,「Significance of Educating Media Art Expression in Art Education from a Cognitive Science Approach」,『Global Media Arts Education: Mapping Global Perspectives of Media Arts in Education』, Knochel. A, Shara.O, Eds, Palgrave Macmillan, 2022, pp165-179.

3）Lakoff, G.「A Cognitive Theory of Metaphor. Philosophical Review」96 (4), 1987, pp.589-594.

4）Lakoff, G., & Johnson, M.「Philosophy in the Flesh: the Embodied Mind & its Challenge to Western Thought」Basic Books. 1999

5）佐原理「Time Machine Project」YouTube, 2009
https://youtu.be/SsZ81JNNU3I?feature=shared

6）Ikegawa, T., Sahara, O., Matsumoto, A .「Film Cycle Project」,『Cumulus Paris Conference Proceedings』2018

7）Zeman, A., Dewar, M & Della Sala., S「'Lives without imagery: Congenital aphantasia'」,『Cortex』, vol. 73, 2015, pp. 378-380.
https://doi.org/10.1016/j.cortex.2015.05.019

8）Takahashi, J., Saito, G., Omura, K., Yasunaga, D., Sugimura, S., Sakamoto, S., Horikawa, T,. Gyoba, J.,「Diversity of aphantasia revealed by multiple assessments of visual imagery multisensory imagery, and cognitive style」『Front Psychol』2023, pp.1-14
doi: 10.3389/fpsyg.2023.1174873. PMID: 37546458; PMCID: PMC10403065.

9）WIRED, Aphantasia: The People Without a Mind's Eye | 'Out of Mind' | Wired UK Retrieved: https://www.wired.co.uk/video/watch/aphantasia-the-people-without-a-minds-eye-out-of-mind-wired-uk

10）日本文教出版「美術1」日本文教出版株式会社、2009

連環する'イメージ'メディアと対話的な場
―実感のある経験世界を探究する中で―

Linked "Image" Media and Field for Dialogue:
In Exploring the Experience of Feeling Reality

赤木 恭子

Kyoko, Akaki

1. 現代において再編されるイメージの諸相

　急速な情報化が進む現代においては、Deep Learning[1] に基づく AI 技術の他、プログラミングに拠る IoT[2] やドローン技術、AR、VR、プロジェクションマッピング、アクションカム等、新たなテクノロジーによる表現が広がっている。

　SNS[3] にみられる静止画（写真）や動画像を例に挙げれば、美や造形を内包する連接的なイメージにおいて、身近な周辺世界の気づきを再編するセルフィで多文化的な世界観も認められる。そのような場で人々の感覚は、不確実な環境に触れて移り変わる自己イメージを輻輳する metaverse と現実との間で、'抽象的なイメージのフレームワーク'と'事象のフロー[4]'に連なる media との往還にあるといえよう。またそこで複雑化する知覚の対象は、コミュニケーション自体に依拠することから、独自のコミュニティやプラットフォームを想起させ、多様な事象を連ねる有機的な媒体にアフォードされる'現実という経験知を再編する機能'[5]を問い直す要因ともなっている。

　これらの観点を、私たちの生活環境と周辺世界の認識を組み替えていく機会としてみれば、創造的な起点としての実在的な共有環境（実感を伴う経験的な場）に、文化的・社会的な地平がイノベートされる可能性を見通すことができると考える。

2. 次世代の教育に向けて

　近年、文部科学省が示す教育の動向には、SDGs の諸課題への取り組みや、STEAM 教育、プログラミングにおける論理的思考力の育成等を拡充していく流れがみられる。この流れは、先の情報化社会の中で、個の変容に基づくグローバ

ルな価値基準[6]が追求される場においては、科学技術の限界を変性し、多様な事象や領域を複合的・横断的に結ぶ学修を実証していく段階にあるといえよう。

　こうした経緯の下で、学校教育には今、人々が共創する実社会に、新たな意味や価値を見出していける思考力・判断力・表現力の獲得を目指していくことが望まれている。それは、多様化する個の主体性や創造性において、身体に根ざす経験を通して事象と対話（dialog ／真の対話[7]）し、自他の文脈や、異なる存在を自律的に協働し得る ‘個’ と、‘創造的な事象の生成プロセス’ を志向することでもあるだろう。そして、人間形成を志向する美術教育[8]には、時代に応じて変容する人の生への営みを、メディア（媒体性）を内包する美や造形の本来的な意味や価値に照らして探求する学び[9]が重視されると考える。

3. ‘イメージ’ メディアを内包する創作行為
―感覚や経験の representation[10] ―

　以上を踏まえ、本項では、AI や動画像による映像表現について事例を挙げ、述べることとする。特に、先述した自己と周辺世界の認識を組み替えていくような、‘イメージ’ メディア[11]の特性に着目し、個人の感覚や経験に関わる創作行為の一端を記す。

(1) デジタルメディアによる再表現の視点

　昨今では、AI 技術によって自動生成される画像や、印象の生成を含む編集機能を備えたグラフィックソフトウェアおよびアプリケーション[12]は多岐にわたり、映像表現のあり方も多様に展開している。それらを用いれば、既存の画像編集を交えた創作行為に加えて、次に記すような画像の作成や加工等を行うこともできる。

　一例として、「もみじ」の画像（写真等のデジタルイメージ）を用意し、画像合成を行えるアプリケーション上で、「秋」という言葉を合成条件として指定したとする。すると、原画となる秋の風景に、もみじや動植物が添えられたイラストや写真などが瞬時に構成されて描写される。その画像に、「水彩」で「牡鹿」を添えて、さらに「朝靄がかかったような陰影をつける」というニュアンスを求めると、朝靄の中に牡鹿のシルエットを浮かび上がらせるような画像がつくり出される。こ

のイメージをさらに洗練すれば、秋の色彩の移り変わりや枯葉の音、匂い等をも想起させるような水彩画の描画イメージを表すことができるかもしれないといった具合である。(図1参照)

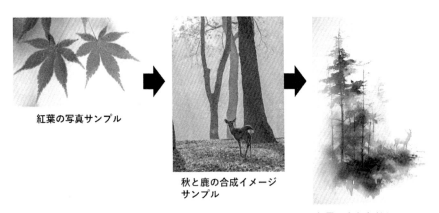

紅葉の写真サンプル

秋と鹿の合成イメージ
サンプル

朝靄に鹿を水彩タッチで
イメージした
画像加工サンプル

図1　AI技術や印象加工による画像生成過程のイメージサンプル

　無論、既存のアナロジカル(手作業の他、ペンタブレットなどによる描画表現を含む)な表現手法に及ばず、心外に、他者イメージを含む画像の蓄積に換算され、美的に造形されていく創作行為の中では、発想や構想を含む制作プロセスや、作品のオリジナリティの所在が問われる事態も推察される。しかし、AI技術に拠る創作過程に着目してみると、テクノロジーが生み出す思考傾向の蓄積とアルゴリズムの表現から逸脱するものとして、創作者が直観や偶然性などから経験的に連想するイメージも広がっている。

　ここで示したようなAI技術による合成画像やニュアンスに基づく作用は、個々人のイメージを再構築する段階に、即時的に事象を現すバリエーションのスタイルやインスピレーションに幅を与える可能性がある。そのような観点において、'イメージ'メディアによる映像表現は、アイデアの創出に困難な状況も含めて、誰もが気軽に想いを具現化し、事象に対する自他のイメージを再表現する媒体として有用と考えられる。

⑵ ‘連接的なイメージとフレームワーク’による意味生成と語り
―〔みる（感じる）こと×映し出す（撮る）こと〕を中心に―
①SNSにおける自己の探究と表象の場

先の⑴で示したAIに拠る画像加工の作用に続き、本項では、SNSの映像表現（写真や縦型のショートムービー等）における意味生成過程に着目して述べる。

映像表現に依拠するSNS（InstagramやX〈旧ツイッター〉、音響や身体表現をベースとするTikTok等）には、不特定多数の他者と即時的に複数の映像データをやりとりする日常的なプラットフォームが存在する。これを運営する個々人は、ライブ配信も含めて、写真や動画像を撮影して編集する。そして、映像のニュアンスの生成過程や画像配置等のフレームワークにおいて、自らのメディアコンテンツに関連づけられる他者の映像情報や観点と交わりながら意味生成の文脈を辿る。

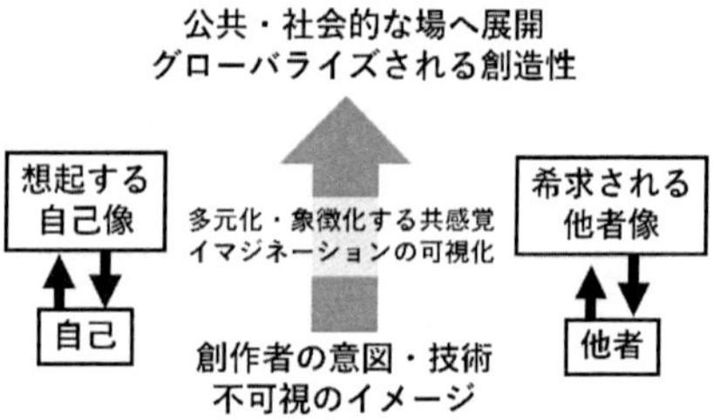

Instagramを例にみれば、自らの日常と周辺世界を結ぶイメージを連鎖・連想する中には、‘良い、美しい、映える’等の複数の画像のコンセプトや印象を見出しながら、身近な世界から切り取った印象を他者へ向けて配信し、共有していく創作の場が導かれている。そのようにして、自

図2　メディアを往来する多元的な自己像と文化的体系の創出

他を探求するミニマムな世界観においては、自らが感じて‘みる’ことと、社会へ向けて‘映し出す（撮る）’ことが一体化する関係性をリアレンジし、個人やグループから発信したものを新たなアイデアや行為へ飛び火させていくような文脈も認められる。またそこで、自己の認識によって意味づけられ、彩られた散文的な映像は、詩のようにnarrative[13]であり、それらが個々人のライフスタイルや価値の創造に関わるといった点においては、社会的なコミュニティを俯瞰する意味生成の契機にもなると考えられる。

以上は一例に過ぎないが、SNSにおける映像表現から派生するイマジネーションと多元的な自己像[14]の相関には、‘自分語り’な居場所やマイノリティ

な空間（創作環境に不可視のイメージ）が広がっている。また、そうした場を充足させていくメディアコンテンツが多様に形成されている。

　このようにしてメディアを往来するプラットフォームには、個が抱く現実感に他性を受容しながらグローバライズしていくクロスカルチュラルな共感覚や経験に基づく表象の場が導かれているといえよう。（図2参照）

②主題や印象に基づく映像編集の総体的な視点

　ここで、先の（1）と（2）で述べてきた現代のデジタルメディアを用いた映像表現の在り様を踏まえて、これらの基軸となるシンプルなタイムラインとフレームワークによる映像編集（動画を主とする）について述べることとする。

　クリップ（ショート動画）をランダムに並べ、一本の短い動画にする際、次のような創作プロセスが考えられる。

図3　クリップのイメージサンプル

タイムラインの事例：①丘の上には雪景色が広がり、その下に白い街並みがみえる。②時折吹く強い風に雪が揺れて舞い散るシーンが続く。③白い街並みの近くには線路があり、線路際に広がる湖を見渡す光景が流れる。④湖には複数羽の野鳥が舞っている。⑤タイムラプスの映像の間に、日が暮れて星が空へ徐々にのぼり、朝焼けとともに沈んでいくシーンに連なる。（図3参照）

以上のタイムラインによる動画に、「冬」というコンセプトを設けるならば、季節感を意識した映像となるような詳細なカット割りや色彩等の映像効果を考え、演出することができるだろう。主題を「鳥」とすれば、飛空する野鳥に着目して登場人物を定め、物語を考案し、演出することができるかもしれない。「風の記憶」とすれば、浮遊するものや流動的に動くもの、ノスタルジックな色彩等から着想する可能性もあるだろう。「星の下で」とすれば、時間経過や天候の変化によってイメージされる情緒的な儚さや寂しさ等に着目し、ロマンティックな物語も題材として構想できる。「旅」をフォームとすれば、想いや場所、vlog 的な視点の印象も重視されるだろう。また周辺の表現として、映像を活かす楽曲があるならば、そのスケール（音の展開）においては、オーケストレーション（統一された曲調）や音色（トーン）等と、映像表現としてのタイムラプスや逆再生、繰り返しの印象付け、画面上の余白や動線等の演出手法とあわせて、より効果的に、映像の印象を現していくことができるだろう。

　このように、同じクリップを用いた映像編集においても、主題やコンセプト、物語の流れ、構図，色彩，情景とし

図4　映像表現の総体としての意味生成過程[15)]

ての印象の移り変わり，対象物とのコミュニケーション等、その組み合わせや演出の視点を踏まえることにより、視覚情報としての映像の意味に変化が生まれる。また、これらのクリップが周辺を見聞きして得た映像素材である時には、主題や印象の下で、撮影者（個人あるいはグループ）が撮影現場に行き、限られた時間軸にあわせて映像に意図と目的を見出していく制作工程が想定される。そのような場においては、五感から一体的に捉えて事象を語ることにより、映像の断片を印象付けながら収束していく編集行為が行われていく。そして、現実性を与える統合した経験世界が、映像の作り手と見る者に convivial[16)] であればあるほどに、美や造形に関わる都度の印象を意味づけて映し出される内外の心的イメージは、経験的な事象のフローとの相関において、映像表現の総体的な連なりに意味づけられ、再構成されると考える。（図4参照）

(3) 映像メディア表現を交えた創作行為におけるリアリティの所在
—既存の実践を踏まえて—

　筆者はこれまでに、主に大学教育（教科教育：図画工作・美術）において、対話的なメディアの相関性に着目し、日常にみられる美や造形行為に映し出される実在的な経験の在り様を、社会的な文脈に照らして考察してきた。

　実践の展開として、映像メディア表現[17]に関わる内容は、'産学官の交流を目指した PBL やキュレーションによるカリキュラムの構築'、'地域性を活かした環境構成における教材開発やミクスドメディアによる表現'、'ゲームコンテンツや web サイト、3D 建築モデルの創作'、'ショートフィルムやドラマ、ドキュメンタリーの構想'、'stop motion やアニメーション、ニュース映像やミュージックビデオ、CM 等の創作'、'遠隔授業のためのプラットフォームとなるメディアコンテンツや教材の開発' 等、様々である。筆者は、こうした活動を通して、地域社会に生きる人々の暮らしと創造的な行為の連なりに、人の生を意味づける対話的な学修の場を追究している。

　上述した活動の中で、かつて、地域活性や復興活動に関わる教育プロジェクトを実施したことがある。その際にいきさつがあり、海外からの研究者をゲストティーチャーとして受け入れ、国際交流を行うことがあった。[18]既存の研究のため、詳細は省くが、当時、私が担当していた教科指導（図画工作）のクラスでは、リサイクルアートをサブテーマとして、reconstruction（再構築・再生）といった意味を重ねながら、いくつかの教材を皆で創作し、これを展示・鑑賞するに至る授業展開があった。最終的な鑑賞の場面では、LED ライトやセンサー等を用い、音声と映像を交えたインスタレーションによる環境構成を行うなどしたが、その一端に、ゲストティーチャーにより創作されたアニメーションが提示されたことがあった。一見してこのアニメーションは、ワイヤーフレームを主とするモノクロに近いショート動画でしかなかった。しかし実際には、地域のテーマに関連する建造物やキャラクター、地域の花、それぞれの国の動物、星空等による題材の世界観が表現されており、学生たちと共に歩き、創作した時間を振り返る環境構成の一部として、メッセージ性を有していた。活動の最後に、薄明りの中、創作した手作りのランプに段階的に火（ライト）を灯して街並みを表現する瞬間があった。受講生が想いを語る音声や音楽などが合わさる中で、先のアニメーションは

意味を持ち、人と事象の間に、これまでとこれからを結ぶ感性的なフィールドを形成し、これらの出来事を深く刻む記憶の一部となっていった。

　また、教科教育（図画工作・美術）のカリキュラムでは、理論的な考察に加えて、次に示すような題材のプロセスを設けることがあった。（図5参照）

図5　題材のプロセス（イメージサンプル）

　親しみのある花を調べて選択し、その美しさを造形的な視点から発想して'自分の今'に重ねてイメージする。そして、いくつかの名画の描写表現に触れた後、花のイラストを添えて、自分の文化を伝達するメッセージカードをつくる。次の活動では、ペアワークで周辺にある影の特徴を捉えて形を見立て、情景として写真を撮る。続いて、水彩で造形遊びをしてできた素材となる用紙を組み合わせて水辺の生き物をコラージュする。終盤の活動では、グループワークとして、身近な出来事（例えば、天候をテーマに、梅雨の季節となり、通学路にあじさいが咲いた等）を追うようなニュース映像を他者に伝えることを考えながら創作[19]し、皆で振り返る。

　これらの活動を通して、'つくり、みる'者は、日常や周辺世界にある自然物や美的に感じる感性的な事象に対し、個と全体を結ぶ題材において、図像や映像を介して直接的、間接的に自他の想いを往来させていった。そして、そのような造形行為に自他を連ねて映し出し、造形的な感性の涵養へ向かう美的なメディアに触れて、リアリティ（実像、実感）を再編していく機会を得たと考えられる。

　本項で述べた事例には、創作活動において、動的に示されていく領域横断的な事象のフローにおいて、題材がイメージを拓き、イメージが題材を引き込むようなメディア（媒体）の変遷が示されている。この文脈においては、日常の断片を選

択し、再現していく映像（印象）の連環に、身体と他性への相克を経て深まる実在的な経験が導かれると考える。

4．実感のある経験世界に連環する対話的な場

　以上に述べてきたように、現代における映像表現を主としたメディア群とそこでの人とのつながりには、一方向的なコミュニケーションに終わらず、映像の機能性と多元的な自他の回帰性に、共有感覚へ向かうインタラクティブな社会化への志向が認められる。そうした状況にあって、映像表現のシステムと領域は、私たちの生活環境と周辺世界の認識を組み替えていく経験世界に依拠し、文化的・社会的なコミュニティを多様に結ぶ契機となっている。

　これまでにみてきた映像の特性には、対象となるクリップ（映像・画像）の素材に対する演出や組み替えの過程において、経験を積み重ねる日々の暮らしにみて感じる対象物と周辺の情景、動静、色彩や光彩、構図などを、都度、主題や造形要素に照らして語る経緯があった。またそこには、言葉、音楽、身体表現などを総体的に意味づける造形感覚を通し

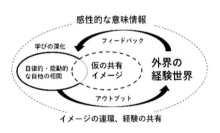

図6　映像表現を介した学修行為と対話的な創造行為におけるイメージの連環

て、時間や空間を複合的にコラボレートし、感性や情操を培う場が見出されていた。
　このような特性を示す映像表現には、外在的な感覚や経験を呼び込み、'みること（鑑賞）'と'つくること（表現）'を他性へアウトプットしていく事象（メディア／媒体）の反復行為が認められる。それは、社会化する経験世界の認識下にあって、新たなコンテクストを再編していく対話的な創造のプロセスともいえよう。（図6参照）
　本文の冒頭で触れたが、これからの時代は、テクノロジーの進展とともに、グローバライズされた動きの中で、ものごとのつながりがより複雑化し、人々の生き方も多様化していく流れにある。
　私たちが生きる社会は、持続的に意味や価値を創り出していく自他の文脈に、複数の異なる存在と協働する個のあり方を問いながら、創造的な起点としての実

在的な共有環境をイノベートしていく段階にある。

　学校教育においては、次世代に向けて、探求する学びの形が望まれている。

　現行の学習指導要領において、文部科学省が提唱する'主体的・対話的で深い学び'におけるアクティブ・ラーニングの展開として、PBL[20]やクロスカリキュラム等の学修方法も、その有用性が模索されている。

　美術教育においても同様に、グローバル化の中でサステナブルな社会を目指し、先述したSDGs、STEAM、ICTやプログラミング教育等において、探究的で領域横断的な学修モデルの開発が進んでいる。そのような動向において、造形活動には、先の創造の経緯にみられるような、対話へ至る異化の受容と止揚への学修プロセスが重視されると考える。これらの手法においては、暮らしの中の風景や出来事に新たな刺激を与え、共感や感動を生み出すような造形イメージを顕在化すると共に、表現者と鑑賞者の双方に見出されていく共創の経緯が重視されよう。

　日常を省みれば、人間の本来的な生き方へ向かって自己投企され、現在が成熟していく存在と時間には、すでにある自らを受け入れると共に、日々の新しい可能性に開かれていることを実感する経験に厚みがつくり出されていく。[21]

　以上に述べてきたように、映像表現には、人々の感覚や経験世界をフィードバックする他者性によって、世界をよりリアルに再現し、人間の知性や感性に触れて自らと周辺世界を総体的に連環させるイメージの変遷が認められる。このイメージの変遷において、改めて、美や造形が人の生に向かう本質的な営みから個人や共同体の内面変化を促し、monolog（独白）とdialog（社会化に向かう像）の創発的な事象を連ねていくところに、より高い構想や事物の発展に至る対話的な場を創出することができるだろう。[22]またそのような場に、次世代に向けて、個々人の経験世界を深めていく学修の経緯があり、'イメージ'メディアの可能性は拓かれると考える。

註

1）自らと周辺世界の全体像から細部まで深層化して配置・認識し、自律的に思考イメージ
　　を構築するAI技術の概念および志向性を意味する。

2）Internet of Things に基づくテクノロジーおよび表現手法の意。（事例：Sony/MESH 等）

3）ソーシャルメディアにおける Instagram、YouTube、TikTok 等の映像表現（静止画像お
　　よび動画像）。および、各プラットフォームにみられる連想的なイメージやメディアコ
　　ンテンツを意味する。

4）物事の流れや領域を意味する。（創造性や対話を構築する上での一要素。補足事項：こ
　　れらの研究に関連するチクセントミハイによるフロー理論とは視点が異なる。）

5）'環境における現実'という見方を再編する知覚対象と経験知に関する論に拠る。（参考
　　文献：ノルベルト・ボルツ,『世界コミュニケーション』,東京大学出版会, 2002）

6）1で述べた自己イメージの在り様から見出される文化的・社会的な視野および多様性
　　を創出していく共有環境が成立する枠組みを意味する。

7）ここで述べる対話とは、異なったものを受け入れ、社会的な他性に変性していく自他の
　　反芻的な作用における'新たな価値の創造と普及への志向'を意味する。（ヘーゲルの止
　　揚の理論に基づく）

8）広く Art Education の概念に加えて、教科教育における図画工作科および美術科の学修
　　行為を含む。

9）文部科学省が現行の学習指導要領において提唱する'主体的・対話的で深い学び'を実
　　現するための経験的な経緯、あるいは学修を意味する。

10）経験を経て表象および再現される観念や概念、またこれにかかわり想起されるものとし
　　ての図像を意味する。

11）事象に対する自他のイメージを脈絡とするメディア（媒体）を意味する。（その他、現行
　　の学習指導要領に記されている「映像メディア表現」についての概念的な捉えも含む）

12）Adobe 社の Photoshop に代表されるような画像編集ソフト、web サイト上やスマート
　　フォンで扱えるようなアプリケーション他、Instagram 等、SNS の画像検索やフレーム
　　ワーク（画像配置）の機能や二次的に創作されたメディアコンテンツ等も対象とする。

13）自らの語り、ストーリー性が認められるという意。

14）'ありたい自己＝撮影する「自らが望む自己像」'があり、'希求する他者＝これと相対す
　　る「他者が望み、望まれる世界」'がある。また'制作者の意図＝そのような自己を「実現
　　するための創作者の意図や技術」'をもって、'社会的な場＝「公共の場で意味づけられ、
　　社会化へ向かう自己像の相関」'が見出されている。（参考文献：ロラン・バルト,『明る
　　い部屋：写真についての覚書（新装）』みすず書房, 1997／写真撮影による複数の自己像
　　についての考察に拠る）

15）映像表現を意味づける造形感覚とシステムデバイスの相関に見出される事象のフロー
　　に着目し、イメージによる経験を represent していく映像編集の段階について表して
　　いる。

16）快適な居場所、共感・共有する経験の場を意味する。（参考文献：イヴァン・イリイチ,『コ

ンヴィヴィアリティのための道具』, ちくま学芸文庫, 2015)
17) 現行の中学校および高等学校の学習指導要領（美術）に記載の「映像メディア表現」を意
　味する。広くデジタルメディアを用いた映像による表現（映像表現）においては、心的イ
　メージ（像、あるいは像から編集され、新たに意味づけられた事象のフロー）を、メディ
　ア（媒体・場）の間に反芻し、洗練していく対話的な性質において捉えている。
18) 参考文献：赤木恭子,『ふるさと熊本アートプロジェクト2019「星あかり　七夕夢美術館
　Beyond The Southern Cross」復興支援・国際交流を通した授業開発と実践
　―地域社会を拓く経験的なイメージと対話的な学修の可能性を探る―』, 日本美術教育
　研究論集 No.54, pp65-72, 2021、みらいぶっく、赤木恭子,『地域社会をひらくメディア
　＆コラボレーション　―人が生きる場を創る未来の美術教育―』, https://miraibook.jp/
　researcher/12216s, 河合塾, 20230910 アクセス
19) 参考文献：赤木恭子,『映像メディア表現における編集を通した経験の諸相とイメー
　ジによる対話を踏まえた学修的な展開に関する一考察　―身近な主題〔地域および復
　興〕に着目したローカルニュース番組制作を中心に―』, 美術教育学研究 No. 52, pp1-8,
　2020
20) Project Based Learningの意。教授者が学習者と共に歩みながら課題を発見し、問題を
　解決していこうとする学修方法、および、探究的な学びの理論的な概念を意味する。学
　習者は、この教授法により、社会的な場における問題解決のための応用的な知見の獲得
　を目指していく。
21) ハイデッガーの存在と時間における投企、時熟に関する思想に拠る。(参考文献：マル
　ティン・ハイデッガー,『存在と時間（上,下）』, ちくま学芸文庫, 1994)
22) ヘーゲルの事物の螺旋的発展の概念に拠る。本文では、日々の変容に新たな意味や価値
　を見出す経験を再評価し、より豊かな人間形成や社会の構築に至る可能性について記し
　ている。

参考文献

礒津政明,『2040 教育のミライ』, 実務教育出版, 2022
レフ・マノヴィッチ他,『インスタグラムと現代視覚文化論』, BNN新社, 2018
植条則夫 編著,『映像学原論』, ミネルヴァ書房, 1990

その他

本論にて使用の写真およびイラスト素材はPIXTAによる。

Society5.0時代のSTEAM教育
映像メディアを介して〈福島〉を学ぶ

STEAM education in the era of Society 5.0:
Learning about Fukushima through video media

渡邊 晃一
Koichi, Watanabe

1．再考『メディア時代の美術教育』

「現代社会の展開を眺めると、流動的な局面の方が目立ちはじめていることも否めない。自然との関係、知識や情報の習得方法、世界観の形成の仕方など、どれをとってもこれまでにない様相を呈している。」[1]

『メディア時代の美術教育』が出版されてから、ちょうど30年が経つ。冒頭で編者は上記の言葉を述べ、映像メディアによる新しい視覚世界に美術教育はどのように向き合うべきか疑問を呈している。

「時代の流動的状況に即応して、新たなレベルで問い直そうとする意識」に対峙して、「変わるようで、変わらない」、変化よりも持続や維持を求める教育の基本的な骨格や、「アートの原点へ回帰し、人間と世界の本来のありかたを再考しようとする意識」との拮抗について論じている。

1998年、学習指導要領の絵画とデザインに「映像メディア表現」という文言が明示されるようになり、私は大学で絵画講義に加えて、「映像メディア論」を担当している（**資料1**参照）。ここ数年の間に映像メディア表現は多種多様な発展進化を遂げており、美術教育は将来、さらに大きな変革を求められるであろう。

本稿ではまず『メディア時代の美術教育』を、現在のメディア環境の歴史と重ねて回顧したい。デジタル化された情報社会へと変遷される中で今日、「STEAM教育」がなぜ脚光を浴びているのかを次に紹介する。

「希望の星」の子どもたちにとって、「Society5.0」時代、教育は本当に輝かしい未来へと導いていけるのであろうか。美術教育が果たすべき役割を、映像メディア表現との関連から再考していきたい。

2．30年前のメディア時代

1993年に出版された当時、『メディア時代の美術教育』が扱った映像メディアは、カメラやテレビ、映画、漫画やアニメーション、CG (Computer Graphics) が中心であった。その後、私たちを取り巻くメディア環境は大きく変貌した。

1995年、大学に私が赴任した当時はまだ、ワープロが主流だった。この頃から大学講義でも徐々にパソコンが導入された。1992年に日本最初のインターネットサービス・プロバイダ、IIJ／Internet Initiative Japan は設立された。

徐々に手紙よりも電子メールで情報を交換するようになった。レポートや会議の資料は Google を通して送受信している。インターネットを介して書籍や教材を購入する機会も増えた。

1995年、マイクロソフトが発売したオペレーティングシステム、Windows 95の ブームによって、一般家庭にパソコンが普及しはじめた。この頃からカメラの主流は、フィルムからデジタルに移行し、写真は自宅のプリンターで印刷されている。フィルムを現像し、写真をプリントする店舗は街から少しづつ姿を消した。

2001年、私はペンシルバニア州立大学に客員研究員として渡航した。美術教育の教員と学生はすでに Apple 社の Macintosh で講義を行っていた。その頃、標準的な記憶媒体はフロッピーディスク (Floppy disk) に加えて、米国は Zip が主流で、日本の MO は販売されていなかった。数年の間に DVD-R、HDD (Hard Disk Drive) や SSD (Solid State Drive) が登場し、記憶容量 (Byte ／バイト) はフロッピーの KB (キロ) から 1024 倍の MB (メガ)、GB (ギガ)、TB (テラ) へと急速に拡張されてきた。

テレビは、2000年から BS デジタル放送が開始され、2012年に地上デジタル化が日本全国で完了した。テレビの映像を記録する VHS ビデオカセットは、DVD、Blu-ray、MP4 に移行した。音楽のメディアもまたレコード、カセットテープから、CD、MD、MP3 のデジタルデータとなり、高画質な映像や音響が複製可能となった。

電話はモバイルフォン (携帯電話) が主流となり、公衆電話は使わなくなった。2002年にドコモは、撮影した画像を送れる i ショットサービスを開始。2008年にはスマートフォン (パソコンに近い性質を持つ携帯電話) の iPhone が登場した。iOS (Apple)、Android (Google) などのスマートフォンは、PDA (携帯情報端末) に搭載された汎用モバイル OS (オペレーティングシステム) を持ち、テキストや

音声コンテンツ、写真、動画の視聴や撮影機能、ゲームアプリ、パソコン同等の
データを収集し、送受信する機能がポケットサイズに備わっている。

　インターネットの普及に伴い、ここ数年、金融の流通も急速に変化した。イン
ターネット経由で販売する Amazon は「世界で最も影響力のある経済的・文化的
勢力の一つ」に成長した。個人の商品は Yahoo やメルカリで全国規模に売買され
ている。PayPay（ソフトバンクと LINE ヤフーの合弁会社、連結子会社による日
本最大の QR コード決済サービス）を介して、携帯電話は財布となり、世界規模
で金融の個人情報は担保されつつある。

　なお、パソコンや携帯電話を普及させて、高いパフォーマンスを引き出したも
のは、高速モバイル回線である。今日、パソコンやスマートフォンの利用者は、
HDD などの設備を搭載しなくても、必要な情報やデータを自動的あるいは効率
的にインターネットを経由したコンピューティングの「cloud／クラウド」によっ
て利活用できる。現在では 5G（第 5 世代移動通信システム）整備が進み、多数同
時接続が可能で、瞬時に高品質なコンテンツを繋げる「デジタル時代」となった。

3．SF 映画『JM』に描かれていた 30 年後の未来

　1995 年公開の映画『JM』[2] には近未来が映し出されている。2021 年の世界は国
境を越えて巨大コンピュータ・ネットワーク「インターネット」によって結ばれ、
電子化が極限まで進んでいる。人類の半数は、電磁波による環境汚染の原因か
ら「NAS（NERVE ATTENUATION SYNDROME ＝神経衰弱症候群）」と呼ば
れる不治の病に冒されていた。キアヌ・リーブス演じる主人公ジョニーは、脳に
埋めたチップによって、通常のネットワークに晒せない特定情報を記録する〈運
び屋〉である。「MR（Mixed Reality／複合現実）」のゴーグルによる HMD（Head
Mounted Display）と、グローブ型の Contact Glove を装着し、その手袋型コント
ローラは各指に LRA 触覚モジュールを備え「VR（Virtual Reality／仮想現実）」
の空間上に現れる画面を操作している。

　「MR」「VR」「AR（Augmented Reality／拡張現実）」「SR（Substitutional Reality：
代替現実）」は、現実空間と仮想空間を融合させ、現実では知覚できない新たな体
験を与える先端技術であり、これらの画像処理技術をまとめて「XR（Extended
Reality／Cross Reality）」という。

2023 年、米 Apple 社から『JM』を彷彿させる「XR」を生み出す空間コンピュータが販売（予価 3,499 ドル）される発表があった。〈Vision Pro〉は、ゴーグルヘッドセット前面下部に複数のカメラを搭載しており、眼前にある現実の風景と仮想空間の映像を重畳して取り込み、ディスプレイに表示する「パススルー MR（Passthrough Mixed Reality）」方式のデバイスである。「MR」ウィンドウが空間前部に拡張し、動画コンテンツを 360 度の大画面で視聴でき、「VR」体験も可能となる。

ヘッドセットの内部には、瞳孔の動きを検知して視線の動きを追跡する「アイ・トラッキング」の技術が搭載され、外部には「ハンド・トラッキング」用の各種カメラやセンサーとともに、視線や手の動き、音声入力によって、コントローラを使用せずにインターフェース（interface、コンピュータを装置の表示画面）を操作できる。外部には 3D カメラとして奥行きのある写真や動画を撮影する機能を兼ね備えており、「VR」と「AR」が融合したコンテンツや、2D のウィンドウから 3D のオブジェクトが飛び出す表現を制作できる。

〈Vision Pro〉は「アイサイト（EyeSight）」機能も搭載している。

日本では「アイサイト」というと、乗用車のフロントガラス上部に取り付けられたステレオカメラが知られている。自動車走行の安全性を高めるために、運転負荷や衝突被害を軽減したブレーキ制御やクルーズコントロール機能の運転支援システム技術が活用されている。

「Vision Pro」の「アイサイト」は、事前にカメラでキャプチャ（録画）された顔データから映像を生成し、ゴーグルを被っていても透ける仕組みとなっている。

ビデオ通話ソフトウェア・アプリケーション「FaceTime」とともに、レンチキュラーレンズと組み合わせてペルソナ（persona、自己の外貌）を作り、ゴーグルを装着したまま家族と話したり、コミュニケーションを可能とする。

最先端の「人工知能（AI）」技術が普及し、私たちは 20 世紀末の映画『JM』に見られた〈フィジカル空間〉の現実の物質的な実世界と「XR」による仮想世界の〈サイバー空間〉が高度に融合した社会を迎えつつある。

PwC は「グローバル エンタテイメント＆メディア アウトルック 2019 – 2023」のなかで 2030 年「XR」は世界の主要国で 61 億ドルの収益を上げると予想している。

　なお「XR」「AI」「IoT（Internet of Things）」とともに今後、拡大が見込まれる先端技術には、3D スキャンや 3D プリンター、ロボットの構想、設計、製造、運用などを対象とした工学「ロボティクス」や、無人で遠隔操作や自動制御により飛行する航空機「ドローン」などが挙げられている。

　21 世紀、先端技術が浸透した社会状況によって、ライフスタイルは大きく変わりつつある。20 世紀後半に製作された SF 映画に予言された近未来、巨大企業に支配され、AI やロボットに監視されたディストピア（反理想郷、不幸や抑圧が支配する暗黒世界）が脳裏をよぎる。例えば 1982 年公開映画『ブレードランナー』[3] の舞台は 2019 年である。地球は環境破壊により酸性雨が降り、人々は高層ビル群が立ち並んだ人口過密の大都市での生活を強いられている。富裕層は宇宙植民地に移住し、開拓の最前線は、ロボットに代わり、遺伝子工学技術の進歩によるレプリカント（人造人間）が過酷な奴隷労働や戦闘に従事していた。優れた体力と高い知性を持つレプリカントは、徐々に感情が芽生えて、人類に反旗を翻す……。

　現在の私たちは、30 年後の未来をいかに想像（創造）できるのであろうか。

4.「Society5.0」時代の未来像

　日本の内閣府は第 5 期科学技術基本計画において、現実空間と仮想空間を高度に結びつけた社会（Society）に対して、「Society 5.0」という未来を世界に先駆けて実現させることを提唱している。（図 1）

　近代以降の工業社会「Society 3.0」は、産業革命によるエネルギー（石炭、石油、電気、水道、ガス）の需要とともに、温室効果ガス（GHG）の排出を上昇させた。

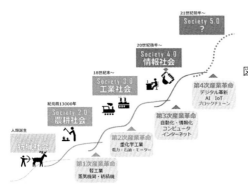

図 1　「Society 5.0 −ともに創造する未来−」

「Society 1.0」狩猟社会
「Society 2.0」農耕社会
「Society 3.0」工業社会
「Society 4.0」情報社会
「Society 5.0」？

（参照：日本経済団体連合会の HP より）

地球の気候変動による環境問題などの危機感から、2015 年に国連総会は、人類が2030 年までに達成すべき「持続可能な開発目標（Sustainable Development Goals／SDGs）」を立てている。

　20 世紀以降の情報社会「Society 4.0」は、グローバル化による国際的な競争の激化によって、経済的な発展とともに組織や設備の拡充といった〈システム〉が優先されてきた。食料受給率が高まり、医療・福祉の拡充に伴って、寿命は延伸し、高齢化が進んだ一方で、地域や年齢、能力に応じて個人が受けるモノやサービスに格差を生んでいる。富の集中や地域間の不平等、地方の過疎化、少子高齢化、さらには世界規模の紛争や感染症が多発し、解決すべき社会的課題が複雑化してきた。

　近未来、「XR」によって実空間とデジタル的な仮想空間を往還させる新しいインターフェース（2 つの異なる機器やシステム、ソフトウェア間をつなぐ情報の機能）が、世界を取り巻く変革の時代を迎えつつある。今日、インターネットを経由して、ユーザーが各々データベースにアクセスし、情報やデータを入手しているが、今後はサイバー空間に集積された膨大な情報（ビッグデータ）を人工知能 AI が解析し、ロボットを通してその結果を現実空間にフィードバックする社会の仕組みが構築されつつある。これまでインターネットに接続されていなかった様々なもの（住宅や建物、自動車、家電、電子機器など）も「IoT」というサーバーのネットワーク、クラウドサービスを通じて接続され、相互に情報を交換、共有する仕組みが生まれつつある。本情報は環境や文脈に沿って、従来の音声やテキストに加えて、全身の動きや脳波から、触覚、感情、行動などのデータと組み合わされ、「insight（見識・洞察力・見通し）」を人々に提供し、デジタル環境間のコミュニケーションを活発化させることが可能となる。

　「Society 5.0」は、新しい情報通信技術（ICT）を活用したマネジメント（計画、整備、管理・運営等）を高度化することにより、都市や地域の抱える諸課題を解決し、新たな価値を創出し続ける「持続可能な都市」すなわち「スマートシティ」を提唱している。例えば「XR」は、現実空間の技術を実践する環境をシミュレートし、仕事の補助やトレーニングに最適である。XR やロボテックス、ドローンを活用することにより労働者にとってリスクのある作業も、安全で効率的に活用することが可能となる。今まで人間が行っていた困難な作業や調整を、人工知能

（AI）がビッグデータを踏まえて代行・支援する。ロボットや自動走行車などに対応される AI の新技術は、必要な時に必要なサービスを提供でき、社会システム全体を最適に構築するものであり、人間はこれまでの煩雑で不得手な作業から解放され、個々人の多様なニーズに対してきめ細かな対応が可能となる。結果として、地域、年齢、性別、障害の有無、言語能力によって制約された労働や行動範囲の格差がなくなるとされている。

　最先端の産業、科学技術のシステムを取り入れることで、経済的発展と社会的課題を両立させた「人間中心の新たな世界を生み出すこと」、各々が快適で質の高い、活力に満ちた生活を送られる未来が「Society 5.0」の社会像とされている。

5．STEAM 教育における「Art」の位置づけ

　「映像メディア」は学習環境、教育のあり方自体に多大なる影響を与えている。すでに今日の学校現場では、パソコンや iPad（スマートフォンの画面サイズを大型化し、電話機能を取り除いた機器）を授業で活用することは常套手段である。

　2018 年には、COVID-19 の拡大において、オンライン授業を中心にすえた対応を求められてきた。電子メールで講義資料の Power Point や PDF（Portable Document Format）を送付し、Zoom などの Web 会議サービスや YouTube によるオンライン動画共有プラットフォームを介して講義は配信された。

　福島県は 2022 年から青少年を対象にデジタル機器を活用して制作した「メディア芸術」の公募展を開催している。「FUKUSHIMA Next Creators Challenge」には、CG やアニメーション、映像作品が多数出品され、中でもより若い年代の作品の習熟度に注目が集まってきた。今、子どもたちの多くは、「ユーチューバー」を将来なりたい職業にあげ、自ら写真や動画の撮影、編集をこなしている。Web 上の社会的なネットワークが「SNS／social networking service）」によって構築され、Facebook、Twitter、YouTube、LINE、Instagram が浸透している。

　2022 年、OpenAI 社が開発したテキスト生成 AI「GPT-3.5」を活用したチャット形式の ChatGPT（Generative Pre-trained Transformer）が Web サービスに登場し、AI による画像生成ツールも開発され、人間のような自然な会話や文章、イラストや画像を自動生成できるようになった。近年の学校現場では、このような生成 AI の使用について白熱した論議が進められている。

これまでの教育は、科学的な知識や工学的技術を司るスキルに価値を置いてきた側面がある。しかしながら「Society 4.0」を経て、最先端の科学技術の発展とともに、今後は現実空間と仮想空間が融合したあらたなメディアが雇用を創出し、地方創生の中核を担うことが予測される。そのなかで2016年に文部科学省は「Society 5.0」の社会の実現に向けて、「STEAM教育」を提唱している。

　「STEAM」は、Science（科学）、Technology（技術）、Engineering（工学）、Mathematics（数学）という理数工学系の頭文字「STEM」に、Art（アート）のAを加えた造語である。STEAMにおけるArtの解釈はしかし「リベラルアーツ（liberal arts）」と「芸術／美術（Arts／Art & Design）」という二つの潮流があり、今日において多義的な意味を含んでいる。

　日本では、STEAMの「A」を、STEMの理数工学系の学問に結びつけた人文科学系の学問の「liberal arts」として捉え、文理融合、文理横断による「総合・統合教育」を謳った研究が主である。特定の専門知識よりも「幅広い教養」を身につけること目的として、体験学習や問題解決学習を重視した実践内容が見られる。2000年頃に学習指導要領に創設された「総合的な学習の時間」と混用している者も多い。

　「liberal arts」として捉える研究の流れは、2006年から2008年にかけて、ヤークマン（G.Yakman）の提言に端を発している。[4] ヤークマンの「The STE@M Pyramid」（図2）には、各教科・科目、専門分野の特定内容が区分して底辺に示され、上層にはSTEM＋A＝「Arts・liberal」、最上部に「Holistic（統合）」と記している。「科学やテクノロジーは、工学と一般教養を通して解釈され、これらはM（数学）を基礎とする」技術科教師であるヤークマンの立場を明示している。

　他方、「A」を「美術／芸術／Art & Design」を基軸に米国で推進された流れがある。本言及は、NPO法人オハイオ芸術教育同盟（Ohio Alliance for Arts Education）のプラッツ（J. Platz）による "STEM into STEAM" という提唱（2007年）が初出とされる。[5] また2008年からか2015年にかけて、ロード・アイランドデザインスクール（Rhode Island School of Design／RISD）において、マエダ（J. Maeda）が学長就任直後の教育プログラムのなかに「STEMからSTEAMへ」という標語を掲げた活動が世界的に知られている。STEAMの目的としてマエダは「科学者や技術者の思考と芸術家やデザイナーの思考を組み合わせることにより、真の革新的アプローチを生じさせる」[6] と述べている。

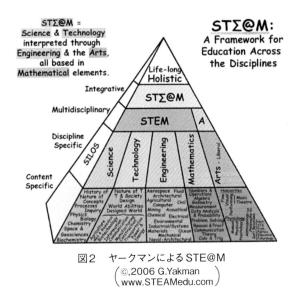

図２　ヤークマンによる STE@M
（©,2006 G.Yakman
www.STEAMedu.com）

6. STEAM教育における「アート思考」と「デザイン思考」

　STEAM 教育の目指すべきものは何か。海外で STEM に「A」が取り入れられた経緯とともに急速に STEAM 教育が進展された歴史的背景を提示したい。

　1990 年代の米国では、科学技術開発の競争力を向上させるため、ハイテク産業の拡大に適応できる能力ある人員の確保が求められてきた。科学技術に従事する専門家を育成する目標から、理数工学系のリテラシーを身につける取り組みが学校教育のカリキュラムにも導入された。その活動は当初、Science、Mathematics、Engineering、Technology の頭文字をとって「SMET」と称したが、「smut（汚れ）」と重なる音から後に順番を変え「STEM」と変更された。「STEM（ステム）」は「stem（幹）」を連想させ、学びの中心（根幹）に理数工学系を置くイメージや、大きな木の幹を人間の成長になぞらえる印象を与える。

　理数工学系の教科を推奨する STEM 教育の重要性はその後、米国全土に広まる。しかし 2006 年、高校生の理数科目に関する能力テストの比較が世界で行われた際、米国は先進国 30 カ国中 21 位と低いレベルという結果となり、教育者たちは落胆した。また当時は、理数工学系の学習そのものに拒否反応を示す子どもたちが少なからずおり、上手く教育に普及させることが困難であると指摘される。

一方で、ここ 30 年の間に「映像メディア」が発展進化し、「アート」の重要性が社会的に高まった気運があった。ゲームやアプリを「消費する側」にいる子どもたちが増えていく中で、これからの時代に必要となるのは「作る側」であり、一種の先見性を持った大人たちは、創造性を育てる教育の必要性を説くようになる。

　最先端のテクノロジーを使いこなすには、コーディング（プログラムを書くこと、文字や画像や音声等のデータをコードに置き換え、符号化する技術）を向上させることが求められる。加えて、個人の独創性や探究心を育てることが、激化するイノベーション競争の中では重要であると考えられた。

　「STEAM（スティーム）」が生まれた背景には、米国の美術教育の歴史も複雑に絡んでいる。[7]これまで学校カリキュラムにおいて、数学や語学などの学問分野に比べて、美術教育は副次的な位置づけがなされてきた。このような状況を打開するために 1980 年代、ゲティ・センターが中心となって DBAE（Discipline-Based Art Education ＝学問分野に基づいた美術教育）プロジェクトが進められた。DBAE は、美学・美術批評・美術史・制作という四つの学問分野の方法論を取り入れることで、美術教育に学問的な厳密性を与え、より学術的な分野へと再編成する試みである。また米国の美術教育（Art Education）の Art は学校教育指針において、芸術全般（美術、音楽、舞踊、演劇、メディアアート）を指し、「Visual culture」を基盤とする中で、これまで主流となっていた絵画や彫刻の「制作（表現）」に対し、写真や映像、アニメーションをはじめとした映像メディアやデザイン関連領域の強化を推奨するうえで STEAM は重要な役を担うものとなる。[8]

　高等学校の芸術教師ピレッキ（T. J. Pilecki）と脳科学者のスーザ（D. A. Sousa）は、共著 "From STEM To STEAM" [9] の中で「Arts は科学者、数学者、技術者が成功するために欠かせないものであり、彼らは芸術から借用したスキルを用いている」「収束思考に陥りがちな STEM に Arts を加えると拡散思考が加わり創造的な発想が生まれる」「脳を夢中にさせ多忙にすることは、芸術によって児童生徒の脳の様々な箇所が活発に働き、脳内のネットワーク生成を促進することにつながる」と語り、次のようなスキル（**表 1**）や効果（**表 2**）を芸術に示した。

表1　芸術に求められるスキル

①好奇心の誘導	②正確な観察	③異なる対象物の知覚
④ 意味の構築と観察内容の正確な表現		⑤他者との効果的な協働
⑥空間的な思考	⑦運動感覚的な知覚	

表2　芸術による効果

①脳を多忙にする（夢中にさせる）	②認知的能力の促進
③長期記憶の改善	④創造性の促進
⑤社会的成長を促進	⑥新しさを取り入れる
⑦ストレスの減少	⑧教育を面白くさせる（教師も児童生徒も）

　「Society5.0」時代においては、「人間中心の新たな世界」を構築する力を身につけること、未来社会に対する批判精神や構想・設計する創造力が求められる。今後、これまでの知識に偏重し、論理的思考力や規範的判断力を基礎としてきた学習は、最先端の AI が補っていくことが予測される。米国において、新たに STEAM 教育が注目され、重要性が高まってきた背景には、数学、科学的な教育の STEM に加えて、予測不能な時代を生き抜き、新たな価値を創造する人材を育てる上で、以下のような Art の価値が高まってきた風潮があげられる。

　まずは1つ目は、Art の持つ「人間らしさ」である。技術優先の STEM 教育とは異なり、最先端のテクノロジーが「人間のためになっているか」、「人間にとって価値があるか」を問題提起することは重要な鍵となる。

　2つ目は、創造力や探究心を育成するアプローチを主眼に置いた点である。型にはまることなく、自由な発想で物事をイノベーティブ（革新的）にチャレンジする精神を育成すること。各々のマインドセット（mindset）による「固定観念や思い込み」「物事を捉える時の思考の癖」を理解しつつ、アップデートを重ねながら（失敗してもポジティブに捉えて）「問題解決」するデザイン思考が求められる。

　絵画や彫刻の制作では、個人が自由に発想し、創造し、表現することから、社会への「問題提起」が生まれてくる。一方で、デザインは、他者との協働によって、

「問題解決」を促す。デザイン思考とは、単に装飾的に優れている〈もの〉の考えではなく、いかに人間を理解するか、人間の思考や体験をデザインする〈こと〉にも及ぶ。

　例えば、Apple社が創作したパソコンMacintoshは、そのプロダクト・デザインとしての大きさや形、色彩、素材感による魅力的なデザインのみならず、取り扱い説明書による言語を用いずとも、マインドセットを持って、人々の視線や動きを誘導する「デザイン」が備わっている。「Arts／Art & Design」であれ、「Art & Humanities／Liberal Arts」にしろ、シナジー効果（複数の領域が横断的に身につける相乗効果）はあくまで人間らしさを基盤に、感性を育て、創造性を高めていくための手段にすぎない。このようなアート思考の「問題提起」とデザイン思考の「問題解決」による二曲の方向性が、STEAM教育には求められているのである。

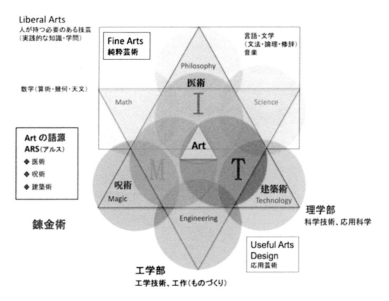

図3　STEAMの各々の研究関係図（渡邊作成、2022年）
STEMにPhilosophy、Artを医術、呪術、建築術のピラミッドで構成し、「問題提起」のFine Artsと対極の位置に「問題解決」のUseful Artsを置いている。
（拙著「Artの源流とSTEAM教育—レオナルド・ダ・ヴィンチのphilosophyとScienceとの関わりからの考察—」大学美術教育学会『美術教育学研究』第56号に詳細を記載）

7. 先駆的な STEAM の活動 ～ピクサーによる「映像メディア表現」～

「Apple は、テクノロジーとリベラルアーツの交差点にある。」

　パソコン（Personal computer）の概念を市場に普及させた Apple 社の共同創業者であるスティーブ・ジョブズ（Steve Jobs、1955 – 2011）は語っている。

　Apple 社、Google 社、Facebook 社など、カリフォルニア州のシリコンバレー（Silicon Valley）には、デジタルイノベーションで世界のトップを走る新興企業や技術系のグローバル企業が多数密集している。その周辺にはスタンフォード大学や数々の IT 企業が集積しており、世界最大級のネットワークを構成している。大学とベンチャーキャピタルの強力なネットワークを活用して、共創する仕組みが整っており、優秀な人材を集めやすく、投資も受けやすい環境にある。

　アメリカ西海岸には、「映像メディア」において先駆的なアニメーションを制作してきた会社もある。CG アニメーションを用いて主に長編作品や短編作品などを制作している「ピクサー・アニメーション・スタジオ（Pixar Animation Studios）」である。[10] 最初、本会社は、政府機関や医療機関等を顧客とするピクサー・イメージ・コンピュータというコンピュータグラフィックスを製作する専用コンピュータを中核とした高級ハードウェアの製造会社であった。1979 年に創立されたルーカスフィルム社のコンピュータ・アニメーション部門を前身団体とし、1986 年に Apple を退社したスティーブ・ジョブズらが 1000 万ドルで買収し、PIXAR と名付けて独立会社となった。

　もう一つカリフォルニアには、巨大なアニメーションスタジオがある。「ウォルト・ディズニー・フィーチャー・アニメーション（Walt Disney Animation Studios）」は当時、アニメーションの作画手法を、従来のインクによる手間のかかる製作から、コンピュータとソフトを使った効率的な手法に切り替える CAPS（Computer Animated Production System ／コンピュータによるアニメの開発支援ポストプロダクションソフトウェア）プロジェクトに取り組んでいた。そこにイメージ・コンピュータとソフトウェアの売り上げの成績や会社の業績が得られなかった「ピクサー」が参画し、ディズニーの CAPS の重要な技術参加企業になる。ピクサーとディズニーは CG 長編アニメーション映画の制作の契約を行い、2006 年よりピクサーはウォルト・ディズニー・カンパニーの完全子会社となる。

　2015 年、ピクサーのアニメーション制作に関連して、STEAM 教育の方向性や

その魅力を解き明かす大きな契機となった展覧会がボストンのサイエンスミュージアムで開催された。

『PIXARのひみつ展―いのちを生み出すサイエンス―』[11]は、ピクサーのキャラクターたちを介してアニメーション映画のパイプライン（製作過程のプロセス）を実際に視覚、聴覚、触覚などの感覚を通じて体験し、その裏側にある科学と技術を横断的に楽しく学習し、理解できるようなプログラムを構成している。(表3)

アニメーションの「動き」の原理について紹介するコーナーでは、オブジェを自ら可動させ、24コマのフレーム映像を撮影し、ハンドルを回転させて滑らかな動きを知覚させる体験コーナーがあり、その脇では「動き」を構成する視覚的なイメージを、様々なデータ（数値、文字など）に置き換えた情報を紹介していた。

ピクサーのアニメーションを作り出してきたアーティストやコンピューター・サイエンティストは映像の中で、具体的に芸術（Art）と科学（Science）、技術（Technology）、工学（Engineering）、数学（Mathematics）というSTEAMの5つの領域がどのように結びつき、映画を生み出してきたのかを語っている。例えば、キャラクター・モデラー兼リガーのターニャ・クラファーは、学生時代にドイツで芸術とデザインとともに、生物スケッチを描き、解剖学を学んだ履歴を紹介し、「アート、数学、科学の全ての相互作用」の重要性を論じていた。

STEAM教育は、数学・科学的な視点と最先端の工学・技術を応用しつつ、そこに芸術の創造的なアプローチを加えることによって、科学と芸術、主体と客体の認識の往還を生み出すことを可能とする。

STEAM教育を先導してきたJ・マエダは述べている。

「自ら汗を流し、何かに自ら取り組む教育であり、自分の作品や製作の動機について考える教育であり、自分の作品が世界の中で持つ影響に対し責任を持つような教育であり、それはArtistやデザイナーたちがやっていることだ。」

表3　ピクサーのパイプライン

(1) モデリング （Modeling）	コンセプト・アートに基づき、キャラクターのデザインは、まずアーティストがスケッチを描き、粘土模型（マケット）で製作する。次にデジタルモデラーが、デジタルスキャンしてバーチャル 3D モデルにする。3D モデルは、点と点をつないだ "デジタルワイヤーフレーム" として完成する。
(2) リギング （Rigging）	モデルの動きを設計するリギングリガーは、キャラクターに仮想の骨や関節、筋肉などのデジタル "リグ" をつくり、体の「パーツの動作」を決める。例えば、腿を上げた時、膝が自然に曲がるように、ポーズを簡単かつ効率的に生み出すため、キャラクターのリグの数・場所・曲がる角度などを適切につくる必要がある。リグを動かすことで、眉、上まぶた、下まぶたを変えて、表情を変えることもできる。
(3) サーフェイス （Surfaces）	バーチャル 3D モデルができると、サーフェイシングアーティストは "シェーダー" と呼ばれるコンピューター・プログラムで、オブジェクトの表面を加工し、再現する。素材は何か、新品か古びているかなど、物の見え方はストーリーにも影響を与える。物質に当たる光の散乱方法を調整することによって、表面を光沢ある透明なガラスのようにも、鈍色でザラザラの錆びたようにも表現できる。
(4) セット (Sets) & カメラ (Cameras)	セット・デザイナーはバーチャル世界を構築し、カメラ・アーティストはバーチャル世界を撮影する。ストーリーボードに描かれたイメージをリアルな世界にするため、シーンに合った小石・木・建物などのセットを加えていく。セット・デザイナーは、フレーム内での見え方を検証し、ストーリーの文脈や背景、情感を伝え、地面から仮想世界を構築する。カメラ・アーティストは、ストーリーが伝わる構図、カメラの動き、レンズの種類を選択し、バーチャルカメラで形にする。
(5) アニメーション （Animation）	アニメーターがキャラクターに演技をつける。コンピューター・プログラムでキー・フレームを設定し、描写シーンにキャラクターの感情や躍動感を描くことで、ストーリーに生命が吹き込まれる。
(6) シミュレーション （Simulation）	シミュレーション・テクニカル・ディレクターは、キャラクターの毛髪や衣服が本物のように動く効率的なプログラミングをする。火や水の「自然現象の物理法則」、魚の群れの動きなどを再現する。
(7) ライティング （Lighting）	照明デザイナーは、コンピューター上で明るさや光の色や位置、陰影などの照明効果に求められる要素をプログラムする。照明効果は、シーンに強弱をつけるとともに、観客の視線を誘導し、雰囲気とリアリティを引き立て、ストーリーに情感あふれるシーンを表現する。
(8) レンダリング （Rendering）	レンダー・テクニカル・ディレクターは、バーチャルな 3D シーンのなかに最適な方法を模索し、データを最終的な 2D イメージへ変換する。キャラクターに影とポーズがつけられ、照明とカメラは所定の位置にセットされ、シミュレーション効果を整える各工程までは低解像度で進められている。最終段階において高解像度のレンダリングを行い、効率的に作品を完成させていく。

8. 新しい映像メディアの真実（リアリティ）〜芸術と科学の間で〜

　「映像メディア」のアニメーションを通じて、STEAM教育における芸術と科学の立ち位置を、あらためてその歴史的な背景から紐解いていきたい。

　静止画を動かし、生きているような錯視を与えるアニメーションは、ぱらぱら漫画「フリップ・ブック（flip book）」や回転のぞき絵「ゾートロープ（zoetrope／ギリシア語：生命の輪）」の系譜にある。加えて19世紀に発展進化を遂げた「写真」とも関わっている。映画（活動写真）をつくる手法は、連続的に変化する複数のコマ撮り写真の〈残像〉から発明されたキネトスコープ（映写機）が最初とされる。1893年にエジソン（Thomas Alva Edison、1847-1931）は一般公開し、さらにフランスのリュミエール兄弟は、シネマトグラフ・リュミエール（カメラと映写機とプリンターの複合機）を開発し、1895年にパリの科学振興会で発表した。

　一方、写真が発明された当時は、絵画と写真の論争が多く存在した。例えば写真に撮影された「疾走する馬」の四肢の位置は、絵画とは違うと指摘された。描かれた馬は、前足と後ろ足を大きく広げているが、写真にはそのような姿が撮影されていない。（図4、5）写真は客観的真実を表しているという観点からすれば、絵画は間違っているとする見解も生じる。対して彫刻家のロダン（François-Auguste-René Rodin、1840-1917）は、画家ジェリコー（Théodore Géricault、1791-1824）の作品のほうが写真よりも馬の動勢、躍動感や疾走感を見る側に喚起していると、以下のように主張している。

　「絵画は馬の動きの各瞬間の姿勢をつなぎ合わせた姿を描いており、それは時間を急に停止した写真のような科学的映像よりも真実味を帯びている」

図4　マイブリッジ《疾走するサラブレッド》
「動物の移動」からのプレート627、1887年

図5　ジェリコー《エプソンの競馬》
1821年、ルーブル美術館蔵（著者撮影）

「実際において時間はじっとしていません。だからもし芸術家が瞬間に行われる
姿勢の印象を作ることに成功したら、彼の作品は確かに、時間を急に停止した科
学的映像よりもずっと記号的ではない」[12]

　映像の世紀とされる 20 世紀初頭、ドイツの文化評論家ヴァルター・ベンヤミ
ンは『複製技術の時代における芸術作品』(1936 年) のなかで、絵画と写真と同様
に、彫刻と「型取り」をもう一つの同じ俎上で「アート」の論議をしている。

　有名なエピソードがある。1877 年、ロダンはパリのサロンに、最初に制作した
等身大彫刻の《青銅時代》を発表した。しかし人々はその現実的な肉体の表現に
人体から直接型取ったものと非難した。ロダンはそこでモデルとなったオーギュ
スト・ネイを撮った写真、彼から取った型を審査員に提出した。その結果、「型取
り」という嫌疑をはらし、本作品のブロンズは 3 年後、パリのサロンで 3 等賞を
受賞し、国家買い上げとなった。その数ヵ月後にロダンは《地獄の門》制作の依頼
も国から受ける。ロダンの《青銅時代》は、彼が彫刻家として成功の道を歩み始め
る一大転機として知られている。このエピソードから美術教育では、伝統的に彫
刻でタブー視された人体からの「型取り」という技法を、あたかも後にアメリカ
の現代美術家のシーガル (George Segal、1924 – 2000) が初めて成し遂げたかの
ように語ることもある。しかし、彫刻と「型取り」は、絵画と写真の関係と同様、
メディアの歴史において、芸術と科学にまつわる様々な社会背景を含み持っている。

　19 世紀、彫刻と「型取り」の関係が論議された背景には、実際に両者の境界が
曖昧なほど、科学的技術が高まっていたことがあげられる。アカデミック・ネオ・
ゴシックの彫刻家として著名なデシューム (Victor Geoffroy-Dechaume、1816 –
1892) によって制作された一連の「型取り」がある。表面のディテール、個性的な
ポーズと創意工夫は、まるでモデルが生きて息をしているようなリアリティがあ
り、作品の質の高さから彼が卓越した技術を持っていたことを表明している。[13]

　スペインの建築家、ガウディ (Antoni Gaudí、1852 – 1926) もまたサグラダ・
ファミリア聖堂のため、実際の人体から型取りした彫刻を造っている。写真や型
取りによる作品は当時、潜在的なリアリズムの追及とイリュージョニズムに対す
る「芸術」の定義そのものに大きな波紋を投げかけるものであった。

　かつて小説『知られざる傑作』において、バルザックは「芸術の使命は、自然を
模写することではない、自然を表現することだ」[14]と述べた。

フランスの彫刻家、ジュール・ダルー（Aimé-Jules Dalou、1838 - 1902）は、「実物に基づく型取りも写真も、芸術とはいえない。芸術とは、自然を解釈することによって存在する。(中略) 自然なかにある精神性を、テーマや時代の必要性に応じて見つけるのが必要なのだ (後略)。自然を厳密に再生するということを強要するのは、大きな間違いである。」[15] と語っている。

20 世紀初頭まで、写真と「型取り」は同様に複製技術と否定と軽蔑を受けつつ、共に科学における信頼を得て、隆盛するようになった。自然史博物館、歴史民族博物館、医学史博物館などには、科学の発達と深い結びつきを示すものとして、多数の写真と型取りが保管されている。型取られた身体には、医学的な病気を示す症状、動物や植物から型取ったものなど、科学教育の世界で広く波及し、研究の過程を記録する重要な資料として使用されている。

写真や「型取り」がアートになる背景には、芸術の「リアリティ」や「生命」に対する見解に、科学による客体の認識、俯瞰して客観的に捉えた「自然」が大きく関わっている。実際、フランスのマレー、アメリカのマイブリッジによる写真の瞬間的な静止画像は、後に新たな芸術運動の表現として「未来派」をはじめとした美術家たちを魅了し、多大なる影響を与えている。

ロダンの《青銅時代》はまた、人肌のような表面処理によって等身大の人体が再現されており、「型取り」と誤解される要素が多数受け取られる。おそらくフランスの画家、マネのように写真を用いて制作されたこととも無関係ではない。一方でシーガルがモデルを直接石膏で型取った背景には、街中に投げ出された人体による「ハプニング」と「パフォーマンス・アート」の現代的な意味を含有していることが重要であろう。その〈白い抜け殻〉は、科学が近代以降に培った客体の身体であり、ポップアートによる主体となる〈個〉を失った人間像を示している。

9. STEAM 教育と福島の「文化」

「Society 5.0」の時代、「STEAM 教育」を通して私たちはいかに「文化」と関わっていくのであろうか。

2011 年、私の住む福島県では、東日本大震災後による自然災害と原子力発電所の事故という「文化」と「文明」に関連する大きな出来事があった。その後、被災地の南相馬市・浪江町には、復興事業としてロボットテストフィールド（RTF）

図6　リーフレット「ふくしまの大地から学ぶ」2021 年

「映像メディア」と関連する福島ならではの STEAM 教育の活動として、3 D プリンターで「私の福島」を立体地図として制作した作品、ドローンによって阿武隈川や福島の地形図を空撮した映像作品がある。

を核にしたロボット・ドローン関連産業が集積し、多数の太陽光パネルが設置された。このような「文明」化の中で、いかに福島の自然と向き合い、「文化」を推進していくのか。私は STEAM 教育が重要な鍵を含み持っていると感じている。

　STEAM 教育を推進するにあたり、福島の文化と関わる実践的な事例として、国土地理院や JAMSTEC から得た福島の地形の 3D データを用いて、3D プリンターによる作品を制作した（図6）。福島県には三方部（はま、なか、あいづ）の気候、地質、植生（樹）、フローラ（植物相）がある。自然科学、地誌学視点から、河川や山脈、海陸の境界線を学ぶと同時に、鉄道や道路などの人工的な交通網や幹線が生まれた歴史、温泉と食文化、特産品と風土、放射線や地震からの防災の問題など、地域の自然を伝統、歴史や現況と多角的に捉える視点を学生たちは考察した。さらには地域デザインの観点から、資源や文化的な特徴を見直す機会も多く伝えられた。

　高村光太郎が妻の郷里を謳った『智恵子抄』には、福島の安達太良山の「文化」、地域に住む人々の「自然」が、「ほんとの空」という言葉とともに綴られている。

　「文化（culture）」の Cult は、儀式や祭儀、礼賛の対象であり、Cultivate（耕す、育てる）、Agriculture（農業）の意味を包含する。「文化」は土地に根付いたものが基盤となっており、固有の風土、環境に培われた教養と地域に住む人々とともに「耕すこと」を意味している。「若苗を植え、育てる」意味を持つ「藝」という語も、

地域特有の衣食住を生み出した「文化」と密接な関わりがある。

　一方、近代以降に生まれた「文明 (Civilization)」は、ラテン語の「civis（都市、英語の city）」から派生した 18 世紀の造語である。[16] 文明の典型は電気があげられる。照明や冷蔵庫、クーラーなどは、季節感や太陽の位置とは無関係に、何処にいても同じ明るさや温度、湿度の均質な空間を作ることができる。文明開化の時期、日本は「自然」を徹底的に管理、支配、排除する都市を目指してきた。

　近代化を象徴するかのように、日本の各地方には、美術館も設立された。海外の高価な「アート」が所蔵され、その多くは四角い白い壁に囲まれたホワイトキューブの空間に飾られてきた。その中で日本文化の中心を担い、これまで床の間に飾られた掛け軸や屏風は、徐々に日本の家屋から失われていった。号数の定まった絵画が、均質の空間のなかで、各地を巡回する展覧会が多数開催されるようになり、特定の「文化」に左右されない「アート」が生み出されてきた。

　近代の文明化は、美術教育にも及んでいる。「アトリエで制作され、美術館で飾られるもの」という意識を生んだ美術は、自身が住んでいる地域や時代との関係性が希薄となっていく。

　私が STEAM を研究する発想の起点としたのは、2000 年に一人の個人をモデルに身体を型取り、制作した作品であった（図 7）。舞踏家の大野一雄という、日本の伝統的な身体観を基盤に西洋のダンスとは違う「舞踏 (Butho)」を創始した人物である。その舞台は今、残されている映像や写真から記憶を紡ぐしかない。しかし、絵画や「型取り」で残された大野の舞踏の記録は、もう一つの意味をそこに重ねられる。作品として制作された目の前にある動かない自身の〈白い像〉と絡んで、大野一雄は踊った。実際にその場で立ち合った人々の記憶、網膜のイメージは時間とともに失なわれ、記録された映像だけが残される（図 8）。シーガルは、自ら石膏で身体を型取り、オブジェにした背景もまた、このような舞踏との関係が問われている。

　2006 年、私はコンテンポラリー・ダンサーの平山素子をモデルに、NEC エンジニアリング株式会社の協力のもと三次元計測機器（3D デジタライサ）を用いて、福島の宮本樹脂工業で光樹脂の等身大の人体を制作した。本作品は 2007 年、新国立劇場企画の舞台となっている。モデルとなった平山は作品と絡んでダンスをする。「映像メディア」と実際の人体、二つの像が絡む舞台を記録することはできる

が、現実の空間は今、ここでしか見ることができない (図 9)。

　現代、メディアアートは美術の主流になりつつある。STEAM とアートとの関係は、テクノアートやデジタルアートを作ることが最終目標ではないことも追記したい。最先端の「映像メディア」による技術によって科学的な視点を活用しながらも、その創造的なアプローチが向き合うべき先は、現実社会に存在する「人間らしさ」と「生命の尊厳」であり、それはアートと「文化」との関わりから培われるものではないか (図 10、11)。

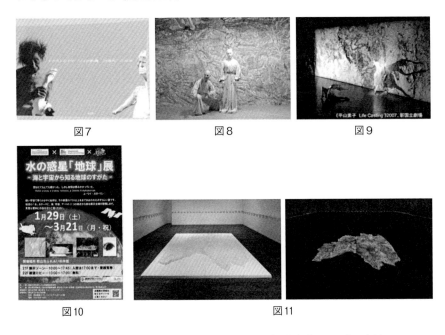

図7　　　　　　　　　図8　　　　　　　　図9

図 10　　　　　　　　　　　図 11

図7　　拙著『渡邊晃一作品集　テクストとイマージュの肌膚』青幻舎、2010 年、表紙
図8　　『渡邊晃一×大野慶人』コバヤシ画廊 (東京・銀座)、2008 年
図9　　新国立劇場企画によるコンテンポラリーダンス『平山素子　Life Casting』2007 年。渡邊が美術を担当。2005 年、三次元計測機器 (3D デジタライザ) を用いて等身大の光樹脂人体を制作した作品。(協力：NEC エンジニアリング株式会社、宮本樹脂工業株式会社)
図10　「水の惑星＜地球＞」展、郡山市ふれあい科学館、2022 年 (渡邊晃一《日本列島と海溝の地形図》2022 年) 協力：JAMSTEC (国立研究開発法人海洋研究開発機構)
図11　渡邊晃一《On An Earth @ Fukushima》(『地祇』コバヤシ画廊 / 東京銀座、2021 年) 国土地理院のデータから須賀川市の笠原工業株式会社の協力で制作した福島県の地形図 (照明が消えると夜光塗料によって川筋が浮かびあがる)

10. Society 5.0時代の視覚の治癒

『メディア時代の美術教育』の最終章に「メディア時代の視覚の治癒」と題した論考がある。[17] メディア環境の拡大されてきた社会と対峙して、視覚の優位や美の標準化が増大してきた側面に着眼し、「健全な視覚を蘇生する」ための教育実践として、著者の岡田匡史は、触覚の回復や生命を見る眼の育成、自然美の観察の重要性について語っている。

本文には，高村光太郎作《手》と「生きた身体」の手との違いを語った拙著『生体表現のもつ意義と可能性』[18] の研究も引用されている。身体を基軸とする上下（横断・水平面）、左右（矢状面）、表裏（前頭・冠状面）という「空間概念」をもとに、人間の眼を通じて作り出された美術作品の〈生命力〉を伝えたものである。

一般に数学を中心とした学問は、客体の「一つの答え」、普遍的な知識体系に向かっていくが、美術は視覚芸術として「３次元空間を認知する力」[19] 遠近法や構図（黄金比）、美術解剖学などの客観的な視点と同時に、主体となる個人のものの見方や感じ方を受け取ることが重要となる。[20]

例えば肖像画には「人間とは何か」という問いかけと同時に「個人」の視点，制作者とモデルの関係も示される。[21]

アートは、美を探究するなかで、各々の時代、地域における豊富な自然と文化の中で、個人の多様な「ものの見方」と共存しつつ、「かけがえのない」生命とも関わってきた。

「私は時代の風俗、思想、外観を自分自身の判断にしたがって翻訳すること、画家であるだけでなくひとりの人間であること、要するに、生きた芸術をつくることが私の目的である」と画家クールベ（Gustave Coubet、1819-1877）は語っている。

「映像メディア」の進展に大きな影響を与えた発明家エジソンは、物理的なエネルギー、光・熱・電気などは、様々な形を変えても不変なものであり、人間の魂もまたエネルギーと捉えていた。宇宙エネルギーの一部である魂は、人間の死後も蓄積され、存在すると考えており、エジソンが生み出した蓄音器、動画撮影機キネトグラフ、白熱電球は、「人は死後どこへ行くのか、そして記憶や経験というものはどうなるのか」という疑問を解き明かす道具であったとも言える。実際、彼は晩年、死者の話を聞く「霊界通信機」を構想していた。

「アニメーション（animation）」は、対象に生命を吹き込む動画を意味する。ラテン語の「anim」は、魂や息を意味し、「animal（動物）」や、生物・無機物を問わず、全てのものに霊魂が宿っていると捉える「アニミズム（animism）」とも関連する語である。

　アニメーションを制作してきたピクサーを筆頭に最先端の「映像メディア」はアートと理数工学系の連携によって展開されている。STEAM においてアートが求められている重要な見解は、個性や地域性、自然と文化に対して身体的な実感を伴う「術」を用いて、「人間らしさ」を発揮する能力を育て、かけがえのない「生命」の大切さを伝える教育を先導してきたことにあろう。

　「希望の星」の子どもたちへ、スティーブ・ジョブズが 2011 年、人生の最期に残した言葉で本稿を締め括りたい。

　「今、やっと理解したことがある。人生において富を積み上げた後は、富とは関係のない他のことを追い求めた方が良い。もっと大切な何か他のことを。それは、人間関係や、芸術や、または若い頃からの夢かもしれない。」

註

1 ）柴田和豊編『メディア時代の美術教育』国土社，1993 年

2 ）『JM（原題 Johnny Mnemonic）』1995 年公開，アライアンス・コミュニケーションズ製作。SF 作家ウィリアム・ギブスンによる短編小説を原案とし，ギブスン自ら脚色を担当したことで知られる。監督のロバート・ロンゴは，1980 年代の美術界を席巻したニューペインティングの画家であり，写真と見間違える一瞬の動きを描いたモノクロ絵画で知られている

3 ）『ブレードランナー（原題：Blade Runner）』1982 年公開，原作はフィリップ・K・ディックの SF 小説『アンドロイドは電気羊の夢を見るか？』監督：リドリー・スコット，出演：ハリソン・フォード

4 ）G.Yakman, STEAM Integrated Education: an overview of creating a model of integrative education, pupils attitudes toward technology, Annual Proceedings, Netherlands, 2006. 日本語では次の文献があげられる。胸組虎胤「STEM 教育と STEAM 教育―歴史，定義，学問分野統合―」『鳴門教育大学研究紀要』第 34 巻，2019 年，pp.58-72

5 ）Platz, J., How do you turn STEM into STEAM? Add the Arts! Columbus:Ohio Alliance for Arts Education, 2007

6 ）ヤング吉原麻里子・木島里江『世界を変える STEAM 人材　シリコンバレー「デザイン思考」の核心』朝日新書，2019 年，p.70

7) 徳雅美，「米国美術教育事情：「ARTs＋Design＝ＳＴＥＡＭ」教育について」，『教育美術』「芸術と科学—STEAM教育とアート」，11月号，発行，公益財団法人教育美術振興会，2019年，pp.22-25

8) カリフォルニア州立大学の徳教授は，日本におけるSTEAMの「A」を「liberal arts」として解釈している日本の研究者が多いことを指摘し，美術教育を主体とした国際シンポジウムを2023年に奄美大島で開催した。米国におけるSTEAM教育については，以下の文献を参考とする。／徳雅美「STEAM教育の理論と実践の今」『教育美術』「特集STEAM教育をめぐって」11月号，2023年，pp.14-19

9) D. A. Sousa, T. Pilecki, From STEM To STEAM, Corwin, 2013／同日本語翻訳版：胸組虎胤訳，『AI時代を生きる子供のためのSTEAM教育』，幻冬舎，2017年／D. A. Sousa, T. Pilecki "From STEM To STEAM" 2nd Ed. Corwin, 2018／胸組，前掲4, p67

10) 1995年にディズニーと共同製作された世界初のフル3DCGによる長編アニメーション映画『トイ・ストーリー』のほか，『ファインディング・ニモ』(2003年公開，アカデミー長編アニメ賞受賞)，『カールじいさんの空飛ぶ家』(2009年公開，第66回ヴェネツィア国際映画祭金獅子賞をチーム受賞) などで世界中に知られている。

11) 『PIXARのひみつ展—いのちを生み出すサイエンス—』日本では2019年，六本木ヒルズや新潟県立近代美術館をはじめ，2年間日本国内の主要都市で開催。

12) オーギュスト・ロダン『ロダンの言葉抄』，高村光太郎訳，岩波文庫，1960年, p.231（Auguste Rodin, L'art, Paris, Grasset, 2005, p.52）

13) 拙著「型取りはなぜアートになったのか？」『大学美術教育学会誌』,2004年, pp.519-526

14) バルザック『知られざる傑作』水野亮訳，岩波文庫，1993年, p.150

15) Maurice Dreyfous, Dalou, sa vie et son œuvre, Paris, Laurens, 1903

16) 村上陽一郎『文化としての科学／技術』岩波書店，2001年

17) 柴田，前掲1, p.222

18) 拙著「生体表現のもつ意義と可能性」『美術科教育学会誌』15, 1994年, pp.395-404

19) 拙著「生体座標と空間認識」『大学美術教育学会誌』, 1995年, pp.65-74

20) 拙著「生体表現のもつ意義と可能性について」『大学美術教育学会誌』, 1998年, pp.187-19

21) 拙著『モナ・リザの教科書』日本文教出版株式会社, 2021年

資料1　福島大学講義「映像メディア論」(2022年　シラバスより)

授業概要とねらい

本講義では、現代における「映像メディア」の表現を通して、人間の文化と身体の関わりを捉え直すのが目的である。写真や映画、ラジオやテレビ、衛星放送、インターネットなどに示されるように、現代社会において「映像メディア」は生活環境のなかで重要な位置を占めている。情報のデジタル化という技術的問題に加えて、空間や時間、複製、コピー等の概念、私たちの「ものの見方」、身体認識にも多大なる影響を与えている。講義では、映像メディアを支柱に、写真や映画、博物館等に関わる専門的な知見も交えながら、人間の「文化」と「身体」との関わりを紹介する。

授業計画

(1) オリエンテーション・「映像メディア」、「メディア」とは何か？
(2)「像ということ」　メディアの歴史と多様な表象文化
(3)「寸断される身体」〜声、言葉、文字〜
(4)「身体の感覚」　〜色と音から社会を考える〜
(5)「遠くの光を引き寄せる」〜写真像の歴史〜
(6)「動く身体」　〜映画の歴史〜
(7)「飛び出す身体」〜トリック・アート〜
(8)「身体の幻影」　特別講師：齋藤岩男（映画美術監督）
(9)「身体のミューズ」〜美と記憶の貯蔵庫／博物館〜
(10)「身体の記憶」特別講師：港千尋（写真家、多摩美術大学教授）
(11)「よみがえる身体」〜SF映画〜
(12)「身体の動き・アニメーション」特別講師：伊藤有壱（東京藝術大学教授）
(13)「身体のドラマ」
(14) 映像メディアと著作権
(15) 映像文化の未来

授業外課題：メディア作品の制作（カメラ・オブ・スクーラ、フリップブック）

いま、映像・映画を学ぶ意義について
－ポストモダン以降のアートエデュケーション再定義の試み－

A Contemplation on the Significance of Studying Film and Pictorial Image
in the Vision of Art Education Oriented to the Future
— An Attempt to Redefine Art Education after Postmodernism —

山木 朝彦
Asahiko, Yamaki

はじめに

　映像・映画を幅広く捉えると、すでに美術教育のデザイン分野では CG の制作やクレイアニメを初めとする各種のアニメーションの制作、広告的な機能を持ったポスターの制作での写真の利用など、映像・映画の題材化の実績については、枚挙に暇がないと言えよう。しかしながら、映像・映画を現代の美術教育に用いることの目的や意義についてはほとんど論じられていない。

　その理由は明解である。美術教育の存在理由についての議論が行われないまま、美術〈科〉教育としての狭義の美術教育の方法論のみが学習指導要領の改訂を前提に更新を繰り返しているからだ。もちろん、学習指導要領の土台には芸術文化の維持・発展とその享受や担い手としてのクリエーターの育成という人類史に根差した確固たる大きな目的があり、その方向性の明示がある。しかし、筆者[山木] がここで問い直したいのは、現代という時代がどのような時代であるのか、そして、その時代に合致した美術教育の内容を策定するプランと未来への眼差しを向けるべき地平とはどのようなものなのか、ということである。

　このような本質的な問いに答える思考こそが、ルーティンとして行われてきた美術科教育の内容更新に対して、パラダイムシフトをもたらし、現代の美術教育の核に、映像・映画を据えることにつながるという見通しを筆者は抱いている。そのためにひとつ表記上の工夫を提案し、実施してみたいと思う。それは、美術教育をアートエデュケーションと呼び変え、さらにその略語として *AE*[1]（Art Education の頭文字）を充てることである。このことによって、ルーティンとして思考を束縛する日本の美術教育のジャンルの意識や美術科教育に課された現実的

諸条件、そして美術教師が抱く常識から離れ、ダイナミックな未来志向の思考を自由に羽ばたかせることが可能となるからである。当然ながら、AE は「日本の」という条件からも、「図画工作科」や「美術科」、「芸術（美術）」という教科枠の条件に縛られないことを意味している。Art もしくは Arts という言葉と Education という言葉が指し示す文化事象のフレームを可能な限り幅広く取り、現代社会に相即する AE の姿とはどのようなものか。そして、それは流動性の高い現代の文化事象の中で、いかなる位相にあるのか。このことを考察し、その輪郭を描くことで、自ずと映像・映画が AE の中核的なポジションを占めるものであることが理解可能となる。

　一見、迂遠に見えるこのアプローチこそが、既成の絵画やデザイン分野の題材群に、映像・映画に関連する内容を部分的に追加するような皮相な次元を越えて、AE の質的飛躍の契機をもたらすであろう。したがって、ここでは同時代の社会をどう見るか、どのように捉えるかという解読格子としてモダニズム、ポストモダニズム、ビジュアル・カルチャーなどの用語を用いることになる。だが、その語義の有効性を詮議する余裕はないので、示唆的な文献を示すことにしよう。

1．テーマに関連する先行研究

　筆者が掲げた本題及び副題に関連する先行研究については、次の 2 つのフィールドから参照すべき論文を選び出すことができる。ひとつは、モダン／ポストモダンの文化特性を踏まえた思想史的アプローチを用いた論述であり、本論で言う AE という枠組みに関連する文献である。もうひとつは映像・映画を含むメディアを主題化し、未来志向の AE 探究ともいえる論考を展開した文献である。

(1) 思想史的アプローチとしての先行研究

　前者については、笠原広一 (1973-) の「ポストモダン以後の芸術教育の実践理論の地平　試論」[2] (2011 年) が一貫した総論としての完結性を備えている。笠原は論中、社会科学的知識論の範疇ではリオタール (Jean-François Lyotard　1924-98) が主題化したポストモダン概念を巡る思想家達のちがいを「モダニズム批判と問いをつづけるという態度 (J・F・リオタール)」「近代合理性による遂行性というシステムの機能への適応を図る態度 (ルーマン)」「批判的合理性にもとつく

コミュニケーションによって合意をつくり出す態度（ハーバーマス）」[3]と整理している。そのうえで、佐藤学（1951–）が提唱し続ける「学びの共同体」から生まれた「生きる技法としてのアート」へのアート概念の拡張を笠原は支持する。また、宮脇理（1929–）による現代の学校論とも評すべき考察に言及した後、モダニズムの閉塞状況として、次のような笠原自身の現状認識を導き出す。

　「美術教育におけるポストモダンが感性主義美術教育時代とされる背景には、こうした個人の自律的主体としての人間形成というモダニズムの教育原理と、一方でモダニズムの実相である産業主義のシステムへの適応という、適応と否定の矛盾が、今日きわめて顕著な問題となっている」[4]

　結論を急ぐと、笠原は、地域と大学が連携する新たな場を創出した熊倉敬聡（1959–）、脱成長理論を掲げたことで脚光を浴びたラトゥーシュ（Serge Latouche　1940–）を援用することで、次のような認識に至っている。

　「ラトゥーシュの共愉と熊倉の芸術実践をとおした悦びと互恵性には共通性がある。こうした貨幣価値による経済交換以外の原理で行われる経済約要素をもった芸術実践はさまざまなアートワークショップやアート・フェスティバルでのプロジェクトで試みられはじめているし、参加者との協同による相互的な互恵性（共愉や悦び）による、つまり感性コミュニケーションによる共同性の創造は、感性主義の射程と同時に、社会的領域における実践とが融合し、新しい協同性の創出となるコミュニケーションによって媒介されるわけである。」[5]

　最終的には、新しい公共圏の確立を目指すハーバーマス（Jürgen Habermas 1929–）の合意形成プロセスを重視する方向性、すなわちモダニズムの可能性を支持している。学校と地域を結ぶ社会的な実験としての芸術的な営みは、新たな括弧付きの美術教育―本論で言う AE―の豊かな可能性を示唆している。

　美術教育分野において、モダン／ポストモダンの文化特性を踏まえ、思想史的アプローチを試みたのは笠原だけではない。相克するこの2つの概念が顕在化させたアートや教育の問題点を見据えて、教育制度の観点から考察を深めた論文が藤原智也（1984–）によって書かれている。ここでは、モダン／ポストモダンがどのように捉えられているのか、藤原の2つの論文からその理論的な枠組みを抽出する。

　「新自由主義教育改革と美術教育―学習の機会保障の問題」[6]（2014 年）では、

ポストモダンの思想潮流に基づく改革を主導する勢力をポストモダン派と藤原は
名付け、この勢力の教育理念は、共同体に支えられた個人の実存を前提にした社
会参画にあるとしている。これに続く「ポスト・デモクラシーにおける美術科教
育の正統性の問題」[7] (2016年) では、「人文科学系論者を中心として生産され流
布されたポスト・モダン議論はしかし、1990年代にはその影響力が減衰」[8] し、「社
会科学系ポスト・モダン論者によるポスト・モダン議論の特徴は、ポスト・モダ
ンを「近代以後」ではなく、「後期近代」として把握し、近代のもつ特質の枠内でポ
スト・モダンとしての現代を論じている」[9] と分析している。

　藤原の認識の基礎となる社会科学分野のポストモダン批判論は次のように要約
できよう。

　ポストモダン概念の浸透による社会認識の深化を評価しつつも、社会科学の知
的文脈から思考するギデンズ (Anthony Giddens　1938-) にとっては、ポストモ
ダン状況はむしろ「高度近代 (High Modernity)」と見做すべき社会様相であり、
ベック (Ulrich Beck　1944-2015) にとっては「第2の近代 (Second Modernity)」
と呼ぶべき様相を呈しているのである。

　それらの裏付けには、「再帰性」[10] (reflexivity) という概念が基礎となっている。
タルコット・パーソンズ (Talcott Parsons　1902-1979) が初めて用い、ギデンズ
が動的イメージを伴う社会学の専門用語として深化させた「再帰性」は現代の社
会学の基礎的理論のひとつである。

　ポストモダン論を超克する方向性として、顕著となった社会科学分野でのこう
した学的成果を現状の美術教育の制度批判に用いた藤原の研究は、教育研究が社
会科学研究の一角に位置するゆえに重要である。

　教科教育としての図画工作科および美術科等の内容・方法に対する全面的な見
直しをせずに、ダイナミックな展開をみせる現代の文化事象を看過し続けるなら
ば、間違いなく、映像・映画を学ぶ意義が認識されないまま、中核的な旧来の内
容を彩るフリル (frill: 飾り) として位置づけられてしまうだろう。映像・映画を
学ぶ意義について、より本質的な考察が求められる理由がここにある。

　そのような認識に立つと、来たるべき未来の AE を構想するという文脈に照ら
し、社会学の基礎知識を応用し、現代社会の特性分析から説き起こした藤原と笠
原のアプローチは、確固たる先行研究と見做すべきである。

(2) メディアを主題化して論じた先行研究

映像・映画を含むメディアを主題化して論じた先行研究として最初に記すべきは、1993年に上梓された、柴田和豊編『メディア時代の美術教育』[11]である。この本は、筆者を含む10人の分担執筆者が発達した情報メディアと美術教育の関係性を主題にし、当時としてはかなり先進的な企画のもとに生まれた。映像・映画の特性やそれらの導入を前提に、旧来の美術教育との齟齬や共通項を見据え論じた、柴田和豊、長田謙一の各論の中から、AE の未来への展望を切り拓く基礎論となる部分のみを抽出する。

柴田は、「欧米では」という条件づきで、次のような認識が存在していることを示している。

「美術という言葉にこだわる限り、現代の視覚的世界の広がりに対応できないからである。美術を一方の極に、メディアがもたらす視覚的現象を他の極に、その幅の中で、様々な視覚的世界がどう機能し、どのような影響を及ぼすか、何が人間的な価値に富むのかを、総合的に考察しようとするのである。」[12]

ただし、欧米の（広義の）美術教育に見られるこうした萌芽的ベクトルに対して柴田は立ち止まり、次のように述べ、価値判断を保留する。

「そのような対応は「美術教育の拡大」もしくは「美術教育の解体」という方向へ進む」[13]

さらに、Aesthetic Education なる言葉の語義のうちに、上記のようなマクロな方向性を包摂しようと試みる欧米の動きに対しても懐疑的であり、その時代錯誤を指摘している [14]。

そのうえで、柴田は高度に発達した視覚的なメディアに対する私達自身の立ち位置を検討し、二つの方向性を提案している。

ひとつは、圧倒的な情報量を受け取る主体としての私達の批判能力の育成の方向である。「視覚的世界を批判的に読み込む作業が、私たちの主体的な生き方を考えるうえで、すでに欠かせなくなっている」[15]のである。

もうひとつは、多種多様な現代のメディアを用いた主体的な表現の重要性を認識し、具体的な方法を実践として取り入れる方向である。メディアは「人間に新たな経験をもたらし、感性を拡大する可能性をも秘めている」[16]ゆえに、学習者には表現を行う機会が提供されるべきだとしている。その実践事例として成城小

学校の実践を挙げ、「批評や鑑賞だけではメディア教育は成立しない。感動が中核である限り、表現の重要性は変わらない」[17]と柴田は述べている。

　同じ書籍の中で、長田謙一はメディアに対して柴田とは異なるアプローチを展開している。長田は実在する物から離れた視覚的イメージ全般を俎上に上げ、複製時代のイメージのありように着目する。

　「近代社会は視覚を他の諸感覚に対して優位におき、視覚的イメージを実体から解き放し、そのイメージを秩序づけることによって世界をおのがもとにくみしだく様々な機構を生み出した。西洋近代的な意味における美術もまたその中でこそ成立したのである。しかしまた美術という高級文化領域を成立させた西洋近代は、同時に、それを突き崩していくダイナミックな過程であった。」[18]

　長田はデュシャン以降のアートは、日常世界のイメージと境界が見えにくくなったものの、制度内の美術を問い糺すだけでなく、日常世界の物とイメージを批判的に捉える「批判意識のよりどころ」[19]となったとみる。

　しかしながら、この批判意識のよりどころとなっていたアートの変質がポストモダン期に起きる。このことに関する長田の認識は、本稿の主題と密接に関わるので、少々長くなるが次に引用する。

　「ポスト・モダンといわれる 1970 年代以降の文化状況の中でこの事態［批判的次元そのものの溶解のこと］が進む。批判意識の拠点としての非日常的な次元を喪失したとき、美術は日常世界を覆うイメージ世界との間の歴然とした境界を失う。そこに出現する、境を失った広大なイメージ世界は、いわばイメージ政治学とも呼ぶべき、イメージに依拠した力・支配・秩序の力学の作用する世界でもある。」[20]

　イモーショナルな喚起力・浸透力で、言語的コミュニケーション形態を陵駕する視覚的イメージの圧倒的な力の前では、生活に密着したヴァナキュラー（vernacular: 土着的）な文化の自律性という概念は、疎外的にさえ作用する。そして、ヴァナキュラーな民衆文化の代替物として登場した大衆文化は、視覚的イメージを媒体とする文化＝産業によって隅々まで支配されている。巨大産業が生産する圧倒的な量の視覚的イメージ。大衆文化に流れ込むその怒濤のごとき勢いを目の当たりにして、教育はいかなる対抗策を持ちうるのか。

　長田は「美術が新たに捉え直されねばならない」[21]とし、その「捉え返された美

術とは、イメージ生成の場へと降り立ち、その生成に立ち合い、それを生きる意識的な営みであり、またそれを組織する営みである」[22]とアートの意味の再定義を行う。

旧来の作品のかたちを取らない「イメージの生成という意識の出来事として存在する」アートは再定義されたアートのあり方を見せてくれるのであり、その好例として、長田はボイス（Joseph Beuys　1921-1986）、キーファー（Anselm Kiefer　1945-）、クリスト（Christo & Jeanne-Claude　1935-2020/1935-2009）、セラ（Richard Serra　1938-）、川俣正（1953-）を挙げている。

映像／映画系の作家名が見当たらず、インスタレーション指向の作家名を連ねていることについては、どう考えればよいのだろうか。

この点についての考察はいったん保留して、総体として浮かび上がるこれらの作家の特徴を言うならば、日常世界に裂け目を入れ、私たちが捕らわれている惰性的なものの見方を反省的に問い糾す契機をもたらすアートを作り続けた作家達である。一種の覚醒を促す作家群だと言えるかもしれない。

もう少し踏み込んで言うならば、これらのアーティストは映像／映画を含む多様なメディアを融通無碍な姿勢で利用することで、自らの考える世界の裸像を形象化しようと努めたのであり、そのプロセスで、特定の場所や時間、そして人々の関係性に関わる「常識」を問い直し、様々な偏見を告発したという点に共通項が見出される。

上述のように、視覚イメージ論の文脈にパラフレーズした、長田の現代アート論にとって、新たな美術教育（アート・エデュケーション）とはどのようなものなのだろうか。六つの具体的な提言[23]を行っており、その筆頭に、「写真、映画、テレビ、ビデオ、マンガ、アニメ［後略］」を取り上げることを推奨している。

教育ないし学習との接点を求める映像・映画について論じた先行研究は、膨大な数に上るが、柴田和豊と長田謙一の論考に絞り込むことで、ポストモダン以降のアートエデュケーション再定義について先駆的に取り組んだ1990年代前半の理論的な枠組みの一端を理解することができたと思う。

２．ポストモダンと *AE* の関係をどう捉えるべきか

(1) 同時代のアーティストとエフランドらの著作

　筆者は永らく素朴な疑問を抱いてきた。それは日本の美術教育研究者がポストモダンという言葉を各々の論文や論説の中でほとんど使わないことに対する疑問である。ポストモダンという言葉をモダンに対置するだけで、あるいは、ポストモダン思想を批判的に検討することにより、多くの謎が氷解する。

　そうした思いから、「20世紀から21世紀への美術教育理論の展開：モダンからポストモダンへの転換期に着目して」[24] を執筆し、DBAE からネオ DBAE への転換という現象の背景にあるポストモダンの考え方に影響を受けたアメリカの美術教育の動向を紹介し、コメントを加えた。

　そこで見えてきたことは、ポストモダンのアーティストに分類される作家達が有する近代主義に対する批評的な視点を美術教育研究の世界に導入し、共有しようとする米国の美術教育研究者の指向性である。例えば、エフランド（Arthur Efland　1930-2020）、ケリー・フリードマン（Kerry J. Freedman）、ストゥアー（Patricia L. Stuhr）による *Postmodern Art Education: An Approach to Curriculum* [25] では、同時代のアーティストの作品が有する批評の観点を次の文脈で焦点化している。

　鋳造された金属の断片を流木に見せかけたバターフィールド（Deborah Kay Butterfield　1949-）の作品に見られる「表層性（surface）」、「並置性（juxtaposition）」、「イリュージョン（illusion）」という、ポストモダン思想が強調した批評の拠り所となる観点であり、モダニズムとの顕著なちがいを見せる造形作法上のコンセプトである。

　あるいは、エジプト美術の立像と現代のスタイリッシュなコートなど、異なる時代の美的嗜好を反映する彫刻を組み合わせ、ギリシアの円柱建築の台座の上に並置した作品の制作者、シェイ[26]（Judith Shea　1948-）である。彼女のこの作品は、発展や進歩という物語に満ちた近代の「単線的歴史観を批判」するポストモダニズムのアートの典型である。さらに、1986年から1988年にかけてミネアポリスのウォーカー・アート・センター（Walker Art Center）に建てられていた《レジス・ガーデン（The Regis Gardens）》という一種の温室までも、「環境世界との共生」を図るポストモダニズムのアートに位置づけられている。

　Postmodern Art Education の記述から、米国におけるポストモダンの美術教育とは、社会思想上のポストモダニズム概念以上に、美術批評などアートに隣接する文脈におけるポストモダニズム概念の参照を意味していることが伺える。

(2) シンディ・シャーマンの欲望と戦略

　著者のエフランドらは、上記以外に、ポストモダンの世界観を表す同時代のアーティストとして、シンディ・シャーマン（Cynthia Sherman　1954-）の名前を挙げている。ポストモダン以降のアートエデュケーションの再定義を考察する上で、多くの示唆をもたらしてくれるアーティストなので、彼女の制作スタイルから、映像・映画を学ぶ意義について考えてみたい。

　かつて筆者はシャーマンについて次のように批評したことがある。

　「圧倒的な魅力でメディア上の覇者となる者もいれば、現代のメディアの特性を冷静に分析し、自覚的な表現を行うアーティストたちも存在する。（中略）このうち、自己のイメージの形成過程に写真や VTR などのテクノロジーが深く関与しているという事実に最も直接的に反応」[27] し、「多種多様な「現場」の自分をセルフ・ポートレートに定着する表現活動は、考え抜かれた緻密な芸術行為であると同時に、現代のメディアに対する批評的行為でもある」[28]。

　シャーマンは現代のメディア社会の申し子であり、自分の姿をあたかもハリウッドの女優に見立てて、映画のスティル写真に酷似した写真作品を制作する。その行為はたしかに異彩を放つが、従来のクリエイティヴィティー（創作概念）とは全く異質である。

　シャーマンの制作プロセスは、彼女自身が慣れ親しみ、彼女の思考と身体の深層部まで浸潤したテレビ[29]や映画などの大衆文化に対する分析と批判から始まる。画像や動画に魅了されればされるほど、その魅力を生みだし、成立させているテクニックや被写体の作られた表情、そしてコスチュームやジェスチャーについて距離を置いて分析し、批評しようとする意欲は強まる。大衆文化に呑み込まれ、通俗的な情報の消費者として主体性を失ってしまう瀬戸際で、メディアを批判的に捉えることに成功し、表現する情報発信者の視点を獲得したシャーマンはポストモダン時代のアーティストを代表する存在となった。彼女の比類無き艶美な表現は生得的な個性に基づくものでも、同世代のクリエーターとは異なるスペ

67

シャルな着想を得ようとする創造指向に因るものでもない。

むしろ、自らの作品をハリウッドの巨大資本が産み出す映画のスティル写真に限りなく近づかせようとするアプローチから、それらは生まれたのである。その意味では、二次創作的なバリエーションの追究と似たモチベーションに突き動かされた制作だと言えるかもしれない。

代表作《Untitled Film Stills》シリーズ（1977-1980）から、シャーマンの表現世界を凝視すると、そこには煌びやかなハリウッド女優が演じる逃亡犯や避暑地の有閑貴婦人や初々しい衣装を身に纏いデートに臨む女性たちに完璧に姿を変え演ずることの楽しさや没入感が伝わってくる。映画という強力な感化力を有する大衆文化に呑み込まれているかのような彼女の作品は、個に立脚するアイデンティティーを抛擲した、価値の無い表現なのだろうか。

ここでシャーマンを参照しそれと対置させる思考フレームのなかで、美術教育の思潮を振り返ってみよう。永らく美術教育は、子供たちを取り巻く大人が創り出した図像のイメージやコンセプトに影響されることなく、自身の経験や想いや着想によって、他者と異なるアイデンティティーを表現することが最も価値あることと認めてきた。

そのために、プロフェッショナルな人間でなければ実現できない巧みな技法や現代社会に対する成人の見方や価値観を反映しているアーティストの作品に子供を触れさせる機会は著しく制限されてきた。

1980年代後半から鑑賞教育重視の流れの中で、子供たちが美術館の展示を見る機会は増えたものの、上述の思考のスキーマは強固である。しかし、アーティストの作品だけでなく、日常の視覚文化からの影響を教師が人為的に排除した図工室や美術室のなかでのアイデンティティー追究から産まれた表現は、果たして、子供自身の思考や感情の発露なのだろうか。それは良くも悪くも、伝統的な学校文化の反映物なのであり、子供たちの夢や欲望の自己表出だとは言い難いのではないか。

3. ビジュアル・カルチャー（VC）に囲繞された人間の作法
(1) シミュラークルの世界の中で

シャーマンの作品はポストモダンの文化状況を見事に反映している。そして、

そのことが、批評家やキュレーターからの高評価につながっている。その表現は作品名を持つ特定の映画に基づいているのではなく、ハリウッド映画によく描かれるヒロインの属性を抽出して形作られた、記号としてのイメージ、すなわちシニフィエ（意味されるもの）なきシニフィアン（意味するもの）である。

　こうしたオリジナル無きシニフィアンが乱舞する物の世界をボードリヤール（Jean Baudrillard　1929-2007）は、シミュラークルで成り立ったシミュレーションの世界[30]であると再定義した。この文脈にパラフレーズするならば、シャーマンの作品は、新たなシミュラークルを増殖させる行為を繰り返していることになる。シミュラークルの増殖を示唆するそのアートは、現代の情報化社会そのものが膨大な仮想的世界を形成し、そこに私達は包摂されていることを象徴している。

　このようなポストモダンのアートが浸透するにつれて、オリジナルとコピーを截然と分かつ境の意識はイメージの生産者・消費者共に薄れ、法的な手続きの延長線上にある「著作権」がオリジナリティーの価値と「創作」の概念を守るための孤塁となっている。

(2) ビジュアル・カルチャー（VC）とは何か。

　ここまで見てきたように、ポストモダンという言葉は社会科学分野（social science）と人文科学分野（humanities）共に、1980 年代から 90 年代にかけて盛んに使われ、今はその言葉の曖昧さや多義性が嫌われ、専ら批判の対象となる概念である。批判の対象となると言うことは―批判のための批判ではない限り―緻密な検証の反省の時期に入ったと言うことである。既に取り上げたように、アーティストを突き動かし、社会学の発展を促したという実効的な影響力を持ったポストモダンの考え方はボードリヤールの世界観の急速な浸透を基底にしている。

　ちょうどエネルギーが変幻自在に光、熱、電気、運動、化学反応などに姿を変えるのと同じように、現代の情報はプログラミング等を介して、印刷された書籍、各種の画像、映像／映画に姿を変え、それらは情報に還元されることで電子的アーカイブを構成し、各種のメディアによる伝達媒体に変わる可能性を持ち続ける。そのような捉え方がポストモダンというものの見方を経て、私達にとって身近なものになった。

これを本稿が主題とする映像・映画に関係づける最も有効なアプローチは、旧態依然とした〈映像・映画はアートなのか、あるいは美術なのか〉というジャンル論内部での議論から離れた別の次元にあると筆者は考える。モダニズムが定義したアート概念には、大衆文化に内属するアミューズメントという属性を際立たせた興業的映画が抜け落ちてしまう可能性[31]があるからだ。また、視点を変えれば、映画を近代の芸術概念に包含することによって捨象される属性こそ、映画を映画として成り立たせている特性だという逆説も考えられるのである。

　アートであるかアートで無いかという芸術学上の論議を優先させるよりも前に、現代社会の情報特性に対する理解を深め、私達を囲繞し氾濫し刺戟し続ける〈映像・映画の表現と鑑賞〉を未来志向の AE の学習内容の中心に据えることが重要である。

　このために必要な捉え方は、ヴィジュアル・カルチャー（ＶＣ）という言葉に集約されている。和訳すれば平易な印象をもたらす視覚文化（視覚的文化）となるが、ＶＣには新語としての特定の意味の充填も見られる。

　ＶＣは先史時代以降、連綿と続いてきた視覚情報のやりとり全てを総体として意味しており、絵画やデザイン、工芸や彫刻などの分野全てを包含する呼称であると同時に、インターネットなど電子情報網を通じた画像情報のやりとり等が日常化した時代に、自覚的に選び取るべき「文化論」としての性格を持つ。前者は際限のない茫漠としたイメージであり、ほとんど意味を成さない。したがって、現代に特有な文化論としてのＶＣに絞って、AE の学習との接点を考えてみよう。

(3) ケリー・フリードマンの理論とテリー・バレットの教育実践

　島田佳枝はケリー・フリードマンの『ヴィジュアル・カルチャー教育—カリキュラム、美学、社会生活のなかの美術（アート）』の一部翻訳を試みているが、そのなかに、フリードマンの考えが顕著に表れている箇所があるので、下記に引用する。

　「グローバル化した文化は、文章に基づいたコミュニケーションからイメージに満ちあふれたものへと急速に変化してきている。ヴィジュアル・カルチャーは、テレビ、美術館、雑誌、映画館、広告、コンピュータ、ショッピングモール等々で見ることができる。その勢力は圧倒的なものだ。結果として、ヴィジュアル・カルチャーの複雑さを学ぶことは、人類の発展にとってさらに重要になっており、

芸術と教育の概念を変えることを必要としている。」[32]

　フリードマンは *Studies in Art Education* 誌に寄稿した別の論文 [33]（2000）のなかでは、次のように述べている。

　「テレコミュニケーションの発展により、視覚芸術に関する学生の理解は深まっている。テレビ、ウェブ、映画、写真、ビデオなど視覚技術間の文字通りの概念的で間テキスト性および間図像性に基づくつながりは、学習環境の拡大をもたらした。ポストモダンのアートと芸術教育の重要な部分が、美術館、テレビ、映画、ビデオおよびコンピュータゲームなど、ヴィジュアル・カルチャーの各種の形態に関与している。」[34]

　「社会的な観点から言えば、ヴィジュアル・カルチャーと共にある学生達の諸課題と問題に向かい合う（address）ことは、私の分野の責任である。過去の視覚芸術の鑑賞を重視し続けてきた強固な伝統とは異なり、新たな視点からの美術教育は、より批判的な立場（critical stance）を取り、将来の視覚芸術の困難な課題に取り組むのである。」[35]

　米国のＶＣに基づく美術教育を先導しているフェルドマンの引用箇所に現れた言説から、圧倒的な影響力を持つＶＣが学習の質・量・形態を変化させる可能性を秘めていることを私達は理解する。そして、Studies in Art Education 誌掲載のこの論文は、生活世界の隅々まで浸透した視覚情報の性質についても明らかにしている。それは、間テキスト性・間図像性、およびテキストから図像へ、図像からテキストへの変化のなかで、伝達媒体に固有の情報特性を帯びて姿を変える。そのため、これからの美術教育を構想するには、生活世界全般に浸透したＶＣに対してクリティカルな構えで臨む方向性が求められ、教師には、学習者の批判能力育成という新たな教育目的が課せられている。

　米国の鑑賞学習の方法研究を永らく牽引してきたテリー・バレット（Terry Barrett　1945-2023）もまた、ＶＣに基づく批判能力の育成の推進者である。彼は大学から幼稚園まで、全ての学齢で図像や文字のメッセージの意味を読み取る批判能力の育成が可能だという。バレットはロラン・バルト（Roland Barthes 1915-80）が各種メディアの分析に利用したデノテーション（明示的意味）とコノテーション（メタファー等の非明示的意味）についての学習者の気づきを重視する。たとえば、幼稚園児に二つのシリアル商品のパッケージを大人用と子供用の

二種に分け、その理由を問う課題を出したところ、園児達は採用されたイラストや色に隠された微細なメッセージまでも見つけ出し、それらのパッケージには、異なる年齢層の関心や欲望に訴求するための図像が意図的に利用されていることを暴き出したという事例をアート・エデュケーション誌（2003年3月）に掲載した論考[36]のなかで紹介している。

　ＶＣに基礎を置く美術教育の考え方や方法論をフリードマンとバレットによる論文から探った結果、両者共にいわゆる批評的能力の育成のためのメディア・リテラシーを重要視していることを確認できた。社会科学を中心にする「思想史」の座標軸に、フリードマンやバレットの理論や教育実践を位置づけるならば、アドルノ（Theodor W. Adorno　1903-1969）やホルクハイマー（Max Horkheimer 1895-1973）らによる文化産業（culture industry）批判の思想的レイヤーを背景に持つ教育文化論であると言えよう。

４．映像・映画の学びの意義を今、問い直す理由

（1）メディア・リテラシーに関する事例研究

　現代社会に相即する *AE*、そして、未来への展望を拓く *AE* を構想する上で、多様化した現代の情報伝達メディアの特性や影響力への考察を欠くわけにはいかない。その点で、メディア・リテラシー研究はきわめて有益である。

　紙幅の関係から、ここでは、カナダのオンタリオ州におけるメディア・リテラシー教育に関する研究を紹介するに留めるが、この論文は映像・映画の学びの意義を巡る考察にとって基礎文献のひとつであると筆者は考えている。

　それは、上杉嘉見（1975-）の「カナダ・オンタリオ州におけるメディア・リテラシー教育の発展過程：社会批判的カリキュラムの追求と限界」[37]（2004年）である。この論文の中で上杉は、カナダのオンタリオ州では、1987年から第7学年から第12学年までの英語科の中でメディア・リテラシーを学ぶことが義務づけられ、このうち第9から第12学年（日本の高校段階に相当）では、「メディア科」が英語科目群の中の選択必修科目とされたと記している。

　その主眼は、「メディアが何をどのように伝えているか、およびメディアやそれが伝えるメッセージが人々の生活にどのような影響を与えているかを理解すること」であり、そのことを「教育目標として掲げている」[38]。

　このようなリテラシー教育を主軸とする教育改革は、当時、思想界に強力な影響力を有していたカルチュラル・スタディーズと、社会理論と結びついた記号論研究を理論的背景に持つマスメディア批判やポピュラー・カルチャー批判の動向と結びついている[39]。

　その後、1984 年の選挙後の進歩保守党（Progressive Conservative Party of Canada）政権はオンタリオ州のメディア科廃止を試みたが、学校の教職員及び世論の抵抗に遭い撤回。その後もメディア科は存在したが、内容はマスメディア批判やポピュラー・カルチャー批判から各種メディアにおける「自己表現力」重視に傾斜した。上杉は 1997 年から 2000 年にかけての言語科および英語科における表現スキルの獲得を重視するオンタリオ州教育課程の改訂[40] は、「1995 年の教育課程（試行版）で強調されていた、メディア化された消費社会に批判的考察を加える市民の育成という教育目標とははっきりと異なるものである」[41] と結論づけている。

　私達は、上杉の論文からメディア・リテラシーという言葉の多義性、すなわち、資本主義の文化産業批判から、現代メディアのクリエーターの養成までの意味の広がりを意味する語義の多義性を確認できる。また、それゆえに、メディア・リテラシー教育は政治のイシューとして浮上したのである。

(2) 日本のシネリテラシーの運動の意義

　海外の理論や事例紹介を続けたが、将来の映像・映画を学ぶ意義を考えるために重要な運動が国内に存在することを忘れてはならない。本書の企画／編集を担う柳沼宏寿（1961-）を中心とする「シネリテラシー」の推進運動である。その成果は、美術教育専門誌である『教育美術』の 2012 年 4 月号[42] に手際よく紹介されている。その成果を見る前に、メディア・リテラシーの重要性を如何なる観点から柳沼が認識しているのかが明示された箇所を「映像メディア表現を通したメディア・リテラシー——美術教育からの視座」[43]（2021 年）から引用したい。

　「現実の世界にバーチャルな空間が融合して我々の欲望を満たす一方で重大なリスクも予想される。情報を認識するためのスクリーンが人体の感覚器官に限りなく接近し体内レベルにまで押し込まれる事態においては、これまで人間の内部と外部を媒介していた「五感」や「体性感覚」の出番が奪われてしまう。いうまで

もなく実体験の喪失は情報の真偽を見極める判断力を鈍化させていく。」[44]

　カルチュラル・スタディーズ論や文化産業批判の思想を拠りどころとし、情報発信者の隠されたコマーシャリズムを看破し、告発し、批判することにより、文化産業批判を展開するメディア・リテラシー教育の導入は、現代日本の教育刷新にとって不可欠なのだが、それだけでは人類史の転回点をもたらすメディアの可能性を追究するために主体的に行動し、その危険性を回避する叡智を獲得することはできない。文化産業批判に終始することなく、ニュートラルに、現代の情報科学や光学機器から生まれた仮想現実の世界がもたらす根本的な問題をメディアの文脈から問い質そうとしている点で、柳沼のこの言説が持つ普遍性に着目すべきだろう。

　『教育美術』の 2012 年 4 月号では、柳沼は映像メディアの取り扱いについて、教科の枠に捕らわれないことを確認した上で、［学校教育で映像メディアを取り上げ、学校全体で設備・機材を整えることは］「各教科の学びにつなげていくことができる。とりわけ、美術教育は映画の持つ芸術性や美的要素を扱える内容が多いと同時に、あらゆる領域の学びを統合する役割を担うことができる」[45]と述べている。

　常々、筆者もまた、将来の*AE*は、旧来の美術科の伝統に捕らわれることなく、あらゆる文化領域、あらゆる教科と密接な関係性を持ち、比喩的に言えば、多種多様なディシプリンの培養土となるような教育へと質的転換を行うべきだと考えてきた。例えば、絵画作品の鑑賞やデザインの分析もまた、人文諸科学（ヒューマニティーズ）への興味や関心を引き起こし、歴史や哲学への知的好奇心を抱く契機となる可能性を秘めていると期待[46]している。

　その点で、映像メディアの導入がいわば様々な学へのハブ（hub）の役割を担うことを示唆する柳沼の考えを支持したい。

　そのうえで、日本のシネリテラシーの運動が既成の映画の批判的受容や作品分析に終わることなく、学習者自身の映画製作という表現活動を重視していることの狙いと意義について考察を進めよう。

（3）映像・映画に対する批評能力の育成と製作の関係

　鑑賞領域の理論および実践の蓄積により、学習者の批評能力の育成について、

対話型鑑賞方法を筆頭にギャラリーカードの開発や ICT の利用など、様々な方法論の有効性についての研究が 1980 年代後半から急速に進展した。その結果、例えば、美術館での作品鑑賞の経験がそのまま表現活動への意欲を高め、自らの表現主題の明確化につながる [47] ことが明らかになってきた。

　批評能力と表現能力の獲得が、学習者にとって相乗効果をもたらすという前提から日本のシネリテラシー運動に参加した教師の取り組みを知ると、そこに、映像・映画を中核部分に据えた未来の AE のあるべき姿が見えてくる。

　具体的に言うと、前出の『教育美術』2012 年 4 月号のなかで、伊藤奈美教諭は、映画製作の活動に取り組む過程で子供たちが気付いた映画の特性について語っている。

　「子どもたちは活動を進めていく中で、映像のよさについて言葉にする場面が見られた。「舞台は、一方向からしか観ることができないけれど、映画は、自分たちの観せたいと思うものを、あらゆる角度からカメラで撮影することができる」「自分たちの伝えたいように映像を選んでつなげることができる」(後略)」[48]

　絵画制作の経験が無い美術批評家は、描画材料の特性や技法については表面的な理解に留まるほかない。物質の触覚的感覚とそれを統御する技の修得プロセスを知らないからである。映像・映画の批評能力の質的な向上についても同様なことが言えるはずである。映画という媒体の特性を効果的に学習し、批評能力を身につけるには、映画製作を実地に行うことが最善の方法である。

(4) 映像・映画に関する学習内容についての共同討議の必要性

　しかし、この最善の方法を必修の内容とする前に、映像・映画の学習はどうあればよいのかという基本的問題について、美術教育の学会レベルでの検討が必要であろう。散発的、間歇的であろうと、映画製作の実践事例が積み重なることには大きな意味はあるが、なぜ、未来志向の AE には映像・映画に対する深い理解や批評能力の育成、そして表現能力の習得が必要なのかを多角的に論じ合う枠組みを用意する必要もある。このプロセスを省くと、映像・映画についての学習は、「積み過ぎた方舟」と揶揄される題材の詰め込み傾向に、さらに拍車を掛ける新たな題材の加算に終わってしまう。

(5) 若干の提案

　本論は、共同討議のためのプラットホームとして、思想史的アプローチとメディア論的なアプローチが存在し、両者を俯瞰し批判する思考の重要性について指摘してきたわけだが、未来を展望する *AE* の姿を想い描きつつ、ひとつの提案を行いたい。

　フィルムの映画はモダニズムの芸術運動と深い関わりがある。映画の誕生は写真の登場以上に、絵画、彫刻、デザインの創作者達を刺戟し、時間の観念を作品にどのように取り込むかという新たな課題を突きつけたし、ダリ（Salvador Dalí 1904-1989）などのシュルレアリストは、動画の中での無意識の表出可能性に強く惹かれた。バウハウスに関連するモホイ＝ナジ（Moholy-Nagy László 1895-1946）やケペシュ（György Kepes 1906-2001）にとっては、映画に見られる光と影の表現、映像ならではの色彩効果、そして動きによるイメージの変化が興味の中心となった。

　モダニズムの平面や立体の表現と映像・映画には密接な関わりがあり、画家やデザイナーは映画製作者と通底する新たな表現課題を抱いていた。映像・映画の学びにはモダンアートとの接点を探るベクトルが期待される理由である。

　なお、このようにモダンアートと映像・映画を結び目に着眼し、その関係性を学ぶことは、本稿の第2節2項において忌避した映像・映画の領野をモダニズム芸術観に回収する企てとは全く次元が異なるプロセスである。アーティストの創意に満ちたメディウム観が革新的視覚イメージを産み出したことを学ぶ過程には、映像・映画がモダニズム芸術論の圏域を遙かに超えた媒体であることを知る契機が隠されている。

　したがって、表現媒体の特性が産み出した表現手法の独自性についても、躊躇することなく伝えるべきである。例えば、マイブリッジ（Eadweard Muybridge 1830-1904）の連続写真、映画編集の目的と方法、サイレント映画やトーキー、ミュージカルやドキュメンタリー等の種別、モンタージュ、ショットなどの表現技法に関わる基礎的用語、アニメーションの基本原理、フィルム映写とデジタル動画のちがいなどについてである。義務教育課程において誰もが学ぶべき学習内容であろう[49]。

　また、映画そのものの鑑賞の機会を新たな *AE* は保証すべきである。著作権の

問題を解決し、学校内で鑑賞する機会を用意することがベストだが、そこには保護者のコンセンサスを得る必要があり、ハードルが高い。しかし、教師は学習者に対して鑑賞機会の提供を試みるべきであり、その点で『「こどもと映画」を考える』[50]（2012年）に掲載されている子供のための映画上映に尽力する各種の組織[51]の情報を活用すべきであろう。

おわりに──本稿のリフレクション

　おわりに、紆余曲折を経て此処（結語）に至ったかに見える本稿の構成には、あらかじめ、比較的単純なひとつの流れが用意されていたことを記しておきたい。

　第1節では、現在の美術教育の内容や方法、制度上の条件など、いわゆる「常識」に囚われることなく、新たなアートエデュケーション（AE）の内容と方法を構想したいと考え、その中心に映像・映画を核とする各種のメディア理解があることを取り上げ論じた。また、現代の教育を考える視点として、あえて論争点を浮き彫りにするために、モダン、ポストモダンに関わる人文・社会科学上の捉え方を紹介した。

　第2節では、今や懐古的な響きを帯びたポストモダン概念が豊穣なアート観を私達にもたらし、シンディ・シャーマンに代表されるメディアと自己との相関を対象化する批評的創作行為も、そうした文脈から生まれたことを振り返った。

　さらに、第3節では、私達を囲繞する多種多様な図像や動画情報で構成されたビジュアル・カルチャー（ＶＣ）という現象に対して、批評能力を育成する新たなムーブメントが存在することをフリードマンやバレットの論考から探った。ＶＣに対する考察はメディア・リテラシー教育と同じ認識の地平に存在し、それらの背景には、アドルノらによる文化産業批判の思想があることも指摘した。

　第4節では日本のシネリテラシーを牽引する思想には、欧米のメディア・リテラシーの学習とは異なる表現活動と批評能力の育成の有機的関係を追究するマクロな視点が存在することに着目し、未来志向のAEを構想するために求められる事柄について考えた。

　全編を通じて、未来志向のAEを構想するには、同時代の社会の様相・構造や教育の動向、そして、社会・人文諸科学の研究成果をいっそう貪欲に学び、討議するプロセスが不可欠であることを述べたつもりである。そして、このプロセス

こそ、映像・映画を現実の美術教育に導入するための転換点に欠かせぬ学的アプローチであると筆者は考えている。

註

1）*AE* は頭文字の特性から、Arts Education（芸術教育）および Aesthetic Education（審美教育／美学教育）を連想させる。

2）笠原広一、「ポストモダン以後の芸術教育の実践理論の地平　試論」『美術教育学』、（32号）2011、pp.97-109

3）同上、p.104

4）同上

5）同上、p.107

6）藤原智也、「新自由主義教育改革と美術教育―学習の機会保障の問題」、『美術教育学』、（35号）、美術科教育学会、2014、pp.441-445

7）藤原智也、「ポスト・デモクラシーにおける美術科教育の正統性の問題」、『美術教育学』、（37号）、美術科教育学会、2016、pp.387-400

8）同上、p.389

9）同上

10）再帰性（reflexivity）は近代社会および同時代の社会の情況を解読するだけでなく、その改革の道筋をも示唆するために用いられる社会学の用語である。再帰性の概念は幅広く、確定的にその定義を述べることは難しいが、次の論述は、その概念を理解する上で参考となる。
「ギデンズは、再帰性が、社会的、言語的な基盤をもつことに意味を見出す。再帰性には、行為者が自己をモニターし、自らの意味を再審したり、行為の帰結が行為者自らに作用したりする自己再帰性、行為が社会構造に条件づけられつつ、同時に社会構造に影響を及ぼす制度的再帰性、さらに概念的言語的な媒介による認知的再帰性などがある。」（中西眞知子、「メディアの再帰性」、『中京経営研究』、25巻1号、2016年3月、p.46）
別の言い方をすれば、「再帰性には、行為者が 自己をモニターし、自らの意味を再審したり、行為の帰結が行為者自らに作用したりする自己再帰性、行為が社会構造に条件づけられつつ、同時に社会構造に影響を及ぼす制度的再帰性、さらに概念的言語的な媒介による認知的再帰性などがある。」（中西眞知子「再帰性の変化と新たな展開」、『社会学評論』、64巻2号、2013年、p.224）

11）柴田和豊編、『メディア時代の美術教育』、国土社、1993年

12）柴田和豊、「いま美術教育は」、同上、p.24

13）同上（同頁）

14）同上（同頁）、註を参照

15）同上、p.31

16）同上、p.32

17) 同上、pp.32-33

18) 長田謙一、「イメージ生成の現場へ—現代社会における美術（アート）の可視化する力と美術教育（アート・エデュケーション）の新しい可能性を求めて」、柴田：前掲書、p.43

19) 20) 同上、p.44

21) 同上、p.50

22) 同上、p.51

23) (1) 現代の美術・デザインのあらゆる広がりへ (2) 古今東西のあらゆるイメージ世界へ (3) 愉しみながらイメージ世界の批判的解読へ (4) 五感レベルからのイメージ生成の場へ (5) 小さいメディアをつくる (6) 環境世界の主体へ。これら6項目の具体的な内容については原著を参照して頂きたい。

24) 永守基樹編、『美術教育学の現在から（美術教育学叢書1）』、学術研究出版、2018年（所収）

25) Arthur D Efland、Kerry Freedman、Patricia Stuhr、*Postmodern art education: an approach to curriculum*、National Art Education Association、1996

26) アーティスト名Sheaの日本語表記として、註 (24) の拙論において、シェアと表記したが、本稿からシェイに改める。

27) 山木朝彦、「「かわいい」の行方：アドマスたちの彷徨—メディア環境と自己表現の関係」、『美育文化』、美育文化協会、46巻11号、1996年11月、p.17

28) 同上

29) 美術史家で美術評論の世界で健筆を振るう伊藤俊治 (1953-) は、テレビの画像に魅せられて、その残像をスケッチブックに描いたシャーマンの少女期の姿を「キネシクスとボディ・アート」（『ユリイカ』、16巻6号、1984年6月所収）という論考の中で描写している。

30) ボードリヤールの主要著書の訳書が出版され、その思想についての研究論文・研究書も数多いが、ポストモダンとの関わりについては下記aのボードリヤールの項目が、美術及び工芸教育との関わりについては、下記bが示唆に富む。
a) スチュアート・シム、田中裕介・本橋哲也訳、『ポストモダンの50人』青土社、2015、
b) 宮脇理、「消費社会というパラダイムと〈手渡す贅沢な教育のシステム〉—ボードリヤール『消費社会の神話と構造』再読」、宮脇理監修、『民具・民芸からデザインの未来まで』、学術研究出版、2020年、pp.99-106

31) アミューズメントの要素が強くなれば、アートでは無いという考え方自体が誤りなのであるが、同時に、芸術映画と娯楽映画という通俗的な分類も常識の範疇ではまかり通っている。この映画の範疇問題については、芸術学上の議論と離れた、より現実的な捉え方もあり得るだろう。下記論文において、田中幸子は、「アメリカの一般大学の教養科目としての芸術入門または美術史入門のクラスで使われるほとんどのテキストには、日本の映画を紹介するページが存在する」と述べている。また、日本の法整備についても次のように言及している。「2001年12月「文化芸術振興基本法」が公布された。その第9条「メディア芸術の振興」および第24条「学校教育における文化芸術活動の充実」により、国は映画を日本の文化であると認め、芸術として支援の対象とした。ここでは、まず、美術・芸術教育に芸術作品としての映画を導入するための、"映画を芸術形態のひとつ

として受け入れる"という必要最低条件が満たされたにすぎない。しかし、芸術として
の映画の教育はここから始まる。」著者は〈映画は芸術である〉とする論理の補強として、
この2つの事例を取り上げているのである。(註の引用箇所所収文献：田中幸子「映画と
芸術教育の接近 (1) ―芸術としての映画の鑑賞授業のために」、『美術教育学』、美術科
教育学会、第28号、2007年、pp.249-262)

32) 島田佳枝、「ケリー・フリードマンの『ヴィジュアル・カルチャー教育―カリキュラム、
美学、社会生活のなかの美術(アート)』(翻訳1)」、『埼玉学園大学紀要(人間学部篇)』、第10号、
p.370、2010年

33) Kerry Freedman, Social Perspectives on Art Education in the U.S.:Teaching Visual
Culture in a Democracy, *Studies in Art Education*, Vol.41, No.4, pp.314-329

34) 同上、p.325。なお、註 (34) (35) の引用部分は筆者[山木]による和訳。

35) 同上(同頁)

36) Terry Barrett, Interpreting Visual Culture, Art Education, Vol.56, No.2, 2003, pp.7-
12。なお、著者のバレットは1945年に生まれ、オハイオ州立大学に40年勤め、2023年10
月に逝去。

37) 上杉嘉見、「カナダ・オンタリオ州におけるメディア・リテラシー教育の発展過程：社
会批判的カリキュラムの追求と限界」、『教育学研究』、日本教育学会、71巻3号、2004年、
pp. 314-325

38) 同上、p.29

39) 同上、pp.31-33参照

40) 絵画、マンガ、デザイン、ラジオドラマ、映画、ウェブページのデザインなどの制作を通
じた表現力やコミュニケーション力の育成が謳われている。

41) 上掲論文、p.31

42) 『教育美術』2012年4月号は「映像で学ぶ」という特集を組み、柳沼宏寿をはじめとして、
千葉茂樹、内山知子、稲生一徳、伊藤奈美、井口佳子らの論考や優れた実践記録および
その考察を掲載している。

43) 柳沼宏寿、「映像メディア表現を通したメディア・リテラシー：美術教育からの視座」、『メ
ディア情報リテラシー研究』、法政大学図書館司書課程、2巻2号、2021年、pp.32-40

44) 同上、p.39

45) 註 (42) 前掲誌、p.34

46) このような方向性に基づく教育課程は、既に米国の大学教育において定着している。
次のテキストがその証左である。Lee A. Jacobus & F. David Martin, *Humanities
Through the Arts*, McGraw-Hill College、2010年

47) 更科結希、「「表現」と「鑑賞」の一体化を図る中学校美術の題材の研究：美術館と連携
した「Answer Art」の実践を通して」、『美術教育学』、美術科教育学会、41号、2020年、
pp.167-179

48) 註 (42) 前掲誌掲載、伊藤奈美、「学ぶ力をはぐくむ映画作り」、pp.52-53

49) 本文において明らかにしたとおり、これらを学ぶことは、単線的な進歩史観に彩られたモ

ダニズムの芸術観を支持することとは全く異なる次元にあることに留意すべきである。

50) キネマ旬報社編／上原千都世ほか、『「こどもと映画」を考える—13才までに見せたい名作映画50ガイド』、キネマ旬報社、2012年

51) 東京国立近代美術館フィルムセンター、川崎市アートセンターなど五つの組織と一つのサイト情報が掲載されている。

※本文中の［角括弧］は通則に従い、筆者の補足部分です。長文からの引用箇所では、字数を抑えるために使用しています。再び、引用が必要な場合には、原典に当たってください。

映像メディア表現によるレジリエンス
Resilience through Visual Media Expression

柳沼 宏寿

Hirotoshi, Yaginuma

1．はじめに（美術の授業で映像を取り入れた理由）

「先生、映画なんてほんとに撮れるの」

　それまで授業に全く関心を示さなかった生徒がそう言って身を乗り出してきた。1996年のことである。当時、中学校の2・3学年には選択教科が設定されていたが、選択対象の教科ごとに定員があり、その生徒らは第一希望の体育が人数超過だったために空きのある美術に回されてきたのだ。赴任したばかりのその学校は問題事案が多発し反抗的な態度をとる生徒も少なくなかった。不本意に美術に回されてきた彼らも「ジャンケンで負けたからしかたなく来てやった」とふんぞり返っている。準備していた題材には見向きもしない。そこで、たまたま傍らにあったビデオカメラが目に入り「じゃあ映画でもつくってみるか」と思いつきで言ってみたのである。

　筆者は映像表現の経験があるわけではなかったが、生徒の思わぬ反応に勢いづいた。彼らが考えたテーマは「喧嘩と友情」。即席のシナリオは「トイレで男子生徒が喧嘩しているのを女子生徒が発見し教師に通報。駆けつけた教師は突き飛ばされて気絶する。最後に夕日に向かって仲直り」というもの。恥ずかしいほど安直なドラマである。しかし、そのキッチュな感覚が妙に映画らしさを醸し出していた。生徒の一人はカメラマン、他の三人と私が演技者となった。ビデオカメラはVHSテープを装着する大型のもので肩に担いでの撮影だったが、それも映画づくり感を際立たせた。気がつけば互いに指示し合いながら撮影が始まっていた。カメラを向け、また向けられていることに照れつつも夢中で演じ、映した映像をカメラのファインダーで確認しながら笑い声が飛び交った。ドタバタと走り回っての撮影とアナログデッキをつないでのダビングという粗雑な制作だったがあっという間に数十秒の作品が完成した。映画づくりの真似事とはいえ、学習意欲を喪失し悶々としていた彼らが躍動したひとときであった。ラストシーンで

は、つい先程まで険悪な顔つきをしていた彼らが、なんとも子どもっぽい笑顔を見せていた。だが本当に驚かされたのは翌週のことであった。授業に定刻にやってきて他の題材にも取り組み始めたのだ。普段の反抗的な表情も消えていた。何事もなかったような当たり前の雰囲気に戸惑うほどであった。

なぜ彼らは変わったのか。心当たりは前の時間の映画制作ぐらいだが、もしそうであれば、映画づくりの何が要因だったのか。夢中でものを作り上げた成就感か。それとも仲間と協力して取り組んだ所属感か。あるいはものづくりの面白さか。いずれにしても私は映像メディアという表現のツールに特別な魅力と強みを感じ取った。そしてこの出来事以来、美術の授業で映像メディア表現を題材の一つとして扱うようになったのである。

この頃はデジタルビデオカメラなどの機材やパソコンでの映像編集が普及する前で、指導法や評価基準などについても参照できる資料はほとんどなく、授業での題材化は一般的ではなかった。しかしながら、今や映像メディアは社会のデジタル化とともに急速に生活に浸透し、コミュニケーションのあり方を大きく変えている。その様相は、マクルーハンが「メディアはメッセージである」と言い、また、人間の身体の拡張したものと捉えたように、情報の内容もさることながらメディアそのものが我々の生活を意味づけているかのようである[1]。学校でも「Society 5.0」やその実現へ向けた「GIGA スクール構想」によって全小中学校に一人一台のタブレット端末機が配備されるに至ったが、逆に ICT の活用が過度に要求され教師が追い込まれてしまっている事態も生じている。メディアに振り回されるのではなく、より豊かな創造活動に生かす教育の回復が急務であろう。本論では、筆者のこれまでの取り組みを振り返りながら映像メディア表現の教育的意義に迫っていきたい。

2. 教育活動としての映像表現

(1) 中学校での実践

筆者が中学校の美術の授業で映像メディア表現を取り入れてまもなく、平成11年度版学習指導要領中学校美術科に「映像メディアで表現する」という文言が登場した（1999 年のことである）。先述の通り、その頃はまだ実践している学校は少なく、指導要領に記載されることによって活性化が期待された。しかしながら、

今その後の10年を振り返ると結果的にそうはならなかった。高校の文化祭での自主制作映画や部活動としてのNコン（NHK杯全国高校放送コンテスト）への出品作など、一部での取り組みは見られたものの小・中学校では未だハードルが高かったようだ。当時、その理由として多く聞かれたのが、学校にビデオカメラやパソコンが整備されていないことや教員に映画制作の経験がないことであった。また、映画は総合芸術だが、美術教育としての学びはどこにあるのか曖昧だと疑問視する声もあった。実際、そのような実情を反映してかどうかは不明だが、学習指導要領平成21年度版では「表現」から「指導計画の作成と内容の取り扱い」の項目に移り、若干トーンダウンした印象を受ける。

　その一方で、筆者自身は映像メディア表現の可能性を実感し、選択美術の年間計画に6時間程度の単元を組み込んだ。授業は5～6人のグループを基本とした共同制作とし、監督や脚本をはじめとした役割も分担した。テーマ設定では「映像を通して何を伝えたいのか」と問いかけることで、生徒の方からいじめ問題や環境問題などのテーマが提案されてきた。いじめをテーマにした作品では、暴力的なシーンなど教育的観点からは抵抗があったが、実際に上映してみると、むしろ自分達の学校生活上の問題を直視できたこと、また、鑑賞者の反応を間近で受け止める機会となったことなど収穫も多かった。上映会を文化祭に組み込み、体育館のステージを使って映画館さながらの雰囲気を作り上げたことも有意義であった。日常では目立たない生徒達の迫真の演技が巨大な画面いっぱいに映し出される度に全校生がどよめき、ある意味で一つのカルチャーショックをもたらしたように思う。特に場面緘黙の生徒が大きな声でセリフを語るシーンでは会場が騒然となった。会場全体の大きな歓声に包まれた作者らの成就感も大きく、生徒の一人は上映後に私のもとに駆け寄り感極まった表情で「先生、やりました」と握手を求めてきた。彼らを見る周囲の眼差しも変わり、その余波は翌年の選択美術科の履修者数に現れた。希望者が定員を超え、美術科を巡っての抽選が行われるという事態へ発展したのである。

　また、当時、作品コンクールや審査会は従来の領域に閉じており、未だ映像作品を扱う枠はなかった。筆者は、美術の授業で生み出される作品を、せめて教員組織で実施する審査会では扱って欲しいと嘆願し、テレビモニターなどの機材を自分で持ち込むことで了承を得た。そのような形で数年ほど映像作品を出品し続

けたが、残念ながらその後出品校が増えることはなかった。

(2) 映画館で上映するプロジェクト

　筆者は新潟大学へ籍を移した後、子どもが制作した映像作品を映画館で上映するプロジェクトを 2009 年に立ち上げた。その皮切りとしてシンポジウム「映画と教育」を開催し、映画制作のワークショップを手がけていた千葉茂樹（映画監督・当時日本映画学校副校長）を招聘したのだが、そこで彼が製作したドキュメンタリー映画『シネリテラシー　映画をつくる子どもたち ～オーストラリアの挑戦～』を通して、オーストラリアの「シネリテラシー」という非常に興味深い取り組みを知った[2]。驚いたことに筆者が構想していたプロジェクトがすでに 2001 年に展開されていた。「シネリテラシー」とは「シネマ」と「リテラシー」を合わせた造語で「映画を論理的に読み解き、映画の制作を通して学習意欲を高める教育活動」とされる。これはニューサウスウエルズ州の教育省が学力不振対策として映画制作を取り入れた施策である。オーストラリアは 200 以上の国と民族から人が集まる多民族国家で、多くの学校で母国語さえ共有できない困難を抱えており、そのような中、映画制作を通した協働学習によって子ども達の学習意欲を高めようとする取り組みであった。

　オーストラリアの取り組みで注目すべきは、子ども達の溌剌とした表情もさることながら、その背景にある国家的政策との関わりである。当時、オーストラリアの多文化主義政策は、民族的多文化主義からコスモポリタン的多文化主義へと移行しつつあり、国民の意識に「権利」から「責任」へのシフトが求められていた。その転換期に映画制作が教育の改善策として取り入れられたのだ。先の映像には、映画の制作を通して、異なる能力や資質を持つ子ども達が協働し、自分の役割を果たすことで所属感と自己有用感を抱いている様子が映し出されていた。そして、この取り組みはその時点で未だ企画の段階だった筆者のプロジェクトを大きく後押しするものとなったのである。

　同年、新潟市の映画館「新潟市・市民映画館シネ・ウインド」との連携で、子どもの制作した映像作品の映画祭「シネリテラシー・フェスタ」を全国公募でスタートさせた。当初は、新潟県新潟市の「新潟・市民映画館シネ・ウインド」のみだったが、東日本大震災のあった 2011 年から福島県福島市の「フォーラム福島」とも

連携し二館での上映となった。全国公募とはいえ地方大学の一研究室が企画・実施する小さな映画祭で、例年の出品は、新潟、福島、神奈川をはじめとして7～8校程度であった。内容は、2時間の枠にレッドカーペット入場・上映・講評・表彰などを収め、親や教師をはじめ一般の観客も含めて子ども達の表現を社会的に激励することを第一義に据えた。また、関係者によるシンポジウムを取り入れて、これからの学校教育における映像表現のあり方について議論した。映像作品としての公募で集まってきたのは、実写でのドラマやドキュメンタリー、コマ撮りやイラストのアニメーション、CMなど様々であった、これまでの出品作の中で印象深いのは、やはり映画作りで救われた子どもの存在である。本論では、そのような事例からいくつか紹介し、映像メディア表現の教育的意義に迫っていきたい。

図1　シネリテラシーフェスタのフライヤー

３．映像表現の取り組み

(1) 川崎市立川中島小学校

　川中島小学校は、5年生の総合学習で川崎市のプロジェクト「映像まち・かわさき」や日本映画学校などと連携し、機材の提供や専門家による特別授業などを受けながら映画制作を推進しており、国際宇宙ステーションの野口聡一さんとのコラボレーションなどの壮大な実践にも挑戦していた。指導に携わった伊藤奈美教諭は、映像表現の成果として「自己肯定感」を挙げる。例えば、役割分担時に普段孤立しがちな児童が監督になってしまった時、当初教員らは戸惑ったが、いざ制作が始まると他の児童から「監督、ここはどうしますか」「監督、次は何をしますか」など、次々と判断を仰がれ、それに対応する中で彼らの関係性に変容が見られた。監督を務めた児童は最終的に「この作品は僕がいなければできなかった」との自覚を持つに至ったという。

(2) 新潟市立潟東中学校

　映画祭は2017年から国際交流を目指して「GCL（グローバル・シネリテラシーフェスタ）」となり、英語訳のサブタイトルを付すことを応募条件に加えた。すると、その年に新潟市立潟東中学校から出品された作品は国際交流へと発展した。この中学校では甲田小知代教諭が美術の授業に映画制作を取り入れており、今回の出品作はデジタルストーリーテリングの手法による学校の紹介映像で、部活動や給食など日常の学校生活の様子で構成されたものであった。この作品を海外へも紹介したところ、ドイツの小中一貫校が反応した。柔道や剣道をはじめとした日本独特のスポーツや和食の献立に強く感銘を受け、同様の手法でドイツの学校の紹介映像を制作し送ってきたのである。国境を越えた異文化理解の可能性を感じた交流であった。

(3) 浪江町立津島小学校

　津島小学校は原発事故で周辺が立ち入り禁止区域となり全国各地へ避難を余儀なくされた。しかし、避難先の学校で不登校や自傷行為、学習意欲の低下などの問題が生じていたため、津島小学校の教師がその打開策として子ども達を一堂に集め自分の思いをメッセージとして伝える映画制作を企画した。精神的に傷つき

落ち込んでいる子どもがはたして声を出すだろうかという心配をよそに、多くの子どもはカメラに向き合った途端、堰を切ったように自分の思いを話し始めた。当初、緊張した面持ちだった彼らも、撮影が終了した頃には何かから解放されたかのように笑顔が溢れていた。長谷川央樹教諭は、彼らの姿を見て、この震災という過酷な出来事の渦中において、映像メディアが「自己開示」を促したことを実感したという。

(4) 福島県立相馬高等学校

　相馬高校は 2011 年以降、放送局が震災をテーマにラジオドキュメンタリーや演劇、そして映画などを通して発信し続けていた。その中でも、2012 年の「Girl's Life in Soma」は、被災地に暮らす女子校生が放射能に対する不安を結婚や出産といった観点から語る印象深い作品であった。また、その 4 年後に制作された「ちゃんと伝える」では、津波で甚大な被害を受けた地域が復興に向けて変わっていく様子とともに、「いつまでも覚えていてほしい、だから伝えていきたい、ふるさとの今を」と、刻々と流れる時に抗うかのように現在の思いを語っていた。震災直後から生徒を支えてきた渡部義弘教諭は、「当初は『なぜ子どもの声を聞いてくれないのか。怒りをぶつけてやれ』との意識が強かったかもしれません。しかし今では『大人は敵だ』という主張はしていない。上映会で多くの人と交流する中で生徒達も視野が広がり、震災のとらえ方が多角的になってきたのだと思います」と生徒の変化を感じ取っていた。

(5) いわき市立豊間小学校

　豊間小学校は、震災で学校周辺 270 世帯の集落のうち 245 世帯が流され児童も 2 名犠牲になった。そして数年が経過してから「PTSD (Post Traumatic Stress Disorder: 心的外傷後ストレス障害)」を発症する児童が出てきた。そのような状況を受けて、水谷大校長は阪神・淡路大震災や中越地震の事例を検証し臨床心理士とも相談しながら「PTSD から PTG へ」をスローガンに映画制作を取り入れた。(「PTG」とは「Post-Traumatic Growth: 心的外傷後成」を意味する。)水谷校長によれば、制作はまず自分達の足元をしっかりと見つめなおすために「ここで何が起こったのか」「自分や家族に何が起こったのか」など、互いの記憶を出し合うこ

とから始めたという。それは不安の記憶にみんなで共有した記憶を上書きしていくようなもので、上書きで辛い記憶が消えるわけではないが、自分の記憶を語ったり他者の記憶を聞いたりしながら徐々に和らいでいった。また、映画制作を通して親や先生、カウンセラーなど多くの大人や地域の現状を観察することで自分の足元を確認することになり、そのことによって未来を見据えスタートラインに立てたという。

(6) グローバルな交流から

「GCL」は、コロナ禍以前まで3回ほどの上映会を開催したが、折しも各国において難民、格差、経済破綻等々の深刻な問題を抱えており、その実情が子ども達の作品にも現れていた。その中からいくつかを紹介したい。

まず、ギリシャからの作品は高校からの出品であった。ギリシャは国の政策として難民・移民を学校にも受け入れていたが、現実的には様々な問題が起きており、その渦中の高校生が自分達の揺れる思いを映像にしていた。また、ドイツも高校からの出品で、ベルリンの壁崩壊後30年が経過した今、人々の心に蔓延る「壁」をテーマにした作品が様々な手法で表現されていた。この二校の取り組みでは、映像メディアが世の中の問題に向き合うためのツールとして有効に使われていた。その他、エジプトからは貧困層の子どもを支援する組織からの出品があった。学校へ行けない子ども達が共に遊び学んでいる様子や「私達を見てほしい」というメッセージを子ども自らが訴えている映像であった。さらにアメリカの国際アートプロジェクト「ヘキサゴンプロジェクト」からも出品があった。様々な国や団体の参加者が世界的平和のイメージを六角形の基盤に描き、それらをつなげた協働の輪が世界に広がっていくイメージの作品であった。

4．ヴァルネラビリティからのレジリエンス
(1) PTSDからPTGへ

筆者はこれまで2009年から10年間ほど企画したシネリテラシー・フェスタを振り返りながら映像メディア表現の教育的意義を考察してきたが、映像表現に関わった子どもや教師の感想から浮き彫りにされたのは、「メタ認知」「社会的自我」「映画文化」の三つである。

・「メタ認知（Metacognition）」：自分をメタレベル（高次）から観察・モニタリングすることを意味する。映像メディア表現は、撮影や編集作業でカメラアングル、自己の演技など、自分達の表現を客観視する機会を得ることができる。自分の現状をメタレベルから俯瞰することにより次の学習への転移を促すという認知的な構図は、フレイレ（P.Freire）が被抑圧者に求めた「意識化（conscientization）」の構図と重なる。

・「社会的自我（social self）」：ミード（G.H.Mead）は、遊戯やゲームにおいて役割が浮上し行動全体を統制していることに注目しながら、全体の中で自分の役割を把握する経験が自我の形成に大きく関わることを「社会的自我」と呼んだ[3]。映画制作もそのような感情をもたらしやすい表現形式を有していることがわかる。

・「映画文化」：映画には独特の非日常的な空間がある。暗い会場、巨大スクリーンで大勢の観客で鑑賞する形態や世界各地で開催されている映画祭等々、独特の文化があり、学校が連携することによって、子どもの表現を〈学校・家庭・社会〉が支え価値づけることも期待できる。

　これらの要素が子どもの表現意欲を喚起し前向きな創造活動へのエンパワーメントとして機能していた。その効果は、とりわけ精神的なダメージや学習障害など、子ども達が困難を抱えている状況からの脱却に功を奏しており、いわば「レジリエンス（Resilience: 回復・復元力）」を体現しているものといえよう。「レジリエンス」は、地球の生態系や人間の心をはじめとして、近年、諸領域で指摘されている「ヴァルネラビリティ（Vulnerability：脆弱性）」に対置される概念で、物理学的には外力による歪みを跳ね返す力、医学的には自己回復力、生物学的には破壊された生態系の回復、人類学的には先住民族やエスニックマイノリティの文化的アイデンティティの回復などとされる。教育に置き換えるならば、微視的には「わからない」から「わかる」へ導くこと、あるいは意欲を喪失した子どもに意欲を抱かせること、巨視的には教育格差や発達障害などの問題解決として捉えることができるだろう。ここで、映像メディア表現がどのようにレジリエンスに作用しているのかについて考察してみたい。

　例えば、いわき市立豊間小学校などのようにPTSDに苦しむ子ども達にとって、映像表現という形で苦痛の原因となる精神的衝撃と向き合うことは描写内容

や実施可能な時期など配慮すべきことは多いが、内発的な活力を回復させ自己を取り戻すための有力な一歩になり得ている。水谷校長が取り組んでいた「PTSD から PTG へ」の「PTG」も、単なる回復を超えた人間的成長を目指す重要な視点である。PTG に関する研究は、人間心理のポジティ

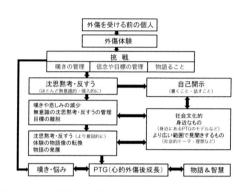

図2　PTGの包括モデル（Calhoun & Tedeschi、2006、近藤卓訳）

ブな展開への過程分析として、抑圧からの解放を唱えたフロイト（S.Freud）やナチスによる虐殺の現場体験を考察したフランクル（V.E.Frankl）、また、喪失体験からの回復について述べたマスロー（A.H.Maslow）などの系譜にある。現在、アメリカにおいて PTG 研究の中心的役割を担うカルホーン（L.G.Calhoun）とテデスキー（R.G.Tedeschi）は「PTG の包括モデル」を提示し、精神的外傷の体験者がどのような心理的経緯を辿ることによって回復し心的外傷後成長を可能にするのかを構造化している[4]。（図2参照）このモデルによれば、初期の段階に「嘆きの管理」「沈思黙考」「嘆き・悩み」などがあり、自己の内部に閉じる時間も必要であることがわかる。その後、個人的・内面的な作業と社会的な作業を繰り返しながら徐々に未来への期待や希望へとつながっていく[5]。この過程における「自己開示」が表現活動にあたり、個人と社会をつなげる場面で映像メディアが有力なツールになっている[6]。

PTG を著者が時系列で構造化したものが図3である。何らかの精神的ストレスによって落ち込む PTSD、及び、そこから以前の状態にまで回復するレジリエンス、そして、その経験をさらに飛躍させて成長する PTG の流れを示した。

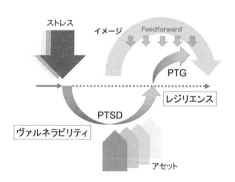

図3　PTSDからPTGへの構造（柳沼）

　ここでのポイントになるのが、PTSDからレジリエンスがもたらされる原理である。レジリエンスは自然発生的に生み出されるものではなく、外界（他者や社会、環境）との関わりの「経験」が拠り所となる。その「経験」とは感性をゆさぶり根本的な再構成へと誘うものであり、「アセット」と呼ばれる因子で示される。この経験が引き金となって変容していく様相を河本英夫は「経験の可能性の拡張」と呼んでいる。例えば、荒川修作の芸術的制作の過程に重ねて「己の自分自身にとっての隙間のない状態（狂気）を解除し、自分自身にとっての経験の作動の選択性を回復することである。」[7]と、主体の感性が無垢な状態に覚醒されることに着目している。河本は、トラウマを抱えるなど何らかの理由で硬直した状態の精神に「隙間を開く」きっかけを与えることが必要であり、その経験が自らを乗り越える回路となるというのである。この刺激は個別の資質や文脈によって多様だが、先の三つの意義「メタ認知」「社会的自我」「映画文化」に加えて、本論では近藤らのPTG研究によって指摘されている「自尊感情」「脱錯覚」「曖昧さへの耐性」などにも有力なアセットとしての可能性を捉え、以下、心的な成長過程を考察していく。

（2）レジリエンスへの因子

①自尊感情

　「自尊感情」とは「自分は生きていていいのだ」「自分はここにいていいのだ」という基本的自尊感情で、近藤は「長い期間にわたって繰り返された共有体験をもとに積み重ねられ、強固にでき上がった基本的自尊感情は、私達の心の一番根底を支えていると考えられる」という。川崎市立川中島小学校で監督を担ってしまった弱い立場の児童が自分の役割を通して自信を抱いたことはその象徴的な事例であろう。また、シネリテラシーフェスタへ出品した子ども達の感想に次のようなものがある。「自ら芸術作品をつくりあげたことに誇りを持つことができ、人間的に成長した気がする。」「レッドカーペットを歩くのは照れくさかったけど、いろんな人に誉められている感じがあって誇らしく思えた。」「映画館で多くの人に見てもらえたことで自分の作品が認められた感じがした。」これらの感想からは、映像メディア表現を通して自尊感情が育まれていることと同時に、そのような感情は個に閉じた中で得られるものではなく、集団や社会の中で自己表現を共有することから得られる（社会的自我の獲得とも

重なる）ものだということがわかる。

②脱錯覚

　震災によって家族や友人あるいは家などを奪われた喪失感や虚無感から、我々はどのように這い上がることができるのだろうか。西村佐彩子はそのことに関連して「世界が万能感に満ちた理想的なものではないという現実を知り、脱錯覚していくことが、成長における非常に大切なプロセスとなる。」という[8]。「脱錯覚（disillusionment）」とは、ウィニコット（D.W.Winnicott）が子どもの成長過程に捉えた概念で、乳児期の子どもは親に守られ満たされているが、それは主観的な内的世界いわば錯覚（イリュージョン）の中で生きているのであり、成長につれて外部の現実世界へと移行（脱錯覚）するというものである。ただし、その過程は個々人の感性によって多様であり、必要とされるタイミングや時間的なスパンも異なる。関連して、ウィニコットの「移行対象」（「脱錯覚」への移行の橋渡しとしてのペット、ぬいぐるみ、人形など）や、ボールビー（J.Bowlby）の「喪（mourning）」、フロイトの「悲哀の仕事（mourning work）」など、我々は対象喪失体験に対して悲哀に向き合う心理過程が必要なことも配慮しなければならない。それを踏まえつつ映像表現について考察してみると、例えば震災を題材とした場合、震災前後の映像を並置しただけでも我々は脱錯覚を余儀なくされる。過去の辛い出来事にあえて向き合うことは認知行動療法の「持続エクスポージャー（prolonged exposure: PE）療法」）とも重なるが、ここで重要なのは「慣れ」のような対症療法ではなく、状況をメタ認知することによって「気づく」という認識論的な転換である。いわき市立豊間小学校で、「自分達の立ち位置を確認することで未来志向へと転換できた」という事例などには、そのような変容を確認することができる。震災後、児童はおそらく震災前の生活からの脱錯覚を日常的に迫られていたと推察されるが、それは受け入れ難いもので PTSD に陥った所以でもあろう。その状態での映画制作は、思い出したくもない辛い記憶とあえて向きあうことだが、震災を表現するための取材を通して、彼らは自分の経験だけでなく自分を取り巻く人々の行動や考えを知ることになった。自分と同じ境遇の友人。子ども達を守るために奔走する大人達。そして、苦しいのは自分だけではないことや、自分を守ってくれている存在に気づく。さらに、完成した作品を鑑賞してそれぞれの思いを共有し合

う。そのように、映画制作には工程全体を通して様々な角度からメタ認知をもたらす機会があり脱錯覚を支えていることがわかる。

③曖昧さへの耐性

　わからないことや見通しが立たないなど曖昧な状況に当面したときの反応や対応を「曖昧性耐性」という。自然災害や戦争などの理不尽で不安な状況は無論だが、発達障害に病む人々にとっても症状のポイントとして捉えられており、現代の子ども達にはその低下が指摘されている[9]。近藤は、本来子どもが持つレジリエンスを機能させるために「曖昧な環境に身を置く時間を多くすること」が重要であること[10]、また、効率や合理性が求められる社会では「遊び」の要素が、曖昧さの一つのあり方として必要であると言う。この問題に関しては、ベンヤミン（W.B.S.Benjamin）の遊戯論をヒントに解釈してみたい。ベンヤミンは、芸術のアウラ（〈いま―ここ〉にしかない伝統的な芸術作品のオリジナリティ）が衰退するかわりに、繰り返される複製の中で隠されていた遊戯性が現出しはじめ新たな日常の生活様式が始まると言った[11]。「繰り返される複製」とは、映像表現における編集が相当するだろう。コンピュータやタブレットで出会うテクニックごとに新たな表現の可能性に気づきイメージを膨らませている子どもの姿は、メディアを通して複製されるアクチュアルな過程を「遊戯」と捉えるベンヤミンの指摘と重なるように思われる。

　別な視点から言うと、彼らにとって映像メディアは世界中の人々とのコミュニケーションの窓口である。それ故にファインダーをのぞいた時点で、背後に潜在する鑑賞者の眼差しがシャッターを押す誘因力ともなっている。つまり、撮影や編集、その他諸々の制作過程に孕まれる曖昧な要素に対して、不安よりも期待が先行するのが「映像メディアによる表現」の特徴でもある。また、眼前に広がる景色は、情報量として考えるならば膨大すぎて整理・構造化できるものではないが、我々はシャッターを押す行為一つでその曖昧なものをアーカイブ化していること（しているつもり）になる。それは、曖昧なものを曖昧なままに蓄積している行為であり、そのような意味で映像メディア表現は曖昧性耐性を強化していると言うことができよう。

5. 生命論的なシステムとして

本論では、映像メディア表現の教育的意義を主としてレジリエンスの視点から考察してきた。学校生活における子ども達のヴァルネラビリティは、「わからない」「つまらない」「寂しい」「辛い」などの、学習のつまずきや集団における疎外感、喪失感などに捉えることができるが、映像メディア表現は様々な形で子ども達の感性に訴え学習に対する能動性を喚起している。そもそも日本の学校教育における映像メディアを視聴覚教育の歴史に照らし合わせてみると、その思想的基盤は子どもの感覚や経験を揺さぶり学習効果を高めようとする直観教授にあった。デューイ（John Dewey）のプラグマティズムやその系譜にあるエドガー・デール（Edgar Dale）を参照して日本の視聴覚教育の基盤を構築した波多野完治。また、映像教育の目的を「人間形成」や「創造性の陶冶」に捉えて成城学園初等学校で先進的な実践を展開した川上春男。さらに、「太陽族」や風俗映画の子どもへの悪影響に対して母親らが映画館と学校を巻き込みながら起した「本宮方式映画教室運動」など、筆者が着目したいくつかの映像メディア教育には、共通して子どもの感性に訴えながら人間形成を目指すという理念があった。特に戦後の学校教育は、国民教化やGHQによるアメリカ教育映画の大量供給など、国家的政策の啓蒙・教育に利用されることもあったが、映像メディアの直観に働きかける力を捉え、荒廃した生活や文化の復興に寄与した側面も大きい。

さて、東日本大震災を始めとした災害や多国間におけるテロや紛争などが頻発する現在、多くの子どもの学びが奪われ、切実にレジリエンスが要請されている。大塚公一郎は、ポストモダン時代において、第三世界やアジア諸国も含んだ文化の「変容（trsansformation）」が問題とされる中、カトリーヌ・マラブー（C.Malabou）の「レジリアンスはまさに形の消滅からの、自己生成の論理である。」[12] という言説を引用し文化の在り方として措定する [13]。つまり、レジリエンスとはヴァルネラビリティへの対症療法的な作用で得られるものではなく、内発的に前向きな志向性が生成する状態、いわば生命論的なシステムとして捉えられているのである。生命論としてのシステムで重要なのは、「自己生成」という言葉で示されるようなオートポイエーシス（Autopoiesis：自己創出）的志向性である [14]。そのような特性はどこから来るのであろうか。その有力な動因が図2で示した「イメージ」である。PTSDの固着状態に揺さぶりをかけるアセットを契機としてイメージが

想起される。それは新たな形のインスピレーションであったり、予測される事態や情景であったりするだろうが、その未来のイメージが誘引力となってシステムを起動させている。豊間小学校の児童が、自分らの立ち位置をメタ認知することによって未来をイメージし前進できたことがそれに該当する。未来のイメージは、自分の行動や新しい環境の変化に応じて常に更新され、また新たな認知や行動を制御（Feedforward control）していく。そこに、単なる「回復」に止まらず「成長」への方略を生み出す可能性がある。そのような生成的かつ創造的な自己生成の循環がレジリエンスをもたらしていると言えよう。

6. 最後に（学びの復権として）

2020年の春、福島と新潟の二つの高校から映像表現に関するレクチャーを依頼された。いずれも感染症パンデミックによって文化祭の中止を迫られる中、映画祭という形で実施したいという願いからであった。社会的な存在である彼らにとって、自己表現の場を奪われることは「学びの喪失」に他ならない。そのような中、彼らはこの状況を乗り越えるアイデアとして映像表現を選択した。いずれの学校も一夏を作品制作に費やし、学級、部活、特別活動など様々な立場からのメッセージを映像に託した。発表された作品の多くは、自分達の今を世の中に発信しようとする情熱に満ち溢れており、見事に学校文化を自らの努力で取り戻していた。そのような意味で、この二校の取り組みは「学びへのレジリエンス」を象徴している。しかも、テーマの視点や表現方法など、斬新で創造性豊かなアイデアも多く、映像メディアによる新たな展開は、傷つき落ち込んだ経験を糧にして、（まさに「PTG」のごとく）より高みを目指す姿を見せていた。

現在、冒頭で触れたように全小中学校にタブレット端末が配備されたことによって、映像メディア表現が学校に根付かない理由の一つは解決したように見える。一方、教師側の問題に関しては微妙な問題が浮上している。かつては映像表現の経験がないことで、あえて取り組もうとする教師は少なかった。しかし現在はICT活用が一律に要請されてきた。つまり、ICT機器を使うかどうかに関しては教師の選択の余地がなくなって、取り組まざるを得ない状況になってきたのである。すでに多くの現場から新たな悲鳴が聞こえつつある。ICTの一つである映像メディアを使った表現によって、ぜひ、この困難な状況を乗り越えてほしいと

ころである。

　本論では、映像メディア表現の教育的意義として「レジリエンス」に焦点を当
てて考察してきた。学校教育においては「学びの復権」と言い換えることができ
るかもしれない。そして、それはさらに高みを目指す可能性にもつながるもので
ある。映像メディアは、世界へ広がる窓であり、また、人と人をつなぐツールであ
る。その本来の意義や役割を見失うことなく、子ども達が豊かな感性を育むこと
ができるように活用していきたいものである。

付記
　本稿の実践は以下の拙論で紹介した実践研究を編集したものである。
「映像メディアによる表現の教育的意義と方法論に関する一考察—シネリテ
ラシーの取り組みを手がかりとして」『美術教育学』第31号、美術科教育学会、
2010、pp.391-400
「シネリテラシーの教育的意義〜シネリテラシーフェスタin新潟の取り組みを中
心に〜」『美術教育学』第32号、美術科教育学会、2011、pp.429-439
「図画工作・美術科における映像メディアによる表現〜"シネリテラシーフェス
タin新潟"が目指すもの〜」『教育美術』第72巻第4号、財団法人教育美術振興会、
2011、pp.30-34
「震災後に見る"映像メディアによる表現"の力〜PTSDからPTGへのレジリエ
ンス〜」『美術教育学研究』第48号、大学美術教育学会、2016、pp.393-399
「ヴァルネラビリティからレジリエンスへの映像メディア表現〜本宮方式映画
教室運動に見る地域創生力〜」『美術教育学研究』第49号、大学美術教育学会、
2017、pp.417-424
「多様化時代を拓く映像メディア表現の「学びの構造—オーストラリアにおけ
る多文化主義政策の推移を基に」『美術教育学』第38号、美術科教育学会、2017、
pp.455-464
「映像メディア表現を通したメディア・リテラシー—美術教育からの視座」『メディ
ア情報リテラシー研究』第2巻第2号、pp.32-40

註

謝辞：本研究は JSPS 科研費 21K02515 の助成を受けたものである。

---

1) マーシャル・マクルーハン、エリック・マクルーハン、高山宏・中澤豊訳（Marshall McLuhan・Eric McLuhan)『メディアの法則』参照、NTT 出版株式会社、2002

2) 千葉茂樹脚本・監督 DVD ビデオ『映画をつくる子どもたち～オーストラリアの挑戦～』市民グループ地球家族の会企画/制作、株式会社 教配、2007

3) 河村望訳、G・ミード『1927 年度の社会心理学講義』デューイ＝ミード著作集11「社会心理学講義社会的自我」人間の科学新社、2002、p.71

4) 近藤卓、2012「PTG とはなにか—誕生は命がけそして成長、生きることは PTG そのもの」近藤卓編『PTG 心的外傷後成長—トラウマを超えて』参照、金子書房

5) 同上、p.6

6) Lawrence G.Calhoun &Richard G.Tedeschi「トラウマ後の成長—喪失から学べる前向きなこと」富田拓郎・菊池安希子 (監訳)『喪失と悲嘆の心理療法—構成主義からみた意味の探求』参照、金剛出版、2007、p131

7) 河本は、荒川の作品「Parceive A as B」について、この作品を見る者は作家の制作行為に参入し経験を拡張することになるという。
河本英夫「経験の可能性の拡張とレジリアンス」『レジリアンス・文化・創造』加藤敏編、金原出版株式会社、2012、p.163

8) 西村佐彩子「曖昧性耐性の理論と測定」近藤卓編『PTG 心的外傷後成長—トラウマを超えて』金子書房、2012、P.199

9) 同上、参照

10) 近藤卓「PTG 研究の今後の展望」近藤卓編『PTG 心的外傷後成長—トラウマを超えて』金子書房、2012、p.208

11) ヴァルター ベンヤミン『複製技術時代の芸術』参照、佐々木基一編、晶文社、1999

12) カトリーヌ・マラブー、桑田公平、増田文一朗訳『私たちは脳をどうするか—ニューロサイエンスとグローバル時本主義』春秋社、2005

13) 大塚公一郎「文化の諸相とレジリアンス」『レジリアンス・文化・創造』加藤敏編、金原出版株式会社、2012、p.28

14) オートポイエーシスとは、H・マトゥラーナと F・ヴァレラが 1973 年に提唱した概念で、生命体のように「自律的」かつ「閉鎖系」で作動するシステムを表す。
H.R.マトゥラーナ・F.J. ヴァレラ、河本英夫訳『オートポイエーシス—生命システムとはなにか』参照、国文社、1991

視覚メディア AI が子どもに与える影響と情報獲得へのインパクト

The Influence of visual media AI on children and its impact on their information acquisition

ジャダ・カードリー
Ghada Ahmed Qadri Shaaban

要約

　視覚メディアが子どもに与える影響には、内容、文脈、接触時間など、さまざまな要因によって肯定的なものと否定的なものの両面がある。肯定的な影響が多くの側面に反映されることは間違いないが、その中で最も重要なのは文化的認識である。なぜなら、映像メディアは子どもたちが世界中の異なる文化、伝統、視点に触れる機会をもたらすからである。また、映像メディアは子どもたちの視野を広げて多様性を促し、他者に対する寛容と共感をもたらすことができる。視覚的・空間的能力の発達に不可欠な役割を果たしていることも忘れてはならない。これらの能力は、問題解決、空間認識、手と目の協調などの活動に寄与している。

キーワード：視覚メディア AI、教育方法、創造性、情報獲得

はじめに

　AI を活用したビジュアルメディアについては、子どもたちの情緒的幸福や心理的影響に与える影響について研究が進められている。これには、AI が生成したコンテンツ、バーチャルキャラクター、パーソナライズされた体験などに触れることが、子どもの感情、自己認識、社会的な交流に与える影響の調査も含まれる。美術の重要性は一般的に尊重されていて、学校は現代社会の発展を反映しながら美術教育のレベルを向上させ、生徒の芸術的および創造的な能力を育成している。その一方で VR テクノロジーは、従来の二次元での学びの限界を打ち破り、生徒により現実的な三次元の視覚空間を提供している[1]。美術教育は長年にわたって発展してきたものではあるが、この情報化時代においては、従来の型にはまることなく新しいメディアに基づいた教育観を模索しなければならない。

教育方法の転換

　美術科のカリキュラム基準では、教師に対し、指導においてインターネットや新しいメディアを柔軟に活用することで授業を充実させ、インターネット資源を利用して生徒の思考を広げることを求めている[2)]。

　このことが子どもたちにもたらすものは何かを知るためには、教育方法という重要な側面に注目しなければならない。そこで浮かび上がってくるのは、伝統的な教育方法は暗記スキルに頼ることが多く、ストレスの多い学習環境を作り出していたことである。それとは対照的に、現代の教育システムでは、生徒中心の学習、体験学習、テクノロジーの統合、個別指導、形成的評価が優先されている。これらのアプローチは、批判的思考、問題解決、創造性を育みながら、生徒にとって学習をより魅力的で、インタラクティブで、楽しいものにすることを目指している。現代の教育システムは、学生が 21 世紀で成功する準備として、前向きな構えを培う学習体験を演出しているのである。

芸術の理解を促す AI の活用

　例えば、伝統的な方法から脱却するために、モナリザを戯画化することで、子どもはデザインの側面を学びやすくなる。そのことにより色や背景の選択の自由を生徒たちに委ねることが可能になり、古いものを新しい精神と文化で再構築することができる。これは、子どもに過去の知識をもたらしつつ、未来へ向かって描く状況をもたらすものである。ただし、このプロセスは芸術様式を複製することとしてではなく、芸術そのものが何であるかを理解することにある。(図 1・2 参照)

図1　『モナリザ』の原画とそれを AI を通してアニメ風に変換した作品

図2　同じ原画から AI を通して異なる様式に変換された作品[3]

例えば、Qiming Rong[1]*, Qiu Lian[2] and Tianran Tang[3], 2022 の研究では、AI と VR のコーストレーニング前後における不安レベルの変化を示している。AI と VR のコーストレーニング後、図 3 に示すように、学生のテスト不安と注意散漫 のレベルは有意に低下し、創造性は明らかに向上した[4]。

	Mean	SD	F
Distraction (before)	111	13.88794	0.014
Distraction (after)	95.4118	22.40552	
Creativity (before)	125.2353	19.56569	0.001
Creativity (after)	133.824	14.3057	
Anxiety levels (before)	56.3529	11.59710	0. 002
Anxiety levels (after)	45.7647	17.35846	

表1　AIとVRのコーストレーニング前後における不安レベルの変化
(Mean: 平均値 SD: 標準偏差 F: 分散比 ,Distraction: 注意散漫　Creativity: 創造性 Anxiety: 不安)
※翻訳者

　エジプトでは、エジプト人の少女（セドラ）を対象とした検証が行われている。 人工知能は、芸術的な絵画から線描を強調した画風に一気に変換し、異なる色彩 表現を生み出すことができる。表に示すように、パイオニア・アーティストのマ フムード・サイード（肖像画、裸婦、風景画など、大胆で色彩豊かな作風で有名な 画家。エジプト人のアーティストの中でも「パイオニア」世代の第一人者と言わ れている）の原画と、AI による彼の絵画の変換が行われた。

図3　マフムード・サイードの原画

図4　サイードの原画をAIを通して変換した作品

　AIによる表現は線がよりクリアになっている。そして、子どもがそれを描いた。偉大な画家の絵を模写する上で、5歳の少女にとっては結果的には描きやすくなったと言える。

図5　AIで変換した作品

図6　セドラがAIで変換した作品をみて
　　　描いた作品

図8　セドラと彼女が描いた絵

　AIやVR技術をミドルスクールの美術教育に取り入れることで、生徒の創造性や集中力を高めると同時に、テストへの不安を和らげることができた。これらのテクノロジーは、探求のための新たな道筋、個人ごとへのフィードバック、バーチャル体験、代替評価方法など、様々な教育の機会と方法を提供し、最終的には、豊かな学習体験、及び、より深い芸術理解をもたらしていくと考えられる。

AIの課題と改善策

　また、AIにはそのように多くの利点がある一方で考慮すべき欠点もある。人工知能（AI）が広く普及すとともに大きな社会的懸念も引き起こされるであろう。例えば、AIの利用が進むことで、人間同士の交流が減り、雇用が奪われ、富の不平等や倫理的問題が生じるなどの可能性がある。AIシステムが自律的に行動し、

人間の手に負えないリスクをもたらすかもしれないという懸念もある。さらに、偏向した AI システムの影響を避けるためには AI 開発における倫理的ガイドラインを構築することも重要である。

　これらの課題に対処するためには、AI の開発と配備を責任を持って確実に推進する慎重な検討、倫理的ガイドライン、関係者間の継続的な協力が必要である。さらに教育においては倫理とプライバシーに関する問題がある。AI システムは、生徒の成績、行動、個人情報などの個人情報に関する大量のデータを収集・分析することになる。プライバシー保護については適切な措置を講じた上で、データが安全に取り扱われるようにする必要がある[5]。

結論

　ビジュアルメディア AI は、多様なコンテンツへのアクセス、個別化された学習体験、インタラクティブなプラットフォームを提供することで、子どもが情報収集する上で大きな力を発揮することができる。しかしながら、子どもたちに対して教育的な責任を持って有益に活用するためには、倫理的な配慮と長期的な観察が必要であり、デジタルメディアリテラシー教育の推進が極めて重要となる。子どもたちの教育におけるビジュアルメディア AI 活用の利点と課題を的確に解明し、責任ある実施体制を整えながら彼らの情報獲得に大きく寄与するためには、さらなる研究が求められる。

（翻訳：柳沼 宏寿）

註

1) Li, Y. X. (2017). Research on Teaching of Art Appreciation in Primary and Middle Schools Based on Deep Learning. Education Approach.

2) Shao, G. (2019). Application strategy of VR technology in art teaching of secondary vocational schools. Primary and Middle School Educational Technology.

3) https://genekogan.com/works/style-transfer/

4) Qiming Rong[1*], Qiu Lian[2] and Tianran Tang[3], (2022) Research on the In uence of AI and VR Technology for Students' Concentration and Creativity. Front. Psychol. 13:767689. doi: 10.3389

5) https://www.simplilearn.com/advantages-and-disadvantages-of-artificial-intelligence-article

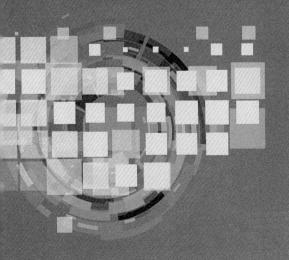

第 2 部

映画との共鳴

『友だちのうちはどこ？』
イラン映画：1987, ユーロスペース配給：1993

Where Is the Friend's Home?
Iranian film: 1987, distributed by Eurospace: 1993

宮脇 理
Osamu, Miyawaki

● "素朴さ" とは何か？

映画は政治や教育問題と同様、誰もが批評できるメディアの一つであろうか。いま、「友だちのうちはどこ？」を子どもと保護者、教員に観せたら、どんな反応を示すか興味深い。それは "素朴さ" とは何か？を考えるには最適な対象と思えるからである。

はたして多くの知識や経験を積んだ "おとな" が、現象学的エポケー（判断保留）に出会うことになるのか？あるいは身につけた知識を放棄するほどに感激するのか、そしてまた、本編に登場する "子ども" と同世代のこの国の "子どもたち" はどのような感想を持つのだろうか。多様な目線が興味深い。

『友だちのうちはどこ？』：原題「KHANE-YE DOUST KODJAST?」、「Where Is the Friend's Home ？」は、1989 年のロカルノ映画祭では 5 つの賞を総なめにし、アッバス・キアロスタミ監督の名を不動のものにした傑作と云われている。

"あらすじ" はイラン北部の小さな村の学校が舞台。授業が終わった直後、隣の席の子が駆け出して転び、その手当をした主人公の少年が、間違って自分のとよく似た彼のノートも一緒に持ち帰ってしまったところからが大筋。

●『友だちのうちはどこ？』への多様な眼差し

イラン映画の評判と水準の高さが、わたしたち日本人の間で急速に話題になったのは、アッバス・キアロスタミと彼の作品からと思われる。彼の三部作といわ

れる作品には『友だちのうちはどこ？』(1987)、『そして人生はつづく』(1992)、『オリーブの林を抜けて』(1994) があるが、配給の (ユーロスペース) がこの国に『友だちのうちはどこ？』を紹介したのが 1993 年。したがって作品の完成から 6 年を経て日本にお目見えしたことになる。

　次に、ざっと『友だちのうちはどこ？』のストーリーを書くが、極めてそれは単純である。

　イラン北部の小さな村の小学校。三人掛けの長机を前にギッシリつまった子どもの一人、モハマッド＝レザが宿題を一枚の紙に書いてきたことが発端。「なぜノートに書いてこなかったのか」と先生の詰問。答えることも充分にできない "モハマッド"。先生は彼に「今度宿題をノートに書いてこなかったら退学だ」と怒鳴りつけ、彼モハマッドが書いてきた「紙」を破り捨てるが、彼は泣き出し弁解する気力もない。そして先生の思考の展開は一方的に進む。隣席の "アハマッド" は、「友だち」のこの窮状を見てもなす術もない。授業が終わりアハマッドが家に帰り着いた途端、"宿題をしなさい" と母親の畳み込むような声が飛び込む。彼女に云われてカバンの中を開けて「友だち：モハマッド」のノートが入っているのに気付く彼：アハマッド。"そうだ、あのとき、授業が終わり隣席の「友だち」モハマッドが駆け出して転んだそのとき、自分のノートとよく似た「友だち」のノートも一緒にもって帰ってきたのだ"……。次々に帰宅後の宿題、そして手伝いのノルマを云い渡される母親の目を盗んで、住所も定かでない「友だち」のうちに彼のノートを返すべく、午後の遅い時間に (ノートを抱えて) 家を出る。たったこれだけの前段における展開で、イランの「学校」「教室」の佇まい、「先生」「友だち」「クラスメート」の表情、「主人公」そして「母親」の声が躍動を伴って進行する。良質のサスペンス映画を観ているようだ。

●夢幻的な風景と現実

　この映画では子どもの気持ちとおとな (先生) の考えはそれほどたやすく交錯することのない、ズレの構造によって創られていることに観客は気付くはず。「友だち」のノートを抱えたアハマッドは、わずかな手がかりを元に「友だち」に会うため、さまざまな人物とすれ違ったり、はぐらかされたり……、夢幻的な風景が時にリアルに変貌するのは、主人公の不安げな、心もとない表情によって左右さ

れるからか。結局は「友だち」に会えずじまいが中段。

　翌日の教室の描写は実にスリリング。自分と「友だち」の宿題を別々のノート
に仕上げた彼はそっと友だちに「ノート」を渡す。くどくどとした云い訳は画面
には顕れない。先生の巡回指導が近づく……。「これは君のではないね」と云われ
た主人公、急いで「友だち」に自分のノートを渡してしまったことに気付く彼、し
かし冷静に交換する主人公。先生の合格のサインを受けるシーンが終わり、取り
替えた「友だち」のノートに先生の手と眼が移る。バレやしないかと息を呑む観
客。……あたかも自分がその場にいるような「当事者」の気持へと持ち込むキ
アロスタミの「術」は、まさに冴えて。言語や造形では表しきれない映像世界の特
性が編み出した瞬間である。

●おとな向けの映画なのか？子ども向けの映画なのか？
──交わることのない「子ども」と「おとな」──

　ところで、子どもを対象にした絵本を手にしたとき、「この本はいったいおとな
向け？あるいは子どものため……？」などと戸惑うことがないだろうか。そんな
想いをさせてくれるのがキアロスタミのこの作品。

　映画の全編を通じて「子どもの目」と「おとなの思考とコトバ」は交わることな
く進行する。そして上映時間一時間二十五分の中で、子ども、学校、先生、家庭、
教育の未来など、あらゆる問題解決を観る側に迫るのだが……。普通のリアリズ
ム映画の場合、大抵は一本道を上り詰めるように単純な選択肢が用意されるが、
『友だちのうちはどこ？』では、イランという国の近代化と子ども観、近代教育と
教師像、生活と生産の現状、そしてイランの経済、伝統、因習、年代差を見せてく
れる。恐らく観客は見終わった後の帰途、あるいは暫く時間をおいてから日本の
教育、学校教育や生涯教育そして子どもの教育へと想いを馳せることと思う。

　いま一度、冒頭に近いシーンに戻ってみる。教育機器と呼べるものは、教室の
前面にある小型のブラックボードとチョーク、粗末な机と椅子、そして教師の指
導法は読みと書き、そこから必然的に再生産として生まれる宿題。ここでの教師
はまさに厳然とした存在である。そこには「教員」などというニュアンスのある

云い廻しが皆無なほど、先生はまさに「教える師」として描かれ、そして、一方の子どもは宿題をチェックされる対象者としてそこにある。

　子どもは学校という同一一年齢の「輪切り装置」の囲いの中で、先生からの下降的な教えを待つという図式である。

　キアロスタミによる視点の当て方は、両者ともに公平に扱われており、そこには両者の対立止揚などと云う欧米的 (葛藤) 解決の方法は見られず、さらに子どもの「目線に合わせて」などの児童優先？の思わせぶりな論理の無いことが、かえって子どもが置かれているイランの現在を観客の心情にあぶり出している。そこから「教師」と「子どもたち」の関わり、緊張した子どもたちのエネルギーと教師の生物的停滞の差に、イランの現在を象徴させているようである。

　増量されそうなリアリズムを彼岸としているキアロスタミの演出は、リアルタイムのフレームの中に「子ども」「教師」「風景」、そして「音」のそれぞれに独自の主張をさせ、ダイナミックな空間を観る側に押し出している。映画はプロパガンダの為にあるなどと云う、時折り浮上する映像非難論とは対極にあることをこの映画は示しており、(媒体) 技術は使う側の意志に左右される「両刃の剣」であり、それの使い方、使われ方について決定的な選択を見せてくれたのがこの映画であろうか。

●ゆっくりと一元的アンサンブルがつづく

　主人公のアハマッドがわずかな情報しか持たぬまま、「友だち」のうちを探し歩く様は夢の中の出来事のようなもどかしさを感じさせるが、切り取られたように顕れる人々の会話、そしてアハマッドの気持ちとは別世界の老人たちの会話、どこかで見たような……。ああ、小津安二郎の映画に登場する人と人とのトークに似ているなと。小津映画の影響があるのかないのか、不勉強の筆者には解らないが、なにか日本人の琴線を震わす感情が満ちているのを感じるのも確かである。

　一方、子どもの感情とおとなのそれとが別々の世界を歩きながらも、僅かだがおとなの側が主人公の少年に歩み寄る場面、その場面、老人の想い出話をアハマッドに聞かせる展開には、すでに亡くなった関西喜劇の藤山寛美の語り口がス

クリーン一杯に拡がったようにも感じたが、そんな時には遠いイランとその国の
人々の感情がこちら側にも伝わったことを今も思い出す。

　異世代、異年齢、異なった要因を安易な方法によって繋ぐという表現を採らな
いキアロスタミの演出には、西欧流の問題解決の一つでもある対立止揚という解
決方法よりも、アジア、それも日本人の思考や伝統に近いものを感じたのは、こ
の映画への筆者のオマージュが強かったせいかも知れない。

●子どもへの優しい眼差し

　『友だちのうちはどこ?』は異なる要素、つまり「子ども」と「おとな」「風景」「音」
「土の壁」のそれぞれが緊張しつつ連続していることは安易な綜合でもなく、楽観
的な有機的展開でもないことは明らかであり、一つ一つの要素に独自の品格を持
たせていることは、近代子ども観の特性でもある「子どもの目線にあわせて……」
などの子どもに媚びる態度を少しも見せてはいない。しかしそれでいて「子ども
への優しい視線」が画面にあふれ出るのは、彼キアロスタミが人間に対して品性・
品格のある立場で（対象と）対峙しているからであろうか。某映画評論家がリア
リズムとフィクションの境界を外していると評しているのは、そんなところを見
ているのかも知れない。

　日本人一般がこうしたことに気づかなかったその原因が、奈辺にあるのかと想
い起こしたとき、近くは日本の敗戦後、つまり1945年以降、日本人が直線的にひ
た走りに走り、何処かでつまずけば都合の良い哲学もどきのスローガンを掲げる
ことにより、突如として急旋回を行い、これまでに積み上げてきた思考や思索を
捨て去って来たのではないか、そういう思いがキアロスタミの映画によって観る
人々にカタルシス現象を起こさせたのではないかと思う。

　日本の人々が直線的に行動したあげくに崖から転落してしまうのは、1945年以
降のことだけではなく、日本の近代化の始まりでもある明治初期からのことであ
ることを多くの人々は知っている筈。それにストップをかけられず、1991年8月
以降、東側の崩壊が起こってからも未だに加速が静まらない今日、『友だちのうち
はどこ?』はこの国の人々にとっても貴重な映像と思えるがどうだろうか。

●映画作家からみた看た教育の現在は……

　日本の学校教育は八ヶ岳連峰の一つになったといわれて久しい。それは生涯学習という考え方が次第に制度として定着、学校と肩を並べて「生涯教育」というコードが固まってきたということであろうか。しかし学校教育はいずれの国においても多くは「同年齢教育」という特性を持ち、「子ども」と「先生」を中心とした関係がまだまだ続くことは予想される。このことは世界の国々がその国の事情によって教育の営みとして様々な形態を採ってはいるが、教える側と教えられる立場との関係が全く消え去ることはないと思う。ただ両者、つまり子どもたちと教員との関係は多様であり、現在も難問が持ち上がっていることも事実。そして問題の焦点化が困難であることと、冴えた結論が生まれないのは近代の「子ども像」「教師像」が揺れ動いているからだと思う。

　映画への世間の反応は実に直截的であり、多くの人々の心を打てば作為的なプロパガンダなどは吹き飛ばして共感を得ることができるし、逆に内実のないプロパガンダによる動員がなされたとしても、大衆の琴線を打ち鳴らすことはできない。つまり「子どもの専門家」を自認する教員や自分の子どもに甘い親たちにくらべて、映画作家キアロスタミのほうが子どもたちをみる眼力に秀でているという証左かも知れない。無論このことは学校の教員が日々の職務に疲れ、瑣末な現実の対応のために磨耗しているのに比べて、学校の外側からの岡目八目的な責任の無さもあるのも確かであろう。しかし学校専門（あるいはオヤ専門）の立場を離れて、秀でた映画作家からの子ども観に目を移すのも、いずれの国の人々にも共感可能な、人間として最も品性を備えた単純さ、それによって誰にでも解る「品性・品格を維持するには」という課題に巡り会ったようにも思う。

　『友だちのうちはどこ？』では、偶然にせよ自分の誤りには自分が決着をつけるという、教育が「ねらい」とする品性の在り方を示したことであろうか。夾雑物に身をまとい過ぎた私たちがある種のカタルシスを感じるのはこのことだと思う。

●「生存の原点」の行方はどこに？

　イランと云う国とそこに住む人々をごく端的にみれば、2500 年ほど続いた（抑

圧の) 王制。1979 年 2 月 11 日、市民蜂起の中で王制最後の内閣が崩壊し、革命が
成立。ホメイニ師を頂点とするイスラム法学者が統治する体制では、欧米の文化
や価値体系は排除の対象となりアメリカ合衆国は大悪魔と呼ばれ、ネクタイをし
める姿は西洋かぶれの象徴となり、しかもイスラム共和党の単独体制が固定する
前にイラン・イラク戦争の開始、1990 年 9 月停戦。前年の夏、ポストホメイニ時
代の開幕。そして 1997 年、ハータミー新大統領が選出され次なる変革へと。不思
議なことに革命後、それまでの文学の多くが否定的な刻印を押されたのに対して
「映画」だけが一躍、世界の脚光を浴びたことはなぜ? それはすべてのイデオロ
ギーを削ぎ落としていることに最大の理由があるようだ。シナリオと表現がシン
プルであり、政治と一線を画しているからでもあろうか。イランにおいては、映
画は革命後もそれまでと同じく厳しい検閲の下に置かれていると聞くが、新聞・
書物・テレビ・ラジオなどの他の媒体に比べて、はるかに自由な待遇を得ている
のは、あらゆる検閲や宗教的規制をくぐり抜ける人間の「品位」に焦点を合わせ
ているからだと思う。また、1980 年代後半以降、イラン映画がフランスを始め欧
米において高い評価を受けたことも、イラン国家にとっては「実のある芸術」で
あるとの認識を得させたことも確かであろう。日本はイランの国情や状況とは異
なるが、閉塞の現代を突破する示唆をイラン映画、キアロスタミから受けたこと
になる。

....

■「シネマライティング」の試み

　いま、日本の教育は市場経済をプラットフォームにして「生きる力」、さらには
「自己実現」のスローガンが掲げられているが、それがどれほど非情な世界である
かは追々明らかになってくるであろう。ここでは "素朴さ" に陽をあてたが、素朴
さとは、素直な心と云い換えてもいいかもしれない。それは地に足を着け、身の
丈に見合った考えをもとにした、とらわれないものの見方ができることであり、
それは格好をつけ、斜に構えたりしないことであろうか。そしてその先には柔ら
かい強さと物事の核心と寛容の心にまで着地する可能性がある。それは素朴に、
しかし深く考える、と言ってもよく、素朴さといっても浅くはなく、深いものな

のである。それは「深い素朴さ」の通路なのかもかも知れない。「シネマライティ
ング」をしてみよう。

....

■参考【credit title ほか】
◎公開情報 劇場公開（ユーロスペース）
「友だちのうちはどこ？」(1987)
「KHANE-YE DOUST KODJAST?」
「WHERE IS THE FRIEND'S HOME?」、上映時間
85分、製作国イラン、初公開年月 1993/10/
監督：アッバス・キアロスタミ
製作：アリ・レザ・ザリン
脚本：アッバス・キアロスタミ
撮影：ホマユン・パイヴァール
出演：ババク・アハマッドプール
　　　アハマッド・アハマッドプール
　　　ゴダバクシュ・デファイエ
　　　イラン・オタリ

◎上岡弘二によれば（『アジア讀本：イラン』1999年，河出書房新社）「石油がイラン人の心
を荒廃させてきた。」と氏の教え子のＦさん（パフラビー大学：現・シーラーズ大学）の
発言を紹介している。労を得ずしての「遺産」が人々生活に如何なる結果をもたらすかは、
近時の日本人にとっても他人事ではない歴史を経験してが、Ｆさんもイランの歴史は、
石油以前、石油時代、石油以降の三つの時代区分に分け、最後の石油以降がイランの未来
であるとしています。イランの若い人々の当事者意識としては理解出来る。ただ日本人
にとってのイラン理解は、ペルシャと云われた時代の正倉院の御物：切子装飾を施した
カット・グラスであり、ペルシャ絨毯、シルクロード等など、つまり遠い国の認識。しか
し近時は一転して1979年のイラン・イラク戦争辺りから髭の労働者、変造テレカの立ち
売り人として、この国の人々と身近な存在（日本との間に1974年に発行した査証相互免
除協定は1992年4月に停止）。そしてイラン映画がイランのイメージを再び旋回させた一
つが『友だちのうちはどこ？』なのであろうか。

◎イランならびに中東関係の「読書案内」「インターネットで見るイラン」「年表」は前述の
（『アジア讀本：イラン』1999年，河出書房新社）に記載されている。親しみやすい編集。

◎インターネット上の検索からは、第5回「イラン映画の魅力を語る」篠崎 誠（映画監督）

&市山尚三(プロデューサー)の記事(1999年/1月9日・土)が面白い。特に【イラン映画の歴史】、【検閲問題】、【おすすめのイラン映画】、【イラン映画の主要な受賞歴】は、博覧強記願望の方々には最適の資料。

◎本稿は次の著作物を参考にした

上岡弘二編『アジア讀本:イラン』1999年, 河出書房新社

村田信男編『白い風船:パンフレット』1996年, コムストック・ジュニア

伊藤聡子他編『運動靴と赤い金魚:パンフレット』1999年, 株式会社フジテレビジョン, アミック・エース エンタテイメント株式会社

濱口幸一他編『〈逆引き〉世界映画史』1999年, フィルムアート社

八尾師誠著『イラン近代の原像』1998年, 東京大学出版会

◎アッバス・キアロスタミ作品群

＊出典:『アッバス・キアロスタミ』編集人:土肥悦子＋山崎陽一/1993. ユーロスペース発行＆『アッバス・キアロスタミ』―真実は現実と虚構の彼方に―編集人:土肥悦子/1995. ユーロスペース発行＆インターネット・ホームページ

『パンと裏通り』(1970) 監督:10分45秒

『放課後』(1972) 監督:14分

『経験』(1973) 監督:1時間

『トラベラー』(1974) 監督/脚本:1時間12分

『一つの問題への二つの解決法』(1975) 監督/脚本:4分45秒

『できるよ, ボクも』(1975) 監督/脚本:3分30秒

『結婚式のスーツ』(1976) 監督/脚本:59分

『色』(1976) 監督/脚本:15分/実写＋アニメーション

『レポート』(1977) 監督/脚本:1時間52分

『休み時間をどう過ごそう』(1977) (詳細不明):7分

『先生への賛辞』(1977) (詳細不明):20分

『解決 I』(1978) (詳細不明):11分

『最初のケース, 次のケース』(1979):53分

『歯科衛生学』(1980):23分/実写＋アニメーション

『順番を守る、守らない』(1981):17分

『コーラス』(1982):17分

『歯が痛い』(1983) (詳細不明):25分

『市民』(1983):50分

『1年生』(1984):1時間24分

『友だちのうちはどこ?』(1987) 監督/脚本:1時間25分

『ホームワーク』(1989) 監督/脚本:1時間26分

『クローズ・アップ』(1990) 監督/脚本:1時間37分

『そして人生はつづく』(1992) 監督／脚本：1時間31分
『オリーブの林をぬけて』(1994) 監督／脚本／製作：1時間43分
『白い風船』(1995) 脚本のみ
『桜桃の味』(1997) 監督／脚本／製作
『風が吹くまま』(1999) 監督／脚本／製作：イラン＆フランス

オサムの映画日記（2007年4月11日）より
https://osamumiya.exblog.jp/6719087/
※オサムの映画日記（2001年1月1日から2007年
12月31日まで1296件の映画レビューを掲載。

映画制作を通じた教育実践における指導者の役割
The role of the instructor in educational practice through filmmaking

長谷 海平

Kaihei, Hase

1. はじめに

　学校や博物館など教育施設で映画制作を通じた教育実践（以下、実践）が行われることがたびたびあります。どの程度一般的に行われているのか実数は明らかではありません。しかし、筆者が2022年に行った調査[1]によれば約17％の大学生から高等学校卒業までに学校で動画制作を行った経験があると回答を得ています。現代では、映画を含む動画制作を学校で制作することは、ものすごく珍しい訳ではないけれど一般的でもない形態の教育と言えるのではないでしょうか。

　これまでに公開された実践の報告を読めば、それぞれの意義や効果などを述べるものは多くあります。しかしその実践で、教師や教育的環境下で指導的立場にある人々（以下、実践者）が何をしたのかについて全体を具体的に読み取れる文献はあまりありません。実践者は実践中一体何をしているのでしょうか。本文では実践の中で実践者の役割がどのようなものであるのかについて着目して考察します。

　結論から申し上げますと実践者は実践中、映画制作で言うところのプロデューサー的役割を果たすことで学習者の学習意欲を高めている可能性が高いと言えます。このことは実践の始まりの時期を調べた際の数々の資料（以下、資料群）[2]を読み解いている際に気がつきました。その資料群をはじめとして本文では考察を進めます。

　実践の始まりの一端は90年ほど前のアメリカに見ることができます。当時は現在のように社会とメディアの結びつきを考えて映画制作を教育に取り組む姿勢はありませんでした。また、高等教育を除けば専門家の育成を目指す実践もありませんでした。資料群を読み解くと、それら実践が行われるきっかけは「学生の学習意欲を高めたい」（Forest 1930）[3]、「学生が楽しむ授業を行いたい」（Hamilton 1931）[4]、といった教育への情熱がきっかけであったと述べられています。

2. プロデューサーの仕事

　資料群からは実践者が映画制作について具体的な知識の伝達を行っている様子はうかがえません。しかし、状況に振り回されている様子は少なからず述べられていました。特に制作スケジュールの管理に追われていることがわかります。例えば「作品の公開（完成）までに2ヶ月と周知したが、実際には4ヶ月かかった」(Finchi 1940)[5] と期間の延長などスケジュールと作業に対する時間配分の変更や苦慮を述べたものなどが見られます。その他、スケジュールの遅延によって生じるトラブルを未然に防ぐことができなかった状況も示されています。撮影に2ヶ月かけた報告では「（同一シーンの）葉っぱの様子が変わってしまった」(Child 1939)[6] と撮影期間中の季節の変化による被写体の変化について困惑が述べられており、苦労しながら完成までこぎつけた様子が示されています。スケジュール管理のほかには制作開始の段階ではだれが何の役割を果たすのか、学生の自主性に任せながらも実践者が人事を主導している様子も資料群より読み取ることができます。ひとつの文献からは断片的な事実しか読み取ることができませんでした。しかし、資料群を通して実践者の行いを拾い上げると、ある役割としての輪郭が浮かび上がってきました。

　その役割は商業的なアメリカの映画制作におけるプロデューサーを簡略化した役割ということができます。プロデューサーとは「アイデアや希望からはじめ、映画を完成させ上映できる状態にまで持っていく存在」(Schary 1950)[7]、映画制作において「財政上・管理上のあらゆる事柄に対して最高責任を持つ人物」(ブランドフォードら 2004)[8]。具体的な仕事として「映画制作（に関わる全て）の手配」(Worthington 2009)[9]「映画を撮影するために日々のスケジュールを用意」[10](ボードウェルら 2007)とされています。つまり、映画をつくるという企画を起こし、スタッフの手配や金銭など制作にまつわる管理面を担当する仕事です。映画プロデューサーを本業にされている方からは「スクリーンに映し出されること以外に映画作りに必要なこと全て」が仕事であると伺ったこともあります。

　実践者の目的は制作した映画を売ることではありませんので、商業映画のプロデューサーと全く同じ仕事をする必要はありません。しかし、スクリーンに映し出されること以外に必要な仕事を担い、映画制作組織の一員としてプロデューサー的な役割を通じて実践にかかわっていることが資料群から読み解くことがで

きます。

3．実践による学習者への影響

　教育として取り組む場合、実践が学習者に対してどのような影響（人によって
は教育効果に含めることがら）があるのか関心がもたれるところです。資料を読
み解くと、制作中に見られる学習者の反応は実践に対して好意的かつ意欲的で
あったことがわかります。「満足のいくまで何度もやり直ししましたが、彼らは
（学習体験としての映画制作に）不平を漏らすことなく楽しんで参加した」（Hodge
1938）[11]「のびのびと喜びに満ちている」（Whitehead 1937）[12] など。中には「熱中
している」（Hamilton 1931）[13] との単語を用いて制作者たちの積極的な参加姿勢
を示した報告もあります。つまり学びの場に参加する上で積極性を高める効果が
あったと言えます。具体的な様子も記されており「クラスメンバーでそれぞれ（映
画に用いる原作の）エピソードを書き出した。それらは脚本班が脚本を納得いく
まで書きなおすための検証や議論に役立った」（Whitehead 1937）[14] と脚本作成に
対する積極な取り組みの姿勢や「学生たちは一生懸命アイデアを出し、物語に対
する提案をした」[15] と、制作参加に向けた積極性がわかります。

　資料群に見られる実践では学習に対する意欲が高まるという効果が発生する可
能性が高いことがわかります。その意欲の高まりを生み出す学習体験のデザイン
には、実践者がプロデューサー的な役割を担っていることが大切な要素の一つに
なるのではないかと私は仮説を立てました。

　認知心理学者のノーマンは理想的な教育実践のあり方について「まず学生を対
象へ熱中させ興味をもたせて動機づける」ことであると述べています（ノーマン
1996）[16]。資料に見られる実践は映画を通じ「学生を対象へ熱中させ興味をもたせ
て動機づける」ことに成功していました。学習体験を一つのデザインとして考え
たとき、教師の役割はその重要な要素の一つです。ここから「学生を対象へ熱中
させ興味をもたせて動機づける」デザインを行うために実践者が映画の制作プロ
セスについて環境面から整えるプロデューサーとして役割を果たすことが要素と
して実践には重要ではないかと筆者は考えたのです。

4．現代的な状況下での実践

　では、過去の事例と仮説をもとに意識的に実践者がプロデューサー的役割に徹した場合、現代ではどのようになるのでしょうか。私は勤務する関西大学で実践することにしました。

・実践概要

対象：大学生　38名

内容：13〜14名の集団で10分間の動画作品を制作する（計3班）

期間：1コマ90分　全15回

図1　関西大学における実践の様子

　この実践［図1］で制作する作品の方向性や内容は受講者に任せました。必ずしも映画を志向した作品ではなくても良いとしました。ただし、この実践は映画の制作を模倣した資料群の取り組みを参考にしています。そのため、役割分担や組織構成は実質的に映画制作に準じた分業にしました。例えば、撮影と照明は分業上分けるもののグルーピングとしては同じにする、監督の下に助監督をつけるなどです。

　プロデューサーとしてふるまう上で、商業的な仕事をそのまま真似する必要はありません。実践に必要なプロデューサー的仕事として、資料群で見られた実践者の行動記録と述べられた知見をもとに次の4点に絞りました。①実現性の管理②時間的管理③人的管理④金銭的管理、です。

①実現性の管理

　学生のアイデアが実現できるのかについて管理を行いました。具体的には作品として実現が難しい内容については修正するように促しました。例えば、出演者のあてもなく赤子が出てくる作品の企画をした者には方向性を変えるよ

うに伝えました。赤子を役者として用いるのは、候補者を見つけるだけではなくそのケアも大変であり、撮影に関するリソースをそれなりに割かなければならないからです。ただし、シナリオのテーマ性については詳細な指導は控え、簡単なコメントにとどめました。表現の詳細を詰めていくことは脚本担当や監督担当者などが果たす役割であり、プロデューサーの領分では無いためです。

　また、10 分の動画を制作する、という課題に対して適切な企画であるのかについても指導を行いました。例えば、セリフ部分だけを読み上げるだけで 10 分以上の時間がかかる脚本は短くするように指導しました。

②時間的管理

　いわゆるスケジュール管理です。しかし「あと〜分でやれ」「遅いよ」と急かす役割ではありません。

　例えば、撮影前の段階で学生に制作スケジュールを立てさせ、その配分が適切か確認します。例えば、5 分のシーンに 5 分程度の撮影時間しか予定していない場合、準備や撤収の時間も含める用に促してスケジュールを再考させます。5 分のシーンは 5 分で撮影できないからです。そのほか、短期間では準備できない大道具を想定していることがわかる企画についてもアイデアを再考するように伝えました。つまり、完成に向けてスケジュールが実行可能であるようにした上で、クリエイティビティーを発揮しやすくする制作進行に関する仕事を担いました。

③人的管理

　商業的なプロデューサーは人事権の発揮が可能です。実践に人事はありませんが似たような仕事を行いました。まず、各班の制作組織が成立するように学生それぞれの分業を明確に切り分けることを行いました。学生各自の責任意識を明瞭にさせる意味もあります。加えて分業ごとに適切な人数を配置することで制作組織として偏りが生まれないように配慮しました。例えば監督的役割が 3 人いては作品の制作は混乱しますし、カメラを希望する者がいなければ撮影はできません。人的管理を行う際には学生からの役割に対する希望を聞いて調整する作業を行いました。

④金銭管理

　本実践では学生が必要と考える小道具などについて物品購入を行うという金銭面の管理も担当しました。実際のところ物品購入は事前にこちらで購入して、あるものだけで工夫させる方が実践の運営上、実践者の負担が少なく済みます。しかし、それは、映画制作でいうところの「美術」の分業を侵犯することになります。「何を購入したいのか」を各担当者から聞き（もちろん高価なものを購入することはできません）主に小道具関係について予算と購入を管理しました。

　このように表現的な関与を避けプロデューサー的役割として実践に関わった結果、それぞれ無事作品が完成しました。

　実践者視点から、学生たちは作品の質を高める工夫を自主的に行う、チーム内・チーム間の協力を積極的に行うなど、学習意欲の高い姿勢を見せていました。主観的にはおおむね意欲の高い実践になったと感じました。

　では、学生らはどのような意識で実践に関与していたのでしょうか。この点について「本講義を受講して、身についたと感じること、気が付いたこと、学びになったことは何ですか」という問いを設定して自由回答のアンケートをとり、結果をワードクラウド化したものが**図2**です。

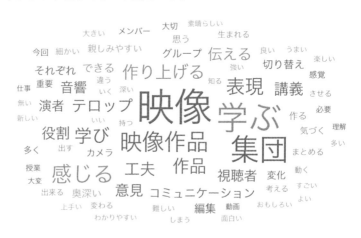

図2　学生からのアンケートをワードクラウド化したもの[17]

　該当の授業は動画制作を全般的に学ぶ目的として実施されていましたので「映像」「映像作品」という単語が目立つ結果となりました。その周辺の単語に目を向けると、「集団」「グループ」「コミュニケーション」「意見」「役割」といった他者を意識する単語が頻出していることがわかります。

　私はプロデューサーとして役割を果たすことに徹しましたので、カメラの画角など具体的な知識の伝達を行いませんでした。そのため、学び自体が起きていないと読み取れる回答があるのではないかと不安になりましたが、そうではありませんでした。アンケートに対する個々の文章を見てみると、授業に対して次のような感想が得られました。以下、アンケートの引用は原文ママです。

「役割分担とそれぞれの意思疎通が本当に大切だと感じました。実際にスタジオに入ると、準備が不十分な部分が浮き彫りになったりまだまだお互いに確認が必要なこともたくさん出てきて間に合うのかと焦ることもありました」

「私は自分の意見を言うのが苦手な方であったが、人をまとめる立場に任命して頂いたので思ったことは口に出すことを心がけていた。結果的に疑問に思ったこと、変だなと思ったところは改善されて良い本番を迎えることが出来た。グループでの制作で 1 番大切であることはコミュニケーションだと思う」

「集団で映像制作を行うことによって、多くの学びを得ることができました。特に、メンバー同士の仲についてです。メンバー全員が協力して、効率的かつスムーズに制作を進めるために、意見交換や意思疎通が必要で、一人一人の発言や理解力が高まり、グループワークをした上でメンバー全員のコミュニケーション力が向上されたと感じました。また、映像制作を通じて役割分担やリーダーシップの重要性を理解できたと思います。」

　集団や分業を通じて一つの対象を形にするという体験はそれぞれの中での学びが生まれたようです。例えば発言が苦手な者が意見できるようになるなど、他者との関係で学習者自身の中に課題が発見され、克服する様子が見られました。つまり、ここではそれぞれの課題に対してピアラーニングが起こり解決に向かうと

いう学びが起きていることが読み取れます。ピアラーニングの端的な例としては次のような回答がありました。

　「イケダ君（仮名）が、様々な編集スキルを教えてくれて今まで自分に無かった視点や編集スキルを教えて下さり、本当に勉強になりました。」

　私は映画祭に出品するような作品をこれまでにいくつか制作してきていますので、映画表現の創作に関して学習者に伝えることが可能な知識を持っています。しかし、今回は、具体的な知識の伝承を意図的にしませんでした。そのためもあり、すべてのアンケート内容を確認したところ、私から何か教わったとする意見は全くありませんでした。しかし、学生同士の学びが生じているところを踏まえると、私が感じた学習意欲の高さの正体は学習者間の前向きな協力姿勢にあるように考えられます。そして、学習者間の前向きな協力姿勢を生み出すために、実践者は具体的な知識を伝えるのではなく、プロデューサー的役割に徹して学習の枠組みを用意することが一つの有効な方法であることも示唆されました。

5．実践に関する留意点とまとめ
　過去の事例をふまえ意識的に実践者がプロデューサー的役割に徹した場合、現代でも同様に学習者の意欲が高まる実践になる可能性が十分にある、ということがわかりました。
　特に今回の実践では意識的に具体的な知識の伝達を実践者が行っていないので、①実現性の管理②時間的管理③人的管理④金銭的管理、を行えば学習者の意欲が高い実践を可能にすると考えられます。逆に、これら4点以外の要素を抑えることが意欲の高い実践に必要とも言えます。特に学生が担う分業を侵犯しないようにする必要があります。実践者が正解めいた情報や示唆を与えると学習者間の前向きな協力姿勢、言い換えればピアラーニングを行う必要がなくなるからです。
　つまり、実践において実践者は環境を提供したのち学習者の邪魔をしないということが重要な要素であると言えます。多少知識を持っていてもその知識を直接的に伝えることは、学習者の学習に対する意欲を下げる可能性があることも今回

の実践は逆説的に暗示しています。学習意欲の高い学習環境の構築のみを主眼に置くのであれば、実践者に映画や映像制作に関する機材や表現に関する知識はほぼ不要なのかもしれません。少なくとも、伝える知識を準備する以上に、実践において学習者が必要な知識を自発的に得られるように促す環境を構築することが重要な要素だと考えられます。その方法の一つとして実践者は実践においてプロデューサーに徹することが学習環境として望ましいと今回の実践を通じて示唆を得ることができました。

註

1 ）長谷海平 ."アメリカにおける動画制作を通じた教育実践の始まりに関する調査." Screen literacy: education through visual media expression 1, 2022, 43-51

2 ）資料群は[1]の論文に用いられたものに一覧があります。ご参照ください。

3 ）Forest, Elaine Sparks., "A Novel Latin Project", The National Parent Teacher Magazine, 1930, p178

4 ）Hamilton, Delight C, "An Experiment with treasure island", English Journal, Vol.20, 1931, pp.415-416

5 ）Finchi, Hardy R., "Motion-Picture Activities in the High School", The English Journal, Vol.29(6), 1940 pp.465-470

6 ）Child, Eleanor. D., "Making motion pictures in the school" The English Journal, Vol.28(9), 1939, pp.706-712

7 ）Schary, Dore., "Case history of a movie", Random House, p48, 1950.

8 ）スティーヴ・ブランドフォード／ Blandford, Steve., ジム・ヒリアー／ Hillier, Jim., バリー・キース・グラント／ Grant, Barry Keith., (杉野 健太郎、中村 裕英訳), 『フィルム・スタディーズ事典』, フィルムアート社, 2004, p326

9 ）Worthington, C., Basics film-making 01: producing, 2009, pp.100-105

10）デイヴィッド・ボードウェル／ Bordwell, David., クリスティン・トンプソン／ Thompson., Kristin (藤木秀朗監訳、飯岡詩朗・板倉史明・北野圭介・北村洋・笹川慶子訳), 『フィルム・アート― 映画芸術入門』, 名古屋大学出版会, 2007, p442

11）Hodge, Mary Ruth., "Making a Motion Picture of <The Lady of the Lake>", The English Journal, Vol.27(5), 1938, pp.388-395

12）Whitehead, L. G., "The Motion Picture as a Medium of Class Instruction", The English Journal, Vol.26(4), 1937, pp.315-317

13）Hamilton, 前掲

14）Whitehead, 前掲

15）Katz, Elias., "Making movies in the junior high school", Educational Screen, Vol.16,

1937, pp.41-43

16) ドナルド・アーサー・ノーマン／Norman, Donald Arthur., (佐伯胖・八木大彦・嶋田敦夫・岡本明訳), 『人を賢くする道具―ソフト・テクノロジーの心理学』, 新曜社, 1996, p46

17) ユーザーローカル AI テキストマイニングによる分析 https://textmining.userlocal.jp/

映画『こころの山脈』と原発事故後の教育

Film"Kokoro no Yamanami"and Education After the Nuclear Accident

佐藤 昌彦

Masahiko, Sato

1. はじめに——原発事故後の教育を考える

　原発事故後の教育をどうするか。本稿は、この問いを踏まえて、映画『こころの山脈』（1966 年公開）の教育的意義と可能性について述べたものです。

　映画『こころの山脈』は、今から 58 年前、本宮町立本宮小学校（福島県、現在の本宮市立本宮小学校）を舞台に、保護者・教師・児童生徒・映画関係者によって製作されました。当時、私は本宮小学校の 5 年生でした。保護者の方々、先生方、関係者の方々が映画の製作に取り組む姿や同じクラスの友人が出演する姿を間近に見ながら過ごした日々を鮮明に覚えています。映画製作の様子は小学生の私にとって強烈な体験でした。それまで、映画は知らない誰かがつくるものであり、自分たちでつくることができるとはまったく考えていなかったからです。

　映画製作の理由について、映画『こころの山脈』（ＤＶＤ、映画フィルムから作製したもの）に添付された資料には、「映画が唯一の娯楽であり、また文化でもあった戦後、本宮小学校では優れた映画を計画的に子供達に見せて、ものごとを正しく見つめ、考える力、人情の機微も分かる情操豊かな子に育ってほしいと、映画教室を教育課程の中にとり入れ、それは『本宮方式映画教室』と呼ばれユニークさが高く評価されていました。またそれらは、母親を中心としたＰＴＡにもバックアップされていた、素朴な文化活動でもありました。そして 10 年ちかく経ち、太陽族映画をはじめ、エロ・グロ映画時代となり、子供達と一緒に見る映画がどんどん少なくなってゆきました。それらの危機感もあって、親子で安心して見られる映画を私達の手で作れないものだろうか…と模索をはじめて 2 年、お母さんを中心とした『本宮方式映画製作の会』が誕生しました」と記されています（本宮方式映画製作の会、1994 年）。良質な映画の減少を子供の生活環境の危機ととらえ、誰かがつくるのではなく、自分たちで子供達のための映画をつくりたいと考えたのです。

冒頭の「原発事故後の教育をどうするか」という問いは、映画製作に取り組んだ人々の思いを踏まえれば、「原発事故による子供の生活環境の危機をどう乗り越えていくのか」という問いに言い換えることができます。本稿における映画『こころの山脈』の教育的意義と可能性の検討は、映画製作の状況を間近で見ることができた小学生の一人として、そして福島で原発事故を体験した一人として、さらにはものをつくる教育に責任をもつ当事者の一人として行ったものです。

■DVD『こころの山脈』（NPO法人 本宮の映画文化を継承する会、2022年）
＊上のDVDは、2022（令和4）年11月、本宮の映画文化を継承する会：阿部英典氏
　（阿部写真館、本宮市）に紹介していただいたものです。

2. 映画『こころの山脈』と製作の経緯

(1) 映画『こころの山脈』

　NPO法人本宮の映画文化を継承する会（本宮市、代表：本田裕之氏）は、2022（令和4）年、新たなDVDを作製しました。東宝の協力でデジタルデータを使用したため、映画フィルムから作製したこれまでのDVDより映像が鮮明です。

　DVDケースの表面には、「お母さん達の熱い思いがこの映画を生み出した」という言葉や映画のシーンが複数印刷されています。裏面には、「あれが安達太良山」「あの光るのが阿武隈川」「ここはあなたが生まれたふるさと」（高村光太郎『智

恵子抄』より）という言葉やそれらの情景を映し出した写真とともに、関係者の
氏名が以下のように記載されています。

〈監督〉吉村公三郎、〈脚本〉千葉茂樹、〈出演〉山岡久乃、宇野重吉、殿山泰司、吉
行和子、奈良岡朋子、佐々木すみ江、福島県本宮町立本宮小学校児童、福島県本宮
町立本宮第一中学校生徒、福島県福島県立本宮高等学校生徒、福島県本宮町民、
1966年作品、〈製作〉本宮方式映画製作の会（製作協力：近代映画協会）、DVD 制
作：NPO 本宮の映画文化を継承する会、株式会社東宝 HDCAM より モノクロ／
トーキー 104 分

　ケースの中にあるＤＶＤ本体には、ケース裏面の氏名に加えて次の氏名や名称
等も記載されています。

〈撮影〉杉田安久利、〈美術〉入野達弥、〈音楽〉池野成、〈編集〉榎寿雄、〈照明〉柏木
豊次郎、〈効果〉栗原嘉男、〈録音〉橋本国雄、〈製作主任〉高島道吉、〈配給〉東宝株
式会社、〈後援〉福島県、福島教育委員会、〈製作〉福島県本宮町、本宮方式映画製
作の会、〈協力製作〉近代映画協会、新藤兼人、能登節雄

　おおよそのストーリーを下に記しました。「こころの山脈：映画作品情報・
あらすじ・評価 ｜ MOVIE WALKER PRESS 映画」（http://moviewalker.jp/
mv21656/）に示されているものです。

　　安達太良山のふもとにある小学校。4 年 3 組の坂井安子先生は出産を間近
　に控え、代わりに産休先生として本間秀代がやってきた。秀代は戦前の教育
　を受け、戦時中まで教壇に立っていたが、今は二男一女の平凡な母親であっ
　た。しかし西川校長から事情を聞き、昔安子と同じような苦しい立場で教壇
　に立ったことのある秀代は、夫久平の反対を押しきって、この大任を引受け
　たのだった。
　　戦前の教育しかしらない秀代にとって、戦後の民主教育にはとまどうばか
　りであった。子供たちもそんな秀代を馬鹿にして、勝手な行動をして秀代を

悩ませた。しかし、秀代の努力は続き、やがて、母親らしい温い気づかいは次第に子供たちの心にしみこんでいった。

　ところが、この秀代のクラスには清という乱暴者がいた。清は、同級生の孝枝の給食のお金を盗んだと訴えられ、クラスののけものにされていた。しかし、父親が飲んだくれ、母親が働きにでている清の家庭の事情を知る秀代はなにかにつけて清をかばい、なんとか清に温い心をとりもどさせようとした。だが、この秀代のやり方は、学問本位に考える先生やＰＴＡから非難された。

　そうしたある日、清が近郊市の警察署に補導されるという事件が起った。それは清の母が若い男と家出した後の出来ごとだった。その後、秀代は清を家まで送りとどけたが、かえって父親に乱暴され、額にケガをしてしまった。この事件は、すぐ学校やＰＴＡの間に広まり、ますます秀代の立場は苦しいものになった。が、こんな秀代を力づけたのは、塚田先生と、はじめは秀代が産休先生になることを反対していた夫の久平であった。

　やがて秀代の努力で清の心にも、次第に優しさが芽ばえてきた。そして、安子先生も無事出産し、約束の３カ月が過ぎた。生徒たちとの別れの日母親と共に仙台の旅館にいっていた清が一人で教室にかけこんできた。そこで清は、かくしていた孝枝の給食袋を秀代に差しだした。──それは秀代にとって何よりもうれしいおくりものであった。秀代が学校に産休先生として赴任してからいろいろなことがあった。だが、それもみんな秀代の誠心誠意が子供等に伝わって、仲良く勉強することが出来たのだった。清という乱暴者も、子供らしい純な心にもどっていった。秀代は、この子供たちとの"こころの山脈"がいつまでも心に残ることを祈って、学校を去っていくのだった。

【出典】こころの山脈：映画作品情報・あらすじ・評価｜ MOVIE WALKER PRESS 映画
　　　http://moviewalker.jp/mv21656/

(2) 製作の経緯

映画『こころの山脈』製作の経緯は、この新たなＤＶＤに添付された資料に記載されています。それを次に転記しました。

昭和31年8月　「青いえんぴつの会」設立

＊青いえんぴつの会…昭和31年8月6日の夜、本宮小学校の空教室に集まった5人の母ちゃんと2人の先生は、今まで話し合った会の方針を踏まえて、会の名前を「青いえんぴつの会」とすることとした。第1回の会合記録には「みんなの子供をよくしなければならない、母親グループによって社会環境をよくしなければならない、上からできあがったものではなく下からできあがっていく組織でなければならない、母親としてだけではなく一人の人間として向上することを目的にする」と記した。太平洋戦争が終わって、まだ11年、戦争で荒廃した日本で生活に苦労する中、日本国憲法の制定から始まり、女性参政権、教育基本法、学校教育法により教育を受ける権利の向上、新しい法律と世の中の動きは、女性たちの前に大きく開いた明るい未来を予測させるのに十分だった。そんな時期に結成された「青いえんぴつの会」は少人数であれ、希望とエネルギーに満ちていた。

昭和32年9月　本宮方式映画教室開始

昭和37年12月　映画「裸の島」を製作した近代映画協会関係者との親子座談会席上で映画製作の話が出る。

昭和39年1月　河北文化賞受賞の席で代表者が「今後の抱負として、運動発展の姿として、自らの手で文化を創造する一つの手がかりを近い将来、映画製作に求めていこうと思う」と述べる。

昭和39年7月　本宮方式映画製作準備委員会発足…青いえんぴつの会、学校、映画館、近代映画協会の代表者が参加。総勢25名。最終7名まで減少。

昭和39年9月　資金集め（カンパ開始）

昭和40年4月　本宮方式映画製作の会発足

昭和40年5月　『こころの山脈』脚本完成。執筆者：千葉茂樹

昭和40年6月　福島県並びに福島県教育委員会の後援が決定

昭和40年9月　福島県小・中ＰＴＡの後援決定

　〃　　本宮町及び町議会の後援決定

　〃　　『こころの山脈』撮影開始

昭和40年11月　『こころの山脈』本宮での撮影終了

　　　〃　　　　東京都港区麻布アオイスタジオで録音

昭和40年12月　『こころの山脈』文部省選定映画に決定

　　　〃　　　　『こころの山脈』完成試写会が開催される。

＊こころの山脈…昭和25年、自分たちの作りたい映画を自分たちで作りたいという思いの中で近代映画協会は設立された。太平洋戦争中には戦争に行くか、戦争のための国策映画を製作するしかなかった映画人は、戦後の自由の中で羽ばたこうとしていた。同じく昭和25年に劇団民藝は「多くの人々の生きてゆく歓びと励ましになるような」民衆に根ざした演劇芸術をつくり出そうという理念のもと旗揚げされた。宇野重吉を始め、優れた俳優が結集された。東北の小さな町のお母さんたちが、映画教室を開いている。子供たちのために良き映画を探し、そして、映画も製作したいと言っている。少ない資金、素人の企画、でも自分たちの手で自分たちのための映画製作を行おうとしている。

近代映画協会、劇団民藝、青年座、志を同じくする人々が集まり『こころの山脈』が製作された。

3．映画『こころの山脈』の教育的意義と可能性

(1) 映画『こころの山脈』の教育的意義

　映画『こころの山脈』の教育的意義を検討する際には、造形性、人間性、創造性など、様々な観点から考察することができますが、ここでは原発事故とのつながりを考えて以下の視点について述べたいと思います。後述する「可能性」についても同様の視点から検討しました。

生命に対する責任、生活環境（自然環境・人為的環境）、創造という時代を超えた普遍的な価値へ眼差しを向けることができる

　なぜ、そう言えるのでしょうか。①生命に対する責任、②生活環境（自然環境と人為的環境）、③創造、それらにかかわる根拠を次に示しました。

①生命に対する責任

　根拠は三つ。一つ目は、初めて子供を産んだときの「この子の顔を見てたらなんだかひとりでに涙出てきて、とっても責任感じちゃったんです。私ね、

子供産んでみて初めて感じたんです。学校の子供たちも一人一人こうやって生まれてきたんだなって。そう思ったら、なんだか今までの自分がとっても恥ずかしくなってきたんです」という子供の生命やその背景にある親の思いに関する安子先生の言葉です。二つ目は、子供の未来にかかわる「【清】先生、俺これからうんと勉強する。俺、なんだか、勉強好きになったんだ。でも先生俺なんか、いっくら勉強しても偉くなれねばい。俺の家は貧乏だし、父ちゃんと母ちゃんは喧嘩ばっかりして、母ちゃんだってもういないんだ。勉強してもいい学校にあがらんにもん。俺なんかだめだばい先生。

■第11回カナリヤ映画祭パンフレット(カナリヤ映画祭実行委員会、NPO法人本宮の映画文化を継承する会、2023年)

【秀代先生】うちが貧乏でもまわりがどんなでもね、清くんが自分で頑張ろうとすればきっと立派な人になれるんだよ。清くんらみたいな子供にはね、無限の可能性てものがあるの」という一人一人の可能性を大切にする秀代先生の言葉です。三つ目は、映画文化継承の取組の一つである第11回カナリヤ映画祭(2023年、本宮市)のパンフレットに記された言葉や新たなDVD化の取組です(先述した東宝の協力によるDVDの作製)。パンフレットには「良質の映画を子供たちにみせようと始まった本宮方式映画教室、その先人たちの思いを継承したいと続けてきました」と記されています(本宮の映画文化を継承する会、代表：本田裕之氏)。

②生活環境(自然環境と人為的環境)

　根拠を以下に四つ示しました。一つ目は、「あれが安達太良山」「あの光るのが阿武隈川」「ここはあなたが生まれたふるさと」(高村光太郎『智恵子抄』より)にかかわる映像。前述したようにDVDケースの裏側にもそれらの写真が

印刷されています。二つ目は、地域の祭りや日常生活にかかわる映像。三つ目は、ふるさとの偉人：野口英世の映像。四つ目は、福島の言葉（方言）。清の「先生、僕は忘れねぞい。僕が教室で暴れたとき、先生はやさしかった。僕が風邪をひいて寝ていたとき、頭の手ぬぐいを取り替えてくれたくれた先生。流行歌を歌ったときもほめてくれたっけ。僕は先生のことを思い出す。先生も僕のこと時々思い出してくれるかな。先生、僕は先生のこと忘れねぞい」という言葉はそれを象徴しています。

③創造

　根拠を三つ示しました。一つ目は、映画『こころの山脈』の言葉と映像。映画の冒頭に「この映画はみちのくの父母や先生や子供達の手で創られた」という言葉が映し出されます。また、映像としては、校長室のシーンで本宮のお母さん達が登場します。教室のシーンには複数の同級生が映っていました。

　二つ目は、メイキング映像「本宮方式映画教室と『こころの山脈』」（ＤＶＤ）の言葉と映像。本宮方式映画教室については、「昭和30年、まだテレビの無い時代、子どもたちに良質な映画を鑑賞させたいと、立ち上がったお母さん達に、学校、映画館が協力して、本宮方式映画教室は始まった。毎月、2本ずつ、授業としての映画鑑賞は子どもたちに、映画を観る喜びを与え、また、それは全国的にも有名になった」と記されています。『こころの山脈』については、「昭和40年、お母さんたちは、映画をみせるばかりでなく、良質の映画を自分たちで製作する活動を始めた。それは、多くの困難を伴ったが、一致協力して、乗り越えて作成されたのが『こころの山脈』であり、全国上映も行われ、今年制作50周年を迎えた」と述べられています。メイキング映像には、本宮のお母さん達が撮影スタッフの皆さんへの手料理をつくっているシーンも映し出されています。

　三つ目は、映画『こころの山脈』（ＤＶＤ、映画フィルムから作製したもの）に添付された資料の文言（本宮方式映画製作の会）。映画製作の理由に関する文章を「はじめに」に掲載しましたが、その続きが以下のように記されています。「東北の田舎町、人口18,000の本宮、映画製作費1,000万円。町中の批判や中傷のうず巻く中で、気の遠くなる様な借金してまで、あえて『夢』に挑んだ若さと勇気に、今更思いを深くしています。そして先ず200円の制作協力券発行から

はじまりました。幸い本宮方式映画教室の歴史をみていて下さった専門家達の賛同・協力があり、近代映画協会が制作協力、脚本家・俳優さん達が『意気に感じて』友情出演を約束して下さいました。母ちゃん達は脚本会議をし、キャストの主演の子供達の人選をし、素人集団の馴れぬ雑多な仕事も、昭和40年夏、吉村公三郎監督の率いるロケ隊が阿武隈川畔の空家に合宿をはじめ、本宮小学校でロケがはじまると町中から応援協力が得られる様になりました。セットの大道具・小道具から女優さんの衣装カッポー着まで、本宮的……なものが借り出され、消防団は雨を降らせてくれ、運動会のシーンでは町中の人が重箱をもってエキストラに……と数えきれぬ多くの協力によって、秋11月に完成しました。そしてカメラを通してみる本宮の美しさ、今まで気付かなかったふるさと本宮が詩情ゆたかにあふれている映画です。なお、映画の配給は福島県内は製作の会。全国は東宝に任せ、3年後には1,000万円の借金は返済。余剰金は本宮町の愛の鐘として朝夕メロディを流し本宮小学校には母子像となっています。」（平成6年夏 本宮方式映画製作の会）

(2) 映画『こころの山脈』の可能性

前述した教育的意義に基づいて、映画『こころの山脈』の今後の教育における可能性を次に述べました。

> **原発事故後の教育の指針を具現化するための教育モデルとなる**

原発事故後の教育の指針とは次の二つを指します。一つは、生命を原点とする教育の推進であり、もう一つは、基礎学習の前面に展開する総合学習の推進です。それらの指針と映画『こころの山脈』との関係を以下に記しました。

①生命を原点とする教育

2023（令和5）年は、東日本大震災・原発事故から12年目になります。事故原因について、東京電力福島原子力発電所事故調査委員会『国会事故調報告書』（徳間書店、2012年）には、直接的原因は地震・津波、根本的原因は生命を守るという責任感の欠如と記されました。では、原発事故後の教育の指針は何か。その問いに対して、私自身は、生命を原点とする教育[1]の推進と答えたいと思います。生命を原点とする教育とは、生命に及ぼす影響に配慮し、よりよい生

活環境を創造する人間の育成を意味します。生活環境には自然環境と人為的環境を含めました。原点は生命、最終的な課題は多様な現場での実践と言い表すこともできます。

　映画『こころの山脈』の教育的意義にかかわって示した「生命に対する責任」「生活環境（自然環境・人為的環境）」「創造」という三つの観点は、「生命に及ぼす影響に配慮し、よりよい生活環境を創造する人間の育成」に直結します。このことを踏まえて、映画『こころの山脈』の可能性として、「原発事故後の教育の指針を具現化するための教育モデルとなる」という方向性を提示しました。

　なお、生命を原点とする教育とものをつくる教育との関係についてもここで触れておきます。原発は人間がつくったものです。ものをつくることにかかわって、生命を原点とする教育を具現化するためには、どのような教育を目指せばいいのでしょうか。端的に言えば、自然と対立する造形教育ではなく自然と馴染む造形教育を目指すということでしょう。人間は自然の一部であり、自然に支えられてこそ生きることができるからです。こうした教育の方向は、著書『次世代ものづくり教育研究—日本人は責任の問題をどう解決するのか—』（佐藤昌彦、学術研究出版、2019 年）のなかで提起しました。本書は文部科学省の令和元年度（2019 年度）科学研究費助成事業科学研究費補助金（研究成果公

■原発事故後の教育に関する著書——○佐藤昌彦『次世代ものづくり教育研究—日本人は責任の問題をどう解決するのか—』学術研究出版、2019　○監修・資料提供：宮脇 理、編集：佐藤昌彦、表紙絵・章扉絵：川邉耕一、学術研究出版、2022 年　○佐藤昌彦『紙による造形』学術研究出版、2021 年

開促進費・課題番号 19HP5214) の助成を受けて出版されたものです。原点（手づくり）から最先端（AIやIoTなど）まで、ものをつくる行為全体（原発も含む）の根底には人間の責任を位置づけ、造形性・創造性とともに人間性をいっそう重視しました。科学・技術・芸術の連携、そして一人でつくる事例から量産の事例まで、ものができるトータルな構造を視野に入れています。保育所、幼稚園、認定こども園、小学校、中学校、高等学校、大学など、教育や保育の現場でのものをつくる行為全体へも眼差しを向けました。

②基礎学習の前面に展開する総合学習

　基礎学習の前面に展開する総合学習[2)] とは、「国語・算数・理科・社会・音楽・図画工作……」という伝統的な教科を基礎学習とし、子どもの生活環境にかかわる問題を解決するための総合学習をその前面に展開するという取組を指します。このような展開は、「生命に及ぼす影響に配慮し、よりよい生活環境を創造する人間を育成するためにはどうすればいいのか」という問いに対して、伝統的な教科の学習と子供の生活環境にかかわる問題を解決するための総合学習との組み合わせという切り口から答えたものです。こうした方向は、2022（令和4）年に上梓した『復刻集成　宮脇 理 の世界　ミライへの造形教育思考―アーキビストの目線で視る―』（監修・資料提供：宮脇 理、編集：佐藤昌彦、表紙絵・章扉絵：川邉耕一、学術研究出版、2022 年）のなかで、宮脇 理先生 (Independent Scholar、元・筑波大学大学院教授) の提言として示しました。

　この提言は、2016（平成 28）年、中国：華東師範大学（上海）で開催された美術教育国際研究会で、宮脇先生が「dream-design curriculum」（招待講演）と題して提起したものです。先生は、講演で「科学・技術・造形芸術（工芸＆デザイン）」と「国語（作文・文学）・絵画／描画・音楽・映像」を総合学習の一体化の事例として示し、「絵画、彫塑など、それぞれを重視しながら、科学・技術・造形を一緒にして総合的に考えることも大切にしていく必要があります。『国語・算数・理科・社会・音楽・図画工作……（このような教科の構成は1世紀以上経っています）』というような基礎学習を超える方向を提起することが優れた今後の展開ではないでしょうか」と述べています。美術教育国際研究会の全体テーマは、「ビックデータ時代の美術教育」であり、先生は「日本のものづくり教育の過去・現在・未来」という題目で講演されました。先ほどの総合学習に

ついての考え方はそのなかで提起したものです。

　小学校時代の「国語・算数・理科・社会・音楽・図画工作……」という伝統的教科の学びとともに進行する映画製作にかかわる私自身の体験は、伝統的教科の基礎学習の前面に展開する総合学習そのものです。私自身の体験とは、映画「こころの山脈」の撮影に取り組む人々の姿に触れた日々と本宮小学校での映画教室の一環として完成した作品を大画面で鑑賞した体験を指しています。

　映画『こころの山脈』は、私が小学校5年生のときに製作されたものですが、その前年の小学校4年生のときには東京オリンピック（1964年）が開催され、学校にある数少ないテレビの前で応援した記憶があります。テレビが珍しく、自宅には買ったばかりの小さな白黒テレビがあり、その画面を食い入るように見ていた時代でした。そうした時代に自宅の白黒テレビとは比べものにならないほどの大きな画面の映画を自分たちでつくり出すという取組が目の前で行われていることに驚嘆しました。あらためてＤＶＤで映画『こころの山脈』を観ますと、本宮小学校で学んだ当時の木の机の感触が蘇ってきます。木の机は、ふたを上にあげて教科書やノートを取り出す構造になっていました。こうした記憶は、主人公：清の「忘れねぞい」という言葉と重なります。

　子供の生活環境の危機を乗り越えるために、映画を自分たちでつくるという先人の精神と取組を、58年後の今、原発事故後の教育を考えるための重要な指標として大切にしていきたいものです。

４．おわりに──原点は生命、最終的な課題は多様な現場における実践

　以上、本稿では、「原発事故後の教育をどうするか」という問いを起点として、映画『こころの山脈』の教育的意義と可能性を提起しました。

　映画『こころの山脈』の教育的意義は、「生命に対する責任、生活環境（自然環境・人為的環境）、創造という時代を超えた普遍的な価値へ眼差しを向けることができる」としました。生命に対する責任は原発事故後の教育の大前提であり、生活環境（自然環境・人為的環境）は人間形成の基盤です。そして創造は現状をよりよくするための原動力となります。

　映画『こころの山脈』の可能性については、「原発事故後の教育の指針を具現化するための教育モデルとなる」としました。原発事故後の教育の指針として、こ

こでは、「生命を原点とする教育——生命に及ぼす影響に配慮し、よりよい生活環境を創造する人間の育成」及び「基礎学習の前面に展開する総合学習——『国語・算数・理科・社会・音楽・図画工作……』という伝統的な教科を基礎学習とし、子どもの生活環境にかかわる問題を解決するための総合学習をその前面に展開する」という二つの方向を提示しました。

　本稿では、「原点は生命、最終的な課題は多様な現場における実践」という視点も示しました。2023（令和5）年4月には、福島学院大学（福島県福島市）で、東日本大震災・原発事故後の教育を考えるための取組の一つとして学生作品展「あそびの国へ、ようこそ!!—遊ぶ、飾る、いろんな教材大集合」[3] を開催しました。映画『こころの山脈』を教育モデルとしながら、子供の生活環境の問題を踏まえた総合学習の場として実践したものです（大学教育の現場での実践）。

　なお、本稿は、2018年9月15日（土）、サンライズもとみや（本宮市）で開催されたカナリヤ映画祭／美術科教育学会リサーチフォーラム in 福島（主催：美術科教育学会、共催：本宮の映画文化を継承する会）での研究発表「本宮方式映画教室運動による映画『こころの山脈』の教育的意義と可能性」（佐藤昌彦）に基づいて論述しました。小学校時代を過ごした本宮での発表の場に立つことができましたのは、新潟大学教授：柳沼宏寿先生にその機会をつくっていただいたおかげです。映画に出演された本田文子氏には撮影当時の様子を教えていただきました。本田裕之氏、阿部英典氏、遠藤純子氏には、本宮の映画文化の継承に関する活動・メイキング映像・本宮小学校旧校舎・カナリヤ映画祭の資料等にかかわるたくさんのご教示をいただきました。本宮方式映画教室運動のなかで過ごした小学生の一人として、そして二度と悲惨な事故を繰り返すことのないように原発事故後の教育に責任をもつ一人として、関係者の皆様に心から御礼申し上げます。

註

1)「生命を原点とする教育」を検討する際には、編集・解説：住田和子（元・北海道教育大学教授）『復刻集成エレン・スワロウ・リチャーズ著作集』Collected Works of Ellen H. Swallow Richards（全5巻＋別冊解説、亀高学術出版賞受賞）及び住田和子氏の訳書『レイク・プラシッドに輝く星アメリカ最初の女性化学者エレン・リチャーズ』（著者：E.M. ダウティー、訳者：住田和子・鈴木哲也、ドメス出版、2014）の内容を踏まえました。
2)「生命を原点とする教育」や「基礎学習の前面に展開する総合学習」など、「原発事故後の

教育をどうするか」という問いにかかわる主な研究活動を以下に示しました。

年	月	学会発表等	研究活動
原発事故から現在までの主な研究活動			
2011（平成23）年3月 東日本大震災・東京電力福島第一原子力発電所事故			
2011年 平成23年	3月	学会発表	■第33回美術科教育学会・富山大会（富山大学） ○発表題目「IFEL（The Institute For Educational. Leadership）への眼差し―ものづくり教育の重要性、その認識を深めるための一路程として―」 ○発表者　佐藤昌彦（北海道教育大学教授、以下同じ）、宮脇 理（Independent Scholar、元・筑波大学大学院教授、以下同じ）
	12月	研究交流	■中国・上海 / 華東師範大学 ○美術教育研究交流会：宮脇 理、佐藤昌彦、齊藤暁子（岐阜県郡上市牛道小学校教諭）
2012年 平成24年	3月	学会発表	■第34回美術科教育学会・新潟大会（新潟大学） ○発表題目「第一次アメリカ教育使節団報告書（1946年）と IFEL 工作科教育との相関」 ○発表者　佐藤昌彦、宮脇 理
2013年 平成25年	3月	学会発表	■第35回美術教育学会・島根大会（島根大学） ○発表題目「ものづくりの責任（倫理）に関する研究 ―アイヌ民族の伝統的造形「口琴」の教材化を通して―」 ○発表者　佐藤昌彦、宮脇 理
	9月	教育視察	■中国 / 塩城、上海、義烏（イーウー） ○宮脇 理、佐藤昌彦、徐 英杰（筑波大学博士後期課程）
2014年 平成26年	3月	学会発表	■第36回美術科教育学会・奈良大会（奈良教育大学） ○発表題目「次世代『ものづくり教育の Curriculum 構想』への助走 ―中国・義烏塘李小学校における『剪紙（せんし / 切紙）』授業に関する考察から―」 ○発表者　佐藤昌彦、徐 英杰、宮脇 理
	9月	教育視察	■フィンランド（エスポー、ヴィヒティ、ヘルシンキ、ヒュヴィンカー） ○教育視察先：保育所・託児所、小学校、中学校、高等学校、大学、企業 ○宮脇 理、佐藤昌彦、宮澤豊宏（通訳、ガイド、フィンランド在住）
2015年 平成27年	2月	シンポジウムの企画・開催	■講演・シンポジウム「ホワイトテーブル in 札幌 2015」（全体テーマ：3D プリンターが登場する時代の造形美術教育） ○場所：北海道教育大学札幌駅前サテライト（札幌市） ○コメンテーター　宮脇 理
	3月	学会発表	■第37回美術科教育学会・上越大会（上越教育大学） ○発表題目：「『アーキビスト』考―フィンランドのアーツ・アンド・クラフツ教育を視て―」 ○発表者：宮脇 理、尾澤 勇（秋田公立美術大学教授）、佐藤昌彦

	9月	学会発表	■第54回大学美術教育学会・横浜大会（横浜国立大学） ○発表題目1「あらゆる『モノ』がインターネットにつながる『IoT（Internet of Things）』のイマ、再度、ものづくり教育を考える」 ○発表者：佐藤昌彦、宮脇 理
2016年 平成28年	3月	学会発表	■第38回美術科教育学会・大阪大会（大阪成蹊大学） ○発表題目「中学生にとっての成熟とは何か―ものづくりの責任の問題に関わって―」 ○発表者　佐藤昌彦、山口 翔（北海道教育大学附属札幌小・中学校特別支援学級教諭）、宮脇 理
	9月	シンポジウムの企画・開催	■講演・鼎談・シンポジウム「ホワイトテーブル in 札幌 final 2016」（全体テーマ：それぞれの場で「成熟」の課題を考えよう） ○場所：北海道教育大学札幌駅前サテライト（札幌市） ○鼎談題目：「ものづくり教育における伝統と責任―フィンランドに関わって―」 ○宮脇 理、尾澤 勇、佐藤昌彦
	9月	著書出版	■『アートエデュケーション思考―Dr.宮脇理88歳と並走する論考・エッセイ集―』学術研究出版 ○監修：宮脇 理（Independent Scholar、元・筑波大学大学院教授）、編著：佐藤昌彦、山木朝彦（鳴門教育大学教授）、伊藤文彦（静岡大学教授）、直江俊雄（筑波大学教授）、著者計45名
	9月	学会発表	■第55回大学美術教育学会・北海道大会（北海道教育大学札幌校） ○発表題目：「科学技術と芸術の連携」及び「国際共同研究ネットワークの構築」 ○発表者：佐藤昌彦、宮脇 理
2017年 平成29年	3月	学会発表	■第39回美術科教育学会・静岡大会（静岡県コンベンションアーツセンター） ○発表題目「チャールズ・A・ベネット著作の抄訳について―『HISTORY of MANUAL and INDUSTRIAL EDUCATION 1870 to 1917』を焦点化する―」 ○発表者：佐藤昌彦、宮脇 理
	4月	教育視察	■沖縄（沖縄科学技術大学院大学、北窯） ○宮脇 理、江川孝俊（グリーンリバー株式会社代表取締役）、山木朝彦（鳴門教育大学教授）、徐 英杰（筑波大学芸術系博士 特別研究員）、佐藤昌彦
	9月	学会発表	■大学美術教育学会・広島大会（広島大学） ○発表題目：「ロシア法/method とスロイド system―いま、何故チャールズ A・ベネット著作の抄訳を試み出版するのか？―」 ○発表者　佐藤昌彦、宮脇 理
2018年 平成30年	6月	教育視察	■イタリア/ミラノ、フィレンツェ、ローマ、ヴィンチ村 ○宮脇 理、江川孝俊、渡邊晃一（福島大学教授）、佐藤昌彦
	9月	著書出版	■『ものづくり教育再考―戦後（1945年以降）ものづくり教育の点描とチャールズ・A・ベネット著作の抄訳―』学術研究出版 ○著・抄訳：佐藤昌彦、解説：宮脇 理

	9月	研究発表	■「2018年度 美術科教育学会リサーチフォーラム in 福島」(サンライズ本宮・本宮映画劇場) ○全体テーマ:「映画文化の美術教育的レジリエンス〜映像メディア表現の力と可能性〜」 ○佐藤昌彦「本宮方式映画教室運動による映画『こころの山脈』の教育的意義と可能性」
2019年 令和1年	3月	学会発表	■第41回美術科教育学会・北海道大会(札幌大谷大学) ○発表題目「ダ・ヴィンチ"五千枚の手記"に視る『科学からアートへ・アートから科学へ』の構想世界」 ○発表者 佐藤昌彦、渡邊晃一、宮脇 理
	4月	教育視察	■中国/上海、義烏(再訪) ○宮脇 理(Independent Scholar、元・筑波大学大学院教授)、佐藤昌彦(北海道教育大学教授)、徐 英杰(中国・上海/華東師範大学美術学院専任講師)
2020年 令和2年	1月	著書出版	■『中国100均(100円ショップ)の里・義烏と古都・洛陽を訪ねて』学術研究出版 ○著者:宮脇 理、佐藤昌彦、徐 英杰、若林矢寿子(株式会社ボンテン代表取締役社長)
	3月	学会発表	■第42回美術科教育学会・千葉大会(千葉大学)/開催中止 ○発表予定題目:「『剪紙(せんし/切紙)』表現の成熟─中国・義烏塘李小学校再訪(2019年4月25日)にて─」 ○発表者 佐藤昌彦、徐 英杰、宮脇 理 ○新型コロナ・ウィルスの感染拡大に伴い、開催は中止となったが、「研究発表予稿集」に掲載された。
	12月	著書出版	■『民具・民芸からデザインの未来まで─教育の視点から』学術研究出版 ○企画・監修:宮脇 理、編集:畑山未央(東京お学芸大学大学院連合学校教育学研究科博士課程)、佐藤昌彦、特別企画・監修:山木朝彦、著者:計26名
2021年 令和3年	3月	著書出版	■『紙による造形』学術研究出版 ○著者 佐藤昌彦
	4月	宮脇文庫 の開設	■福島学院大学「宮脇文庫」の開設 ─教育の未来像を描くために─
2022年 令和4年	11月	著書出版	■『宮脇理の世界ミライへの造形教育思考─アーキビストの目線で視る─』(復刻集成)学術研究出版 ○監修・資料提供 宮脇 理、編集 佐藤昌彦、表紙絵・章扉絵 川邉耕一

(2023. 5. 1 現在)

3) 福島学院大学における学生作品展「あそびの国へ、ようこそ‼——遊ぶ、飾る、いろんな教材大集合」開催（2023年4月）の意図は下記のとおりです。

開催の意図

本作品展は、2011年3月の東日本大震災・原発事故後の教育や保育を考える取組のひとつとして開催いたします。

原発は人間がつくったものです。事故原因について、東京電力福島原子力発電所事故調査委員会『国会事故調報告書』（徳間書店、2012）には、直接的原因は地震・津波、根本的原因は生命を守るという責任感の欠如と記されました。原点（手づくり）から最先端（AIやIoTなど）まで、ものをつくる行為全体（原発も含む）へ眼差しを向けるとき、何を大切に考えて子どもの前に立てばいいのでしょうか。

本作品展では、生命を原点とする教育を重視し、その具現化の一環として、自然と対立するものづくりではなく自然と馴染むものづくりにかかわる教材を展示しました。人間は自然の一部であり、自然に支えられてこそ生きることができるからです。材料は自然の恵み・自然の生命と考え、自然に負担をかけないように、有り余るほどの材料ではなく、少ない材料で（必要とする分だけの材料で）多様な発想を生み出す創造体験を大切にしました。そうした創造体験の積み重ねは「生命に及ぼす影響に配慮し、よりよい生活環境（自然環境・人為的環境）を創造する人間の育成」につながるものと考えます。「原点は生命、最終的な課題は多様な現場での実践」とも言い表すことができるでしょう。

生命に及ぼす影響への配慮、これは教育や保育の未来像を描くための要（かなめ）です。忌憚のないご意見とご批判をいただけますようお願い申し上げます。

佐藤昌彦

■福島学院大学認定こども園の先生と子供たち

■作品展示の一部

映像作品を鑑賞する授業の提案
"Father and Daughter" の授業を通して

Proposal for a Lesson Plan for Movie Viewing —
"Father and Daughter" as an Example

上野 行一　岩佐 まゆみ　三木 盛顕　松永 登代子
Koichi, Ueno Mayumi, Iwasa Moriaki, Miki Toyoko, Matsunaga

１．基本的な考え方　（上野）

(1) 映像作品の意味生成的な鑑賞について

　2019 年 6 月、美術による学び研究会[1] 東北エリア大会 in 宮城の会場で一人の少女、守屋日向さんが登壇し、一編の作文を朗読した（図 1）。

　これは彼女が小学校 5 年生の時に執筆した作文で、キネマ旬報社が主催する映画感想文コンクール（2016）のグランプリを受賞している[2]。

　今年もまた、海へ行かなかった。最後に海へ行ったのは、私がまだ五才の時、保育園へ通っている頃だ。東日本大震災が起きてから、海が嫌いで、とてもこわい。

　ドリーの住む海の世界は、すごく美しく静かだ。ケルプフォレスト海藻の森は、私の住む宮城県の海とよく似ている。

　普段の生活を過ごしていると、私は、忘れてはいけない大切な事を、ドリーの様にすっかり忘れてしまう。そして思い出す事も少なくなってしまう。

　2011 年 3 月 11 日、東日本大震災が起きた。見たことのない大津波が来て、たくさんの人達を、海の中へと連れて行ってしまった。震災で海の中で迷子になって、まだ家へ帰れない人達が、宮城県だけでも千二百人もも、いる。東北全体では、二千五百人にもなり、この数はなかなか減らない。

　ドリーの両親が、もの忘れの激しいドリーのために、迷子になっても、ちゃんと家へ帰れる様に、貝がらをきれいに、ならべてくれる。震災で迷子になった人達も、一日でも早く、ドリーの様に家族の待つ家へ帰れる様に、道しるべの貝がらを見つけて欲しいと思う。そして私は、いつまでも震災の事を忘れず、声に出して伝えていこうと思う。

　映画を観た後、「海の中、すごくきれいだったね」と、お母さんに言った。すごくお母さんは、うれしそうだった。震災後から毎年新しい水着を準備してくれている。海に入るのは、まだこわいけれど、来年は、海へ行ってみたいと思った。

図1

どうしてこの作文がグランプリに選ばれたのだろうか。この作文のどこが優れているのかを考えてみよう。

　宮城県に住む日向さんは5歳の時に東日本大震災を経験する。この作文はディズニー映画《ファインディング・ドリー》(2016)の感想文だが、一読してお分かりのように、「この場面に感動しました」のような映画それ自体への言及や主人公へのオマージュなどで書かれたものではない。日向さんは映画のストーリーやドリーの行動を自分の経験と重ね合わせて咀嚼し、自分にとっての意味を生成している。

　現行の学習指導要領には、鑑賞は「自分の中に新しい意味や価値をつくりだす創造活動」[3] などと鑑賞が意味生成であることが示されている。創造活動としての鑑賞は、作者の意図を学んだり、表現に共感することに留まらず、自分との関係で新しい意味や価値をつくりだすことが大切なのであり、その点から見ても、日向さんの感想文はドリーへの思いと自分自身の生活や震災への思いとが往還した見事な鑑賞文ということができる。

(2) 対話による映像作品の意味生成的な鑑賞の授業について

　「自分の中に新しい意味や価値をつくりだす」という考え方は近年のものではない。戦後間もない昭和22年に告示された文部省の『学習指導要領図画工作編(試案)』にはすでに、鑑賞の指導について「批評しあう」「話しあう」「どこまでも自分の眼で見、自分の心で判断する」そして「感想を述べたり、討論したりする」などの文言が見える(図2)[4]。

　作品を判断するのは自分。作品の意味や解釈は教えられるものではなく、作品を見る人が創りだすものという考え方が根底にある。この基本的な考え方は現行の学習指導要領まで一貫している。

　そして「批評しあう」「話しあう」という学習方法は、現行の学習指導要領では対話的な活動と称され、「生徒一人一人が感じ取った作品のよさや美しさなどの価値を、生徒同士で発表し批評し合い、自分の気付かなかった作品のよさを発見する」活動であり、一層広く深く鑑賞するための方法であると示されている[5]。

　このような学習指導要領の考え方に基づいた鑑賞、換言すれば「絵画や映像作品等を観て感じたことや考えたことなどを発表し、批評し合う対話活動を通し

単元十一　工藝品及び美術品の鑑賞
（二）指導方法――児童の活動
　1．日常用いる工藝品などは，実際に使いながら，その美しさを比べる。
　2．学用品や教室の花びん，その他について，どれが美しいかを批評しあう。また，家庭で使っている茶わん・盆・さら・などを集めて，どれが，どんなに美しいかを話しあう。
　3．絵画や彫刻などの実物，または写眞や複製品を見て，その美しさを話しあう。
　　　　　　　　　　　　　　　　　　　　　第8章　第3学年の図画工作指導より
　2．美術工藝品や，美術品などで実物を見ることのできないものは，写眞や複製品により，その見どころを研究したり，作者の略傳や，名作についての物語を調べさせたりして，その作品を味わい，それについての感想を述べたり，討論したりする。
　　　　　　　　　　　　　　　　　　　　　第10章　第5学年の図画工作指導より
　3．その作品のできた背景となる時代の特色，作者の略傳・逸話・名作物語，等も調べ，またその作品のどこがよいかについて，これまで多くの人が称えていたことについて調べる。しかし，どこまでも自分の眼で見，自分の心で判断する。
　　　　　　　　　　　　　　　　　　　　　第11章　第6学年の図画工作指導より

図２

て、自分なりの意味や価値をつくりだしていく鑑賞方法」を、上野らと美術による学び研究会では「対話による意味生成的な美術鑑賞」[6]（以下、「対話による鑑賞」と略記）と名付け、その実践を推進している。

　いわゆる「対話型鑑賞」と称される方法の中には、「何が見えますか」とか「何が起こっていますか」などと決まった発問だけを行い、対話することが目的化したような実践も見られるが、「対話による鑑賞」はそれとは一線を画している。

　美術鑑賞が学校の教育実践として成立するためには、そこに教育的意義が認められ、教科の目標や内容と擦り合わされている必要がある。

　目標設定や作品選定は生徒の発達段階にも拠るが、仮に美術史との関連や作家の作風を学ぶことが目標となれば、その情報を鑑賞活動のどの段階でどのように提示するのかを考えて指導計画を立てなければならない。発問についても初発の問いこそ「何が見えますか」と拡散的思考を促し、幅広い視点から意見を募るとしても、授業目標に迫る収束的思考を促す２次発問や３次発問を考案し準備する必要がある。学習活動としての「対話による鑑賞」は「作品を見て楽しくオシャベリする鑑賞」とは似て非なるものなのである。

　学校の先生方は学習指導要領に沿って授業をされる。そのため鑑賞の授業は表現との関連で扱われることが多い[7]。教科教育としての鑑賞授業という点ではそれで良いが、筆者らは生涯にわたって美術と接し、愛好し、主体的に関わる市民

の育成を重視している。生徒が大人になったとき、美術館に行って自分の表現との関連で作品を鑑賞することは稀だろう。一市民としての鑑賞の在り方を考えた時、自分の生活や知識や経験との関わりで鑑賞し、自分として作品をどう解釈するかという鑑賞経験を青少年期に十分に与えることが大切ではないだろうか[8]。

　特にＺ世代と呼ばれる生徒たちは、生まれた時から膨大な画像や映像と接する生活空間で生きている。巧妙に編集された映像に安易に誘導されることなく、主体的に考え解釈し自分なりに意味を生成することが、自律した市民として求められる資質・能力であろう。現代社会において、映像作品の鑑賞は美術作品の鑑賞の中でも極めて重要であり必要な学習であると考えている。

(3) 現行の学習指導要領との関連

　以下、対話による映像作品の意味生成的な鑑賞についての基本的な考え方を、現行の学習指導要領に沿って説明し、共通性と拡充性を明らかにする。なお中学校学習指導要領では、「表現の可能性を広げるために…映像メディアの積極的な活用を図るようにする」などと表現の手段的に扱われており[9]、映像作品の鑑賞に関わる記述がないため、本稿では平成30年告示の『高等学校学習指導要領解説芸術編』(以下、『解説芸術編』と表記)」を踏まえて説明する[10]。

　まず「Ｂ鑑賞」について『解説芸術編』では「作品などからよさや美しさを<u>主体的に感じ取り、批評し合う</u>などして、<u>作者の心情や意図と創造的な表現の工夫</u>や美術の働き、美術文化について考え、見方や感じ方を深めることを重視し、鑑賞に関する資質・能力を育成することをねらいとしている(下線は筆者)」[11]と書かれている。

　『解説芸術編』で示されている「主体的に感じ取り、批評し合う」という学習方法と「作者の心情や意図と創造的な表現の工夫」という学習内容、そして「価値意識をもって討論や批評し合ったりする対話的な活動」[12]を重視する学習指導は、「対話による意味生成的な美術鑑賞」の理念に沿うものである。

　次に映像メディア表現の鑑賞について『解説芸術編』では、「映像メディア表現の特質や表現効果などを感じ取り、表現の背景にある作者の感動や夢、思いや願い、考え方や理論、イメージや世界観などの意図と創造的な表現の工夫などについて考える」[13]とされている。

　映像作品をテクストと捉えたとき、そこには解釈を誘う記号としての無数の映像が込められている。そうした映像記号のもたらす意味には作者が意図的に発信した意味と、一義的に意味を確定できないもの（観客が意味を生成するもの）とがある。前者は、観れば「感じ取れる」ものであり、そこから「表現の背景にある作者の……意図」を考えることになる。例えば《ミルドレッド・ピアース》(1945、日本未公開、2013 に DVD 発売) の導入シークエンスで、放心状態のまま桟橋から水面を見下ろすミルドレッド（ジョーン・クロフォード）が映る。水面が激しく揺れ、水が跳ねる様子からミルドレッドの揺れる思いを「感じ取る」ことは容易である。登場人物の内面の感情を伝えるメタファーとして揺れる水面が映されており [14]、それは「表現の背景にある作者の……意図」であると考えられる。

　一方後者は、ストーリーに直接関係のない場面や映ったモノ、過剰な場面の繰り返しや省略（あるべきはずのものの不在）、想像によって埋めるべき物語の空所 [15]、妙に引っかかるなぜか気になる部分（ロラン・バルトのいうサンス・オプチュ [16]）等に対して観衆が反応し、生み出す意味である。厄介なことは、必ずしもそれらが「表現の背景にある作者の……意図」に基づいての意味であるとは限らず、「ショットは常に、多様の意味をもっている表意文字」[17] という指摘もあるように、鑑賞者の多様な視点から生成された個人的、多義的な意味であることだ。

　『解説芸術編』では前者については明確に示されているが、後者については言及されていない。しかし、「クレショフ効果」[18] としてよく知られているように映像の意味生成には観客が主体的に参加しているわけで、映像作品の鑑賞には、作者が発信した意味を理解するだけでなく、観客が意味を生成するような鑑賞が自然発生的に起きている。

　したがって、「表現の背景にある作者の……意図」とは関係なくとも、生徒が感じた気になる細部の意味や奇妙な引っ掛かりの解釈を授業の中で宙吊りにしておくことはできない。

　美術の学習で育てるべき造形的な見方・考え方を「自分としての意味や価値をつくりだす」[19] ことであると措定するのであれば、鑑賞の授業は「表現の背景にある作者の……意図」を考えるだけに留まらず、作品の世界や物語と自分の知識や経験とを擦り合わせ、自分との関係性をもとに意味や価値をつくりだす、いわば自分事としての鑑賞に導くことが大切である。

映像作品の鑑賞授業のためには、作者の意図を理解するための、また生徒の主体的な解釈を誘うための記号として機能する仕草や表情、場面やモノ、それらのモンタージュ等を学習のポイントとして整理することが教材研究の課題である。

一方、未熟な鑑賞者には作者が意図して映し込んだ「感じ取れる」はずの場面ですら、見過ごされてしまうこともある。映像作品の鑑賞に慣れていない生徒にどのように「感じ取らせ」、そして考えさせるのか。これは指導方法、授業展開の課題である。教材研究については次の2章で、指導方法、授業展開については3章で提案し、高校や中学校における実際の授業場面については4章で報告する。

2. 教材研究 （上野）

(1) 教材選定の理由

《Father and Daughter》(2000、邦題：父と娘、旧題：岸辺のふたり) は、マイケル・デュドク・ドゥ・ヴィット監督による約8分強の短編アニメーション作品であり、第73回アカデミー賞短編アニメーション部門賞 (2001) を受賞するなど評価の高い作品である。

【あらすじ】

一人の女性が幼いときに父親と別れた岸辺へと自転車で向かう行為を続けるというシンプルな物語。

少女は岸辺に来るたびに成長しているが、いつも父と別れたときと同じように自転車に乗ってやってきて、川の向こうを見つめている。幼いころは一人で来たが、成長とともに友人や家族と通りすがるようになり、そして老いては再び一人で岸辺に向かうようになる。色調を抑えたシンプルな映像であり、音楽と鳥の声が聴こえてくるだけでセリフは全くない。季節は初春から始まり、夏、秋、冬を過ぎ、春へと戻っていく。ラストシーンでは、老女となった主人公が草原と化した川へ降りてゆき、父との再会を果たす、こういう物語だ。

この作品を鑑賞する授業を高知大学で約7年間、毎年100人程度の学生（主に1、2年生）を対象に行っていた[20]。毎度のことだが、最初に作品を見終わった時、学生には「なにこれ？」という表情が見られたり、「ああ、そういうオチね」と冷笑す

る学生がいたりする。

　日常的にテレビやネット動画の映像を表層的な面白さだけで鑑賞し、それ以上の深みへと思索することがないのだろう。映像を読み解く能力と態度が十分に備わっていない。

　鑑賞能力の貧困。これは美術教育が抱える長年の重要な課題だと考えている。文学作品の鑑賞指導と比較すると落差が大きいことに気がつく。国語科では小学校から高校までの 12 年間、文学作品を読解（鑑賞）する授業がある。小学校 4 年の国語教材『ごんぎつね』を例にとろう。ラストシーンで兵十が狐のごんを撃つ。

　「兵十は、火縄じゅうをばたりと取り落としました。青いけむりが、まだつつ口から細く出ていました。」[21]

　この情景描写を単に射撃のあとの場面と読み過ごしてはいけない。なぜ煙は「青い」のか、それが「細く出ている」という描写は何を語ろうとしているのか。「青い」「細い」という言葉の持つ本来の意味をもとにして、場面に即した新たな意味を作り出す学習（すなわちそれが鑑賞）を彼らは経験してきている。美術の授業として絵画や写真、とりわけ映像作品の鑑賞の経験をさせ、読み解く能力を身につけさせたいと思う。

　《Father and Daughter》はセリフがないからこそ、何が語られているかを映像のみを手掛かりにして自分で考えないといけない。また約 8 分という短編であるので、授業の中で繰り返し観ることができる。短く、しかも優れている。映像作品の鑑賞が未熟な学生に対するテクストとして最良の作品の一つであると考え、教材として選択した。

(2) 学習のポイント

　《Father and Daughter》の台本（絵コンテ）は公開されていない。そのため映像をストップモーションしながらシーンごとにショット割りを分析し、全体を全 123 ショットに分けて整理し、学習のポイントを抽出した。授業では①岸辺の意味と川の見つめ方の変化、②車輪（自転車）の意味、③自転車の追い越しとすれ違いの意味、の 3 点を扱う。

①岸辺の意味と川の見つめ方の変化

　主人公が川を見つめるシーンは 10 あるが、それぞれの違いや変化から心情

の変化を読み取らせることができる（図3）[22]。

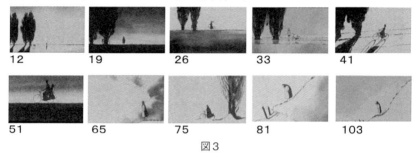

| 12 | 19 | 26 | 33 | 41 |

| 51 | 65 | 75 | 81 | 103 |

図3

②車輪（自転車）の意味

　《Father and Daughter》は父と娘の物語であるが、もう一つ、重要な役割を果たすのが自転車だ。全編を通して自転車が登場している。「自転車や車輪は何を意味しているのだろう」と発問して移動装置としての意味だけで見るのではなく、自転車に託された意味、とりわけラストの9つのショット（図4）の自転車の意味を考えさせたい。

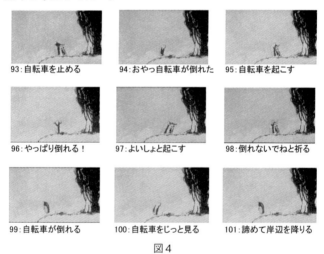

93：自転車を止める　　94：おやつ自転車が倒れた　　95：自転車を起こす

96：やっぱり倒れる！　　97：よいしょと起こす　　98：倒れないでねと祈る

99：自転車が倒れる　　100：自転車をじっと見る　　101：諦めて岸辺を降りる

図4

③自転車の追い越しとすれ違いの意味

　追い越しやすれ違いのシーンは9回ある。最初のシーンは、開始2分10秒頃に訪れる。風の強い日、岸辺に向かう少女の自転車が自転車を押して歩く人を追い越していくシーン（図5）だ。少女は「自転車を押して歩く老女」を追い

越したのだ。このことが何を意味しているかはすぐに察しがつくだろう。

　追い抜かれる老女は衣服こそ違うが、最後のシーンの老女であることは間違いない。ということは、最後にもう一度、同じようなシーンがあったのではないだろうか。そのシーンは確かにあった。それはまさに先ほどの年老いた主人公が自転車を押しながら岸辺へと向かうシーンであり、老女は向こうから自転車に乗って来た幼女とすれ違うのだ（図6）。

図5

図6

　しかも老女の頭上には自転車の車輪が回っている（図7）。一周回って元に戻る車輪。くるくると回転を何度でも繰り返す、輪廻転生、因果応報。あるいはそうやって人の人生が生き直され、繰り返されることによって成り立つものだというメッセージを感じてもよい。

　その他の追い越しやすれ違いのシーンを以下に整理しておく。

①前述

②（2：26）少女が岸辺から帰る時、先ほど追い抜いた自転車を押す老女とすれ違う。

③（2：35）雨上がりの日、主人公の少女が黒い服装の婦人の自転車を追い抜く。

④（3：03）思春期になった主人公が友達と4人でサイクリング中、婦人を追い抜く。

⑤（3：41）主人公は彼氏の自転車に二人乗り。シルエットの少女の自転車に追い抜かれる。主人公が追い抜かれるのはこのシーンが初めてである。

⑥（4：09）枯葉舞う日、結婚し子供ができた主人公が、子供を乗せた夫婦
　　2台の自転車で並走中、ゆっくりと走る思春期の娘の自転車とすれ違う。

⑦（4：42）雪が積もった日、婦人となった主人公が女性の自転車とすれ
　　違う。

⑧（4：56）雨上がりの日、すっかり中年女性となった主人公は長髪の若
　　い女性とすれ違う。

⑨前述

3. 授業仮説の提案／大学における実践　（上野）

教材研究を踏まえ、下記のように指導計画を作成し、授業実践を行なった。

【指導計画】(90分)
(1) 導入：作品を観る　初発の感想を訊く
(2) 作品を観る(2回目)　解釈①岸辺の意味と川の見つめ方の変化について考
　　える
(3) 解釈②車輪(自転車)の意味について考える
(4) 解釈③自転車の追い越しとすれ違いの意味について考える
(5) 作品を観る(3回目)　まとめの感想文を書く

(1) 導入

　まず映像を見せ感想を聞く。初発の感想では父がボートに乗ってどこかへ行
き、娘がその岸辺を訪れては川を見つめ、成長し齢を重ね…という物語のアウト
ラインを確認する。導入での授業の焦点は意外性のあるラストシーンの解釈で
ある。

　老女になった主人公がボートを見つけ、そこで横になる。起き上がった老女は
父の姿を見つけ駆け寄るが、そのとき老女は娘に戻っている。これは何を意味し
ているのか。ここで出てきた学生の意見を次のように分類した。

　a　おばあさんは寝ている間に夢を見た。夢の中で娘に戻っていて父と再会

する。

b　おばあさんはボートの中で亡くなった。死後の世界で父と再会した。

c　最後のシーンはすべて夢。おばあさんは岸辺には行っていない(亡くなっているかも)。

　なぜかというと、最後のシーンだけおばあさんは自転車に乗っていない。岸辺に向かうおばあさんの頭上には自転車の車輪だけが大きく象徴的に描かれている。

図7

　cの意見は図7を踏まえている。しかし、この意見については②車輪(自転車)の意味を考えないと議論できないので、導入段階では深入りしない。このショットは明確に車輪をある象徴として描いているわけだが、導入段階ではそこまで踏み込まず、まずは物語の共通理解に留めた。「お父さんはボートでどこかへ行って帰ってこなかったけど、最後に戻ってきてメデタシメデタシ」というような意見を持つ者もいる。映像に埋め込まれた仕掛けに気づかないとそのような表層的な見方で終わってしまう。

　導入鑑賞の時点で自転車の象徴性や季節の意味、岸辺へ向かうシチュエーションと心の変化などに気がついている学生は少ない。ましてや③自転車の追い越しとすれ違いの意味まで思い至る学生は極めて少ない。とはいえ①岸辺の意味と川の見つめ方の変化について考える緒ではあるので、ここでは「川や岸辺は何を意味しているんだろう」と授業を方向付ける発問を行う。そして先ほどの10のシーンからキャプチャーしたショットを見せる。

(学生)主人公は成長するにしたがって、川の見つめ方が軽いものになっています。これは特に友人と一緒に岸辺を通る(ショット41)、カップルで二人乗りで岸辺を通る(ショット51)の場面で感じます。ショット41では友人に「早く」と呼ばれるので、主人公は未練を残しながら岸辺から離れていく感じ。　ショット51では自転車に二人乗りで乗って通り過ぎる瞬間

にふと見つめる程度で、なんか恋人の方が大切になった感じ。

（学生）ショット65からまた自転車を降りて川を見つめて、ショット75からあとは一人で岸辺に来ている

すると学生の思考が働き始める。10のショットを比べて、幼い頃は自転車から降りて川の向こうを見つめていたが、その見方はショット41（図3内）から変化していることに気づく。

ショット65（図3内）は主人公が結婚し、子供ができ、子供たちを連れて岸辺に来たときのシーンだ。幼いときのように主人公は再び岸辺に降り立つ。そのときのようすがショット65。やや前のめりに川の向こうを眺めている主人公。今は母となり、岸辺で遊ぶ子供に幼いときの自分を重ね合わせたのかもしれない。季節が変わり、いまは冬。主人公は再び一人で岸辺を訪れるようになる。それがショット75、ショット81だ。この状況はショット画像を眺めるだけではよく分からないので、ていねいに観察し考えるように指示した。

この時、一人の学生が「子供がもう大きくなったから、また一人で来られるようになったと思います」と発言した。

ここで「揺さぶり」[23]の発問を仕掛けた。

（上野）でも、季節が変わるだけで、もう子供は大きくなった？

この発問でほとんどの学生は気がついた。この季節の移り変わりは1年ではなく、一生を表しているんだと。

（学生）先生、もう一度見せてください！

何かを見逃している。何か深い意味を。学生たちは本気モードになり、もう一度見たいとリクエストしてきた。

(2) 解釈

①岸辺の意味と川の見つめ方の変化の解釈

2回目の鑑賞のときは学生の目の色が違った。見終わると学生たちの顔に納得したような表情が浮かぶ。何かに気がついた学生がすかさず挙手した。

（学生）ショット65は、おそらくこの時点で主人公の年齢が父親に追いつい

> た、もしくは追い抜いてしまったんだと思います。このときまでまだ娘
> として父親を探していた主人公は、自分に子供ができ、自分が父と別
> れた時ぐらいの子供ができたので、それまでとは違う考え方を迫られ
> んだと思います。私の意見に過ぎないですが、父親の死を受け入れざ
> るを得なくなってしまったのではないだろうかと。それまでは、父の娘
> として生きてきた主人公が、精神的な意味で娘ではなくなった時点で、
> その事実を認めざるを得なくなったのではないかと思う。

　授業にはその授業の変節点となる意見が出ることがある。この授業の場合、
まさにこの発言が変節点となった。
　自転車に乗って岸辺に行き水面を見つめるという行為から、主人公の成長と
父に対する思いの変化が見えてくる、ということに学生たちは気づいた。
　主人公の年齢が父親に追いついたとき、それは結婚して子供ができ、その子
供がちょうど自分が父と別れたときの年齢に達したときでもあるのだが、これ
まで娘として父親を探していた主人公がそれまでとは違う考え方を迫られる
という読み取りは説得力がある。学生自身の親離れの時期とも重なって腑に落
ちるところがあったのだろう。

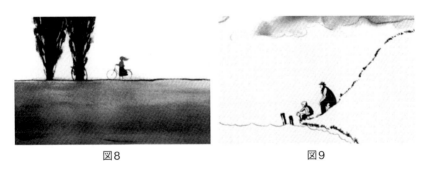

図8　　　　　　　　　　　　　　　　　図9

　少女のとき（図8）、主人公は父を恋しく思う気持ちだけで水面を見ている。
子を持つ親となったとき（図9）、主人公は父への思慕だけでなく、親の立場か
らも、娘と離れ一人で行ってしまった父の気持ちにも寄り添いながら水面を見
ている。その心情の変化に学生たちは気づいた。映像から心情を読み取る能力
は、こうした学習経験を通して育っていくのではないだろうか。

> （学生）それまでは、父の娘として生きてきた主人公が、精神的な意味で娘で
> はなくなった時点で、その事実を認めざるを得なくなったのではないか
> と思う。

　素晴らしい解釈だと思う。父は亡くなったというその事実を、子供のときは完全に認めることができなかった。「父は帰ってくる。きっとどこかで生きている」という思いが子供の心を支えていたのかもしれない。

②車輪（自転車）の解釈

図7（再掲）　ショット89

　宙吊りにしておいた発言cを検討する。

　c　最後のシーンはすべて夢。おばあさんは岸辺には行っていない（亡くなっているかも）。なぜかというと、最後のシーンだけおばあさんは自転車に乗っていない。岸辺に向かうおばあさんの頭上には自転車の車輪だけが大きく象徴的に描かれている。（図7）

　岸辺に停めた自転車は3度倒れる（図4）。老女は自転車を起こすが3度目には諦めて岸辺に降りる。振り返り、倒れた自転車をじっと見つめて岸辺に降りるショット100が印象的だ。これらの描写は何を意味しているのだろうか。おばあさんの頭上に描かれた自転車の車輪の意味に焦点化し、授業は次のように進んだ。

> （学生）私は自転車は命（人生）を表していると思います。自転車は前にしか進
> まない。それは人生も同じことだから。この物語では一人の女性の人
> 生をあらわしているので、その女性の命と自転車は同じ意味を持って
> いると考えました。
> （学生）自転車を起こすという行為は命に未練があるという暗示だと思う。そ
> れを起こそうとしているときは生に対する執着を表していると思いま
> す。でも最後には自転車を起こすことを諦めている。これは死を受け
> 入れて、生に対する執着を捨てた、つまり命を手放したということだと

> 　　　思います。
> （上野）自転車が起こせない、ということは死を受け入れたということ？
> （学生）そうです。自転車は命の象徴だから。
> （上野）最後に自転車の方を一回振り返っているね。このカットの意味は？
> （学生）未練…（笑）

　自転車を命と読み取る授業の流れに沿って、学生たちはこのようにおばあさんの命との関わりから車輪の意味を解釈した。

③自転車の追い越しとすれ違いの解釈

　少女は父が離れていった岸辺に生涯通い続けた。そこに向かう際、必ず主人公は他者を追い越したり追い抜かれたり、すれ違っていた。先述したようにシーン①から④までは主人公が 3 回他者を追い越している。⑤がターニングポイントとなり、その後 4 回は他者とすれ違うようになる。この意味について学生たちは様々に考えたが、その一部を鑑賞文より抜粋しておく。

> 　…(略)… 追い抜いたりする他者は少女が年を重ねるにしたがって、若返っていく。これについては主人公に残された寿命をあらわしているのではないか。…(略)… 他者は時間が経つに連れて自転車をこぐスピード、勢いが増していく。主人公が自転車をこぐ勢いを失っていくにしたがって、逆に他者はエネルギー（勢い）が増していった。そこで、主人公自体を生、その他者を死の象徴として考えた。年をとるにしたがって、生のエネルギーは減少していき、死は徐々に力をつけ近づいてくる。
>
> 　追いこしたり追い抜いたりするということはある意味で他者を無視している状態だと考える事ができるため、すれ違うという状態になったことが転機だと思われる。すれ違うという行為は顔を見合わせ、相手の存在を真正面から捉えるということであるため、主人公が死と向き合うようになり、また死が近づいてきたということを示しているのではないだろうか。
>
> 　しかし 1 場面だけ例外がある。それはカット 25 で少女が他者を追い抜くとき、その相手をチラッと振り返る場面である。それは父と別れて最初に他者を追いこした場面でもある。私は父が死んだところから物語は始まっていると考

えていたため、ある意味で最も幼い少女の時ではあったが、死という存在を無視できない状況にあったからではないか、と考えた。

(3) まとめの鑑賞文

最後に授業を振り返り、学生たちは鑑賞文を書く。上野は、授業における発言内容とこの鑑賞文によって学習評価を行う。作品を俯瞰し、自分の世界観（この作品の場合は生命観や人生観）と擦り合わせて解釈できているかが評価の観点である。その一部を紹介しよう。

最後のシーンでは、主人公は父親と再会を果たす。私たちにとって人との関係は出会いから始まり、別れでその関係を終えるが、この物語は別れから始まり、出会って終わる。しかし親子の関係は物語が語られる前から始まっており、また別れることで終わるものではない。最後に父と会えた奇跡は、娘が父を思い続けたように、父も娘を思い続けた結果起こったものだろう。そうでなければ、再び出会うことはできなかったのではないだろうか。この「岸辺のふたり」という作品は、主人公である娘だけの物語ではなく、親子ふたりの物語だと思う。

最初に作品を見せた時、「ああ、そういうオチね」と笑っていた学生もいた。90分の授業の終わりにもう一度見せると、明らかに反応が違った。もう彼は笑っていない。教室が静まり返っていた。映像を鑑賞する経験を通して、作品への深い理解や共感が生まれたのだろう。最前列の席で大粒の涙を流していた女子学生の表情を筆者は忘れることはないだろう。

4．授業実践　（岩佐、三木、松永）

(1) 高等学校美術科および高等学校普通科における実践　（岩佐）

①実践の特質

ここでは《Father and Daughter》の鑑賞について、主に大分県立芸術緑丘高等学校[24]美術科2年生（39名）における岩佐の実践例を紹介する。

本校は美術科と音楽科のみの公立高校であり、入学試験で美術の実技試験が実施されるため、生徒の美術に対する興味関心は高い。また、現行の高等学校

学習指導要領においては「鑑賞研究」や「美術史」が美術科の必履修科目となっている [25] ため、生徒は日頃より美術作品を鑑賞する機会には恵まれている。特に対象生徒は、週 1 回のペースで「対話による鑑賞」に取り組んでいたため、鑑賞の能力は高いことが推測される。

　本授業は上野が示した本章第 2 節 (2)「学習のポイント」①②③を基盤とし、以下の指導計画で構成、実践に取り組んだ。

【指導計画】(50 分)

(1)　導入：作品を鑑賞する　初見の感想を述べ合い、全体で情報共有する

(2)　展開 1：解釈①「岸辺の意味と川の見つめ方の変化」について考える

(3)　展開 2：解釈②「自転車 (車輪) の意味」について考える

(4)　展開 3：解釈③「自転車の追い越しとすれ違いの意味」について考える

(5)　展開 4：3 つの解釈を踏まえて作品を鑑賞する、他に気になったもの・場面について考える

(6)　まとめ：作品鑑賞文を書く、ふりかえりをする

---

②授業について

　導入時は、初見での物語の全体像や印象に残った場面等について、教室全体での「対話による鑑賞」を用いて生徒たちの率直な感想を情報共有する。ここでは、「動画を見て、印象に残った場面や気になったところがあれば教えて」や「この話の結末について、あなたはどのように考えた？　それはどうして？」と発問した。生徒から出てきた初発の感想は、例えば以下のようなものである。

---

(1)a　娘は若返って、父に会えた。娘は死んでしまった。川の中は死の世界。

(1)b　娘は船で死んだが、後半は全部夢の中の出来事。水がいきなり草原になっていたりして、映像が現実的でない。

　続いて展開 1 ～ 3 では、作品をより深く鑑賞していくために学習のポイントを焦点化し、解釈①②③に関わるショットをそれぞれまとめた参考資料を配布した上で「対話による鑑賞」を行った。

展開１では、配付資料を参照させながら「川とか岸辺って、意味があるのかな？」と発問し、①岸辺の意味と川の見つめ方の変化について考えさせる。ショットの見方がわからずに困っている生徒がいれば、「川の状態はどうなっている？」「川の状態の違いで、それぞれに何か意味はありそう？」と鑑賞を進めるための補助発問をした。生徒たちからは次のような解釈が出てきた。

---

(2) a　娘が川を見る位置がだんだん近づいている。川は「三途の川」を表していて、娘は死に近づいている気がする。

(2) b　始めはお父さんが消えた川の方を見ていたのに、友だちや彼と一緒のシーンではお父さんよりも他のことを意識していた時期があるのでは。

(2) c　友だちのあたりまではお父さんがいなくなった場所と少女が描かれ、その後は少女がメインで描かれている。

中には、「川の状態や天候が荒れていくのは、戦争を表現したものではないだろうか」と解釈する生徒もいた[26]。描写されている事実だけではなく、その裏に隠れている文脈や背景を創造的に鑑賞しようとする姿勢は、他の生徒にも見本として示したいものである。

図10

展開２では②車輪（自転車）の意味について考えさせる。このアニメーションで自転車が登場し続けていることは、生徒たちも気にしていた。そこで、「自転車の印象的なシーンを考えてみよう」と発問すると、雨降りの日の岸辺に父の自転車が描かれなくなったショット（図10）や、老女の自転車が倒れて起こせないショット93 〜 101（図4）を例に挙げてくることが多い。いずれのショットも生徒たちから上がってくれば、「お父さんの自転車が無くなったのと、おばあちゃんの自転車が倒れたのと、どんな意味がありそう？」と発問して考えさせた。

さらに、自転車を押す老女の頭上に回り続ける車輪が描かれるショット

（図 7）を見せ、「回り続けているこの車輪って、何だろうね？」と発問したところ、生徒からは、

> (3) a　車輪は回り続けているし、円だから、命じゃないけど、そういうニュアンスの何かがつながっている。時間も、父と娘の関係性も、そういうものを円にして意味するのかなと思った。

という重要な発言が出てきた。この発言を受けて、他の生徒からも

> (3) b　時計みたいだと思った。父の自転車が無くなった時も、お父さんの時計が止まったのかと思った。
> (3) c　おばあちゃんの最後のシーンも、自転車が倒れて時間が終わった感じで、おばあちゃんが死んだのかなって思った。

といった深い解釈につながる意見が次々に出てきた。

　自転車の意味をさらに深く解釈するために、展開 3 では③**自転車の追い越しとすれ違いの意味**について考えさせる。すれ違いや追い越しについては生徒たちも気になっていた様子で、その流れから「**自転車は、どの場面で追い越して、どの場面ですれ違っているの？**」「**そこにはどんな意味があるのだろう**」と発問する。

> (4) a　すれ違う相手がいつも女性。すれ違った相手にも主人公と同じような事が起こっていて、二人の姿が似ていると思った。
> (4) b　すれ違う相手がどんどん若返っている。始めは追い越していたけれど、追い越された。

　生徒のこうした解釈から、自転車のすれ違いや追い越しを様々な人の人生サイクルや輪廻と捉える生徒が見られた。ただし、この解釈③を深めるにはさらなる発問の工夫が必要だと感じた。

　他にも、解釈①②③以外の場面やショットに対して、深い意味がありそうだ

と考える生徒が出てくることも予想された。そうした生徒の多様な気付きを尊重する意味で組み込んだのが展開4である。

　ここでは、「他に気になったシーンはありますか?」「どうしてそこが気になったの?」「そこにはどんな意味があると思いましたか?」と発問した。

　生徒からは、次のような意見が上がってきた。

---

(5) a　お父さんが死ぬ前に雲が1個だけだったが、おばあさんが死ぬ前には雲がもう1個増えていた。雲は魂ではないだろうか。

(5) b　お父さんが向こうに行く時に鳥が1羽いて、主人公が結婚して子どもができた時にもちょっとずつ鳥が出てきて、最後の死を迎えた時に1羽の鳥が振り返る感じでいて、最後のシーンは黒い鳥が一斉に羽ばたいていく。鳥にも意味がありそう。

---

　(5) a も (5) b も雲や鳥をメタファーとして捉え、その意味を読み解こうとしている。授業で焦点化した学習ポイント以外でも生徒は多くの気付きや発見、解釈を共有し、協働的に物語の意味生成を行った。最後に作品鑑賞文を書いて生徒1人ひとりが鑑賞全体を振り返るまとめの時間を設定した。以下に、ある生徒の作品鑑賞文の例を示す。

　この作品を鑑賞して感じたのは、人生の輪廻や人間の老い、離別などの重い題材をアニメーションとして様々な場面に暗示することで、深掘りすればするほど理解が深まっていくということです。

　自転車を追い越していく人やすれ違う人は、追い越される人よりも若いというところが印象的でした。これは人間の老いを象徴的に表していると思います。おばあさんは自転車を押しながら歩いていますが、それでも自転車を手放さないところを見ると、このアニメで自転車はとても大事なキーワードであると考えます。主人公が自転車をぐらつかせながら岸辺に向かうシーンは、老いの始まりを繊細に表現していて、痛々しくも印象に残りました。若さの象徴である水分を失っていく川も、老いを表しているのだと思いました。遂に自転車に乗れなくなった主人公の後ろに回る車輪が登場しますが、円環な車輪と人

生のサイクルや輪廻がかけられていると思いました。自転車自身も人生を表していて、自転車に乗る人の分身であるような感じも受けました。

　もう1つ気になった点は、父と娘の離別についてです。父親の自転車は途中から無くなっているので、この時点で父親の人生は終わってしまったのかなと思いました。歳を重ねてゆくにつれて岸辺の丘を降りて近づいていく主人公の行為自体も、人生の経過や死へ近づくことを意味しているように思います。最後のシーンで主人公は一度船の中で眠り、父親に再会しますが、主人公も死んでしまったと考えると、その後別の世界で父親に会ったことで初めて主人公の人生の輪廻が完成するのではないかと考えます。エンドロールの後に登場する車輪は、人生について問いただしているように感じました。

　生徒の作品鑑賞文を読むと、ほとんどの生徒たちが作品における表現の工夫や意味の深さを実感していた。中には、授業後に10回以上作品を見直したという生徒もいた。この作品は、それくらいに深く探究してみたいと思わせる題材であったのだろう。

③高等学校普通科における授業について

　大分県立中津北高等学校普通科での実践では、展開1でもう一度動画を鑑賞する時間を加え、丁寧に発問しながら緑丘高美術科の2倍の時間をかけて鑑賞に取り組んだ。その理由は、「対話による鑑賞」に慣れていた緑丘高美術科の生徒とは異なり、中津北高普通科の生徒からは自発的な発言がなかなか出てこないことが予想されたからである。授業実践においては、動画初見後に全123ショットの画像を掲載した参考資料を提示したり、自分の考えを一旦ワークシート等に書き記した上で発言させたり等の緑丘高美術科の授業とは異なる指導方法の改善を行った。結果として、多くの感想や意見が引き出せた。

　二つの高校における生徒の意見傾向に概ね違いはないが、例として展開4での中津北高普通科生徒の発言を見てみよう。

(5) c　雲が小さくなっているところと川の水がだんだん無くなっていくのは、娘の寿命だと思った。

(5) d　全体的に、天気や季節が娘の気持ちを表しているのではないだろうか。

(5) c や (5) d のように緑丘高美術科の生徒と焦点は違うが雲や川の水量、天候・気候等をメタファーとして捉えてその意味を解釈する傾向は変わらない。しかし、個別に解釈はできているが、鑑賞文にまとめる段階で緑丘高美術科の生徒のようにさらに深く意味生成して、自分なりの見方・考え方を深めるところまでには至っていない。この違いを一般化することはできないが、岩佐が授業をした二つの高校に関しては、生徒が経験した鑑賞授業時数の差の現れではないかと考えられる。

また中津北高普通科では、状況に応じて適宜ペアやグループでの鑑賞活動を取り入れ、すべての生徒が主体的に鑑賞学習に取り組む事ができるように配慮した。

普通科では芸術4科目（音楽、美術、工芸、書道）の中から美術を選択した生徒を対象に行うことになるが、中学校までの学習環境の違いによる影響で、鑑賞学習履歴には個人差があると推測される。そのため高等学校入学後の早い段階で、予め「対話による鑑賞」の授業を経験させておく等の配慮が必要であると考える。

④考察

美術科、普通科いずれの授業も 30 ～ 40 人程度による一斉指導の中で実践したが、参考資料やワークシート等を準備し、生徒1人ひとりが思考を深める場面を設定したことによって、映像をショットごとに分析して丁寧に鑑賞する感覚を掴んでもらえたと考える。

ただし、本実践ではそれぞれのシークエンスやショットの意味を探究することに留まり、生徒自身が自らの生活や人生と関連づけながら創造的に鑑賞するところまではたどり着けていない。生徒一人ひとりが作品を創造的に鑑賞し、自分事として作品理解を深めていけるようにするためには、発問にさらなる工夫が必要であろう。また、紙媒体の参考資料を用いるだけでなく、授業展開に合わせて場面ごとに繰り返し映像を見直しさせることにより、映像そのものを鑑賞する力の育成につなげられると考える。

(2) 高等学校美術科における実践　（三木）

①実践の特質

兵庫県立明石高等学校 [27] は、兵庫県で唯一、美術科を設置している公立高等

学校である。三木の担当する「映像表現」は美術科の専門科目 [28] の中のひとつであり、2 年次のみの選択科目である。

　今回は上野の大学での実践 [29] を参考に、美術科高校 2 年生を対象に実践し、生徒にどのような活動が見られるか、また授業者としてどのような点に留意すべきか、検証することをひとつの目的として実施した。

【指導計画】（100 分）

(1) 作品を鑑賞し、内容について確認する

(2) 補助資料を活用し、作品のアウトラインを確認する

(3) 印象的な場面等について意見交換する

(4) 作品を鑑賞(2 回目)

(5) さらに気づいた点について意見交換する

(6) ふりかえりとまとめ

---

②授業について

　まず、《Father and Daughter》を事前情報を何も与えず鑑賞し、どのような作品であったかたずねた。意見を集約すると、概ね次のようなものであった。

娘が長い間、父の帰りを待っていて、最後には父が乗っていた舟が見つかって、娘さんも亡くなって彼岸に行く……

図11

　美術を専門に学び、映像表現を専攻する生徒だからか、初見にしては、なかなかよく観ているとは思うが、表面的な理解にとどまっていることは明らかである。

　次に、この作品のシーンごとに分析し、123 ショットをキャプチャしたパワーポイント画像 [30] を A4 用紙に 9 カットずつ並べたもの（図11）

を補助資料として配布した。

　作品の全体像を大まかに確認するため、資料を見ながら作品の中で重要だと思う場所やアイテムについて挙げてみる。

> 自転車　木や葉の描写が多い　川　舟　影　天候　鳥　自転車ですれ違う人や、並走したり追い越したりする人　二人乗りした時普通に通り過ぎた　途中で父の自転車がなくなった

　次に、娘が岸辺に行くシーンについて資料の中で確認し、それぞれのシーンの違いをたずねてみると、主人公の年齢やライフステージの変化、季節や天候の違いなどが挙げられたが、次のような発言が対話の中から出てきた。

> ・ショット91のところでチビッ子がシャーっと来てすれ違うシーンは何かあるよね。歳をとった娘と通り過ぎていく若い時代、みたいな。
> ・最初の方でも、年老いた人を抜かしたりしてなかった？
> ・ショット25のところだ。おばあさんを抜かしている。

　そこで、他にもそんなシーンがあるかたずねてみると、それぞれ資料を確認しながら、該当箇所を追っていった。

> ・ショット32は抜かしている。
> ・ショット50は抜かれている。
> ・子ども連れている時もなかった？ショット60で少年っぽい人とすれ違って。
> ・ショット73でもすれ違っている。

　生徒の対話の中から、学習のポイント③自転車の追い越しとすれ違いの意味について考えることに、自ずと注目していることが確認できる。

　さらに対話の方向を揺さぶる発問を挟み、①岸辺の意味と川の見つめ方の変化についての検討を促してみる。

（三木）それぞれ岸辺に向かう時の場面やアイテムがあるけど、その時の主人
　　　　公の心情やどういう状態で岸辺に向かっているのか聞いてみようかな。
・最初は待っている感じだけど、後半は思い出の場所に向かっている感じ。
・ショット65（図3）までは主人公の描写が後ろ姿だったけど、ここでは眺め
　ている表情が横からの視点で描かれている。
・大学生くらいの時、友達を待たせて、しばらく川を見てたでしょ。そこでもう
　帰ってこないと悟って、次が彼氏と一緒にいるシーンだから、その辺りが変
　化したところなのかな。その次から横からの描写になるし。

と、主人公の心情の変化だけでなく、その描写の違いにも着目している。

（三木）心情の変化とともに季節の変化も結構あるよね。これはただ単に季
　　　　節の変化を表しているのか、心情の変化とリンクしているのか、その
　　　　辺はどうでしょう？
・中学生くらいの時、嵐なのは思春期だから。
・ショット27で波の描写があったのが、中学生にして父の死を悟ったの
　かな？
・水面の描写も多い。
・ショット63で水面から鳥が飛び立つ。
・川の水が、最初は沢山あって、だんだん少なくなって、最終的には枯れるっ
　ていうのは、何を表しているのかな？

と、波や水面、川、鳥といったキーワードが挙げられた。その対話の流れから、
生徒の言葉を拾い上げ、川の存在や水量についてどう考えるか、鳥が出てくる
シーンを順番に確認し、鳥の意味をどう考えるか、と発問を重ねていくと、ど
んどん意見が出て、またその発言に触発され、資料の図版と記憶を頼りに連想
ゲームのように次々と発言が交わされていく。
　それぞれに作品の理解が深まってきたところで、再度作品を鑑賞することを
提案すると、全員が歓喜しモニターに視線を向けた。
　再度の作品鑑賞を終えると、自然と対話が始まる。

- ショット25で並走して追い抜かすシーンがあるけど、そのおばあちゃんだけ自転車を押しているんだよ。だから、年代が交差しているのかなって。
- 車輪も気になり始めた。ショット89とか車輪を残して映像が切り替わるシーンが、輪廻転生とか連想してしまう。

　生徒は②車輪（自転車）の意味を自分なりに解釈している。他にも印象的な場面の意味や解釈について対話が弾んで行く。授業者としては「相槌」を打ちつつ、揺さぶり発問を交え、対話が単なる「出し合い話」で終わらぬようファシリテートすることに注力した。

　結局、終了時間が迫ったために、特に結論めいたところに着地する前に対話を切り上げることとなったが、生徒同士の対話を通して作品の理解が深まったことは実感できたようで、授業後の生徒の感想からもそれは伺えた。

- 複数人で作品について語ることによって、自分が気付かなかった点が出てきたり、理解の違いがあったり、とても面白かった。
- いろんな解釈があって、みんな違う意見だけど、どれも面白いと思った。
- 他の人が感じたことを自分の中に取り入れられるのがよいと思った。自分の中で気付いていなかった表現にも、他の人の話によって意識することができた。
- 自分の考えたことについて、他の人に意見を述べてもらえるのは、自分自身の理解を深めることにもつながり、楽しく鑑賞することができた。

③考察

　選択者4人だけの少人数授業ということもあり、ざっくばらんに意見交換をする雰囲気はできている。映像作品を鑑賞し、自分なりの意見を述べるということに抵抗感もそれほど感じない。また、生徒は普段から映像作品やアニメーションに対する興味も高く、いろんな映像作品も目にしてきているようで、そういう意味でもなかなか視点が鋭い気がした。

　鑑賞後の作品解釈について、結果的に生徒同士の対話の中から自然と三つの学習ポイントに注目したのは、対話による協働的な学びのひとつの成果ではな

いかと考える。

　授業者はファシリテーターとして極力発言を抑え、対話の方向性についての交通整理をするよう心掛けたので、言葉の選び方や、斬り込むタイミングに注意した。こちらの意見を押し付ける感じにならないよう、彼らと対等の鑑賞者としての発言という感じで収めたつもりではあったが、所々で自分の意見を挟むようになった所もあり、そこは授業を進行する者の課題だと感じた。

　補助資料としてショットをキャプチャした画像を生徒一人ずつに配布したことで、作品全体を俯瞰して確認することができたり、話し合いの際、手元の資料で場面の構成を確認したり、メモを取りながら対話の方向性を共有することができた。生徒によって発言の多寡もあったが、発言の少ない生徒も、他の生徒の発言を聞きながら、資料をめくり該当のシーンを追いかけていたので、そういう形で対話に参加できていたように思う。

　補助資料を用いての対話は、予想していた以上にいろんな意見が出てきて、より深い鑑賞につながることが確認されたが、資料の上だけで考察を進めてしまっているのではないかと、危惧した場面もある。目の前にある作品に対峙し、自分の知識や経験と照らし合わせた上で、自分と作品との間に生じる「何か」を味わうことが鑑賞体験なのではないかと考える。教材はあくまでも授業としての仕掛けであることを念頭に置き、この対話による鑑賞体験が実生活につながることを願うばかりである。

(3) 中学校における実践　（松永）

①実践の特質

　ここでは《Father and Daughter》の鑑賞について、福岡県飯塚市立小中一貫校穂波東校における松永の実践例を紹介する。

　生徒はこれまでに、主に絵画作品において、「対話による鑑賞」を通して、観察力や思考力、美意識等を高め幅広く味わうことを経験してきている。8年時には、コマ割りアニメーションを制作しており、動画の特性を生かして表現する経験を持つ。また、国語科の授業において、美術の資料集の中から自分のお気に入りの一作を選んで鑑賞文を書く経験もしている。

　本題材で、作者の映像の工夫やキービジュアル、キャラクターの持つ奥深い

意味合いに気づき、作者の意図を探究することに留まらず、映像から自らの意味生成を行う鑑賞体験をすることは、中学卒業を目前に控え、美術を履修する機会がなくなる多くの生徒たちにとって意義深いと考える。

【指導計画】(150分)

(1) 作品を鑑賞し、物語の概要をつかむ

(2) 自転車やポルダーについて説明を聞く

(3) 作品を鑑賞(2回目)し、「気になることや疑問、もっと考えてみたいこと」をピックアップする

(4) 「気になることや疑問、もっと考えてみたいこと」についての意見交換を通して物語の意味を考える

(5) 作品を鑑賞(3回目)し、自分の考えをまとめる

---

②授業について

指導計画の(1)で「対話による鑑賞」を始めてみると、男の人が父で女の子が娘という理解すらできていない生徒がいる一方で、物語の概要を確信的に発言する生徒もあり、物語の概要の理解に大きな差があった。また、「父親と娘は死んだんですか」と質問があったので、「みんなはどう思う」と問い返すと、口々に死んだと思うと答えた。そして、その理由について問うと、「舟」と「死」の関係性について意見が出てきた。さらに、対話の終盤には、「父親が亡くなったことが分からんとかありえんやろ。毎日じっと待つとか」という発言に対し、「それはたとえで、それほど娘が父親を愛しとったって、ことやろ？」と物語の意味に肉薄する意見で窘められる場面もあった。そして最後に、物語の概要を「娘を置いて舟で海に出た父親が亡くなったことを知らず長い間待った娘があの世で父と再会した」「娘が死ぬ間際に見た走馬灯」と確認した。

指導計画の(3)で「何となく気になることや疑問、もっと考えてみたいこと」をピックアップさせ、(4)で「対話による鑑賞」を行い、これらが意図している意味について考えを深めていった。

まず初めに対話したのは、クラスの生徒の大半がピックアップしていた「(父親の)自転車がなくなった」シーン(図3、ショット33)である。対話の冒頭は

いつも突飛な意見を出す生徒の独壇場だった。「嵐で自転車がなくなったと見せかけて、実は娘が持って帰りました。……形見として持って帰ったとか考えられます」という彼の発言した「形見」の一言をとらえて、「このとき、父親が既に亡くなっているのか」を問うたところ、次の生徒 1 から生徒 4 のように、自転車がなくなった意味を父との物理的な別れだけでなく精神的な決別ととらえた生徒が出てきた。

（生徒 1）はい。このとき、お父さんは亡くなったと思います。

（生徒 2）「最後の場面だけ自転車が何回も倒れる」ことにも関係してるんですけど、自転車は人の寿命を表していると思うので、このときに父が亡くなったと思います。

（生徒 3）私は、父が亡くなったのは、自転車がなくなったときより、もっと早かったと思います。このとき、娘は父が帰ってくるのをあきらめたんじゃないかと思います。娘は、それまで一人で父と別れた道を通っていたんですけど、この自転車がなくなったあとは、友達とか恋人とか家族と一緒に通うからです。

（生徒 4）同じような意見なんですけど、このとき、娘は、父の死を受け入れたんだと思います。娘が、父から精神的に独立したんだと思います。

　次に、この対話の中で出てきた生徒 2 の「最後の場面だけ自転車が何度も倒れる」シーン（図 4、ショット 93 〜 101）について対話したところ、下記のような意見が出た。

（生徒 5）自転車は人生や寿命を表していると思うので、娘が死ぬことの暗示だと思いました。

（生徒 6）私は、娘が人生をあきらめた、娘の人生の終わりを表していると思いました。

（生徒 7）私は、今にも亡くなってしまいそうな娘の命の代わりに自転車が倒れたんじゃないかと思いました。

（生徒 8）私も同じように思いました。娘が最後にボートのところに行って父親に会えるまで自転車が娘の死を引きとめたと思いました。

松永は、教材研究を通して生徒5や生徒6と同様の考えしか持っておらず、過去の授業においても同様の意見しか出なかったが、今回、生徒7や8の意見を聞いて、「自転車＝人生、寿命」の構図から、自転車が人生や寿命の身代わりをするという解釈も成立することが分かった。「対話による鑑賞」を実施すると、このように生徒の感性の豊かさにしばしば驚かされる。

図12

　さらに、生徒8の意見は、この物語のラストシーン（図12）の父と娘の再会に繋がっており、この解釈の方が、作者の言う「物語のテーマの中で最も美しいテーマである『再会』のシーン」[31]が際立つように思う。また、この意見があったからこそ、この直後に対話した「父との再会のとき、幼女ではなく娘の姿なのはなぜだろう」について、授業の残り時間が気になって駆け足での対話になってしまったにもかかわらず、3人の生徒が次々に発言し、生徒10、11の「父親に最も見てほしい自分の姿に戻った」という意見に到達できたのだろう。

> （生徒9）父が死んだときの娘の姿。
> （生徒10）自分の成長した姿を見せたかった。
> （生徒11）自分の一番幸せな時を見せたかった。

③考察
　最後に、生徒の記録から生徒の変容について考察したいと思う。

生徒a	物語の概要	
	物語の意味	親は無くとも子は育つ
	授業の感想	今後、映画を観る参考になった。ふだんは観た後は観たまま終わるけれど、友達と話すことで新たな気付きがあったし、別の考えを聞くことによって、自分の考えを深めることができた。

　aは指導計画（1）の「対話による鑑賞」の導入時に「男の人が父で女の子が娘」という理解すらできていなかった生徒である。故に物語の概要は空欄になっているが、物語の意味は「親は無くとも子は育つ」と記述している。読者の中にはこれを本作の解釈としては、やや突飛に感じられる向きもあるかもしれないが、aは幼いころより曾祖母のもとで育ち、中学二年生の時に曾祖母も亡くなってしまうという過酷な家庭状況下でも賢くたくましく成長してきた生徒である[32]。その成育歴から、aが物語の意味を自分に引き付けて捉えたのではないかと考察できる。さらに、aは授業の感想で「今後、映画を観る参考になった」と書いている。正に、これが本題材の授業実践を通して生徒が身に付けてほしい学びに向かう力であった。aが近い将来、自ら観たい作品を選び、独自の感じ方で作品世界を楽しむ自由に気付くことを願う。

生徒b	物語の概要	離れ離れになった父と娘が天国で再会した話。
	物語の意味	家族の愛の力はものすごいものなんだよ。
	授業の感想	とっても楽しかった。またしたい、貴重な体験だった。

　bは、ある朝、松永に「（公開されたばかりの）映画『すずめの戸締まり』（2022）観ましたか？」と話しかけてきた。まだ観ていないと答えると、「先生と映画のことを話したいのに」と、残念そうに立ち去って行った。bが授業の感想で書いたことをさっそく実践しようとしたことを知り、授業が少しは役に立ったかなと思えた瞬間だった。

5．おわりに

　映像作品の鑑賞授業には未知なる領域が多い。表現授業のために映像テクニックを理解させることに留まった鑑賞などが未だに見られることもその証左である。絵画や立体作品の鑑賞と比べて鑑賞に要する時間が極めて大きいことも、対話による映像作品の鑑賞を躊躇させる要因であろう。

　文学作品の読解（鑑賞）授業の場合、その全文ではなく、学習目標に沿って切り取られた場面について読解を進めることが常套である。どの場面を用いるかは、授業仮説を立て、それに基づいた実践を通して検討していく。教材として選ばれた作品場面は、生徒に作品の読解（鑑賞）経験を効果的に促すものであり、授業の目的は作者の意図を知ることにではなく、読解（鑑賞）の資質・能力を育成する

ことにある。本稿では、映像作品の鑑賞の場合も文学作品の場合に倣って考え、《Father and Daughter》を教材として選定し、場面を切り取り三つの学習ポイントを設定し、授業仮説を立てて授業のフレームを作り、映像作品鑑賞の基礎体験としての授業を提案した。

《Father and Daughter》の中学校、高校、大学それぞれの実践を比べるとさまざまな共通点や留意点があることが分かる。

中学校の実践では、導入段階での物語の概要の理解に個人差が大きかった。また、導入段階から自転車を命や時間の比喩と捉えた生徒が複数いた反面、授業の終盤でも「年をとると物も古くなる」などと自転車を物質としてしか捉えられていない生徒もいた[33]。

大学生でも導入の時点では自転車の象徴性に気づいていない人が少なからずいる。これは鑑賞の授業全般にも言えることだが、目敏い生徒が鋭い意見を言っても、早い段階でそれを取り上げて深掘りすると、多くの生徒がついて来られなかったり、単に同調する状態に陥ってしまう。

とはいえ、自転車（車輪）が人生の象徴であるという解釈は中学生から高校生、大学生まで共通して意見が出てきており、父と娘の関係に寄り添うように描かれている自転車（車輪）の意味生成はこの授業では不可欠であろう。深掘りのタイミングを計りつつ、特に中学校では丁寧な授業進行を心がけたい。

父と娘の関係では、ショット65での「父の娘として生きてきた主人公が大人になり、精神的な意味で娘ではなくなった時に父の死を受け入れられた」という大学生の解釈は、場面は違うがショット33での「このとき娘は父の死を受け入れたんだと思います。娘が父から精神的に独立したんだと思います」という中学生の解釈と相似形を成している。留意しておきたいのは、「自分の成長した姿を父に見せたかった」という娘に同化した発言や、「親子の関係は別れることで終わるものではない」という発言は、作品を通して自分の父や親子の関係について語っているということである。

鑑賞という行為はただ作品について理解を深めるだけでなく、作品を鏡として自分を語ることでもある。とりわけ思春期から成人にかけての生徒にとって、この作品の鑑賞を通して親との関係に思いを巡らしたことは、美術の授業という枠を超えた貴重な時間でもあったのではないだろうか。

《注及び引用文献・WEB資料等》

1）「美術による学び研究会」は会員数約1400名の日本最大の民間美術教育団体であり美術教育学会である。https://www.art.gr.jp/

2）https://www.kinejun.com/eigakansoubun/2016/award.html

3）文部科学省『中学校学習指導要領（平成29年告示）解説　美術編』、2017、P.16

4）こうした鑑賞法の成立過程を教育学と美学の接点から捉え、集団的教授・対話型教授と受容美学の結合であると上野は論じている。美術による学び研究会東京大会『対話型鑑賞 75年を超えて』、東京オリンピック記念青少年総合センター、2023

5）文部科学省前掲書、P.103-105

6）詳細は上野行一、『私の中の自由な美術』、光村図書、2011 ならびに上野行一、『風神雷神はなぜ笑っているのか』、光村図書、2014 等を参照のこと。

7）小学校から高校までの学習指導要領には、表現を関連付けて指導するように鑑賞が位置付けられている。文化庁『文化審議会 第1期文化経済部会アート振興ワーキンググループ報告書』、2022、を参照のこと。https://www.bunka.go.jp/seisaku/bunkashingikai/bunka_keizai/art_working/03/01/pdf/93908801_04.pdf

8）上野と美術による学び研究会は、鑑賞教育の改善について「文化芸術推進基本計画（第2期）」の作成に向けての文化審議会文化政策部会や注7の会合等で提案してきている。

9）文部科学省『中学校学習指導要領（平成29年告示）解説　美術編』、2017、P.131

10）文部科学省、『高等学校学習指導要領（平成30年告示）解説　芸術編』、2018

11）同上、P.110

12）同上、P.125

13）同上、P.125

14）マイケル・ライアン、メリッサ・レノス、田畑暁生訳『Film Analysis 映画分析入門』、フィルムアート社、2014、p.149-150

15）W．イーザー、轡田収訳『行為としての読書』、岩波書店、1998、特にp.289を参照のこと。

16）内田樹、『映画の構造分析』、晶文社、2003、p.48

17）セルゲイ・エイゼンシュテイン、佐々木能理男訳『映画の弁証法』、角川文庫、1953 p.55 ショットとショットの組み合わせから観客に新しい意味を想起させる映画手法。

18）フランソワ・トリュフォー、山田宏一・蓮實重彦訳、『定本 映画術 ヒッチコック／トリュフォー（改訂版）』、晶文社、1990、p.239

19）これは学習指導要領の小学校図画工作編から中学校美術編、高等学校芸術編まで一貫して述べられている。

20）「美術による学び研究会メールマガジン」第130号（2016.12.11）および第133号（2017.1.1）の原文をもとにした。

21）令和2年版国語科教科書『国語　四下』新美南吉「ごんぎつね」、光村図書、2020、p.29

22）本稿における映画の静止画の引用については、著作権情報センター及び日本映画学会事務局より御助言をいただき、学会誌「映画研究」の論文規定に従った。

23）上野前掲書『風神雷神はなぜ笑っているのか』、pp.201-202

24) 美術科と音楽科のみの公立高校は、本校と東京都立総合芸術高等学校の2校のみである。

25) 高等学校学習指導要領（平成30年告示）p.459
https://www.mext.go.jp/content/20230120-mxt_kyoiku02-100002604_03.pdf

26) この生徒の「戦争」という発言は的外れではない。映画『ブラックブック』(2006)にも描かれているように、1940年のドイツのオランダ侵攻から逃れるために、ユダヤ系オランダ人は船で運河を越えてオランダを脱出しようとしたからである。

27) 兵庫県立明石高等学校は、普通科の他に昭和58年に兵庫県下で唯一の美術科を設置した。

28) 兵庫県立明石高等学校美術科では2年次に「日本画」「油彩画」「彫刻」「ビジュアルデザイン」「クラフトデザイン」などの科目の中から主専攻として1科目、副専攻として1科目、それぞれ異なった科目を選択して学ぶ。3年次では2年次に選択した2つの専門科目のうちいずれか1つを選び、更に深く学ぶ。専門科目の中で「水彩画」「映像表現」は2年次でのみ開講している科目である。

29) 注20) 参照。

30) 本稿では全ての画像を提示できないため、授業実践される場合は、美術による学び研究会公式アカウント art.manabiken@gmail.com にご相談ください。

31) マイケル・デュドク・ドュ・ヴィット、「高畑勲がマイケル監督と語る、アニメーションの源泉と文化『レッドタートル　ある島の物語』はどこから来たのか？」、ウォルト・ディズニー・ジャパン、2016、「レッドタートル ある島の物語／[Blu-ray] Disc1 に映像特典として収録。

32) 生育歴の公開についてはa本人の承諾を得ている。

33) 比喩を理解する能力は、ウィナーやガードナーの研究（例えば、E Winner, M Engel, H Gardner "Misunderstanding metaphor: what's the problem?" J Exp Child Psychol.1980 Aug;30 (1) :22-32.) が明らかにしたように、10歳ごろまでに発達するとされている。そのため「ごんぎつね」の文が暗示する意味を考える授業が小学4年生で実施されることも頷ける。しかし、松永の実践事例が示唆するように、映像表現における比喩（や象徴）の理解能力の発達は、言語表現のそれとは違うようにも思われる。発達心理学における今後の研究が期待されるところである。

（URL all retrieved at 2023.10.20）

フィルモグラフィ

Father and Daughter. Directed by Michaël Dudok de Wit. CinéTé Filmproduction Cloudrunner Ltd.2000.(『レッドタートル　ある島の物語／マイケル・デュドク・ドゥ・ヴィット作品集』、ウォルト・ディズニー・ジャパン株式会社、2017)

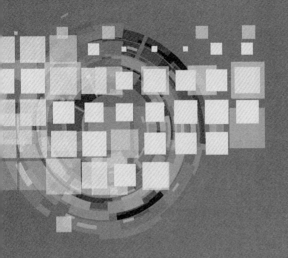

第 3 部

拡張する表現

美術教育におけるプログラミング教育の可能性：
インタラクティビティーと身体性に着目して

The Potential of Programming Education in Art Education:
Focusing on Interactivity and Physicality

井上 昌樹　茂木 一司

Masaki, Inoue Kazuji, Mogi

1. はじめに

　本稿は、小学校で必修化されたプログラミング教育 (2020年より実施) をきっかけとして、従来の形や色 (造形性) の美術教育に対して、考えること (思考) を重視したプログラミングを導入した美術教育の可能性について実践を通して考察する。それによって、遅れている日本の映像メディア美術教育の方向性を同時に検討したい。

　最初に研究の背景にある問題点について言及する。まず押さえる必要があるのは、日本の社会全体のデジタルシフトの遅れである。新型コロナウィルスの流行 (2020) によって、社会のデジタル化、オンライン化が急速に求められたが、一人一台のタブレット端末を配布する GIGA スクール構想 (2019) は機能せず、学校の ICT ／ネットワークのインフラの不十分さや指導教員の ICT スキル不足による混乱が露呈した。政府が描く「サイバー空間 (仮想空間) とフィジカル空間 (現実空間) を高度に融合させたシステムにより、経済発展と社会的課題の解決を両立する、人間中心の社会 (Society)」[1] という Sciety 5.0 の社会とは随分溝があるようだ。しかしながら、学校現場のデジタルシフトは待ったなしである。コロナ禍とは無関係に、不登校を含めた学校に来られない子どもに対するオンラインの授業の活用や対面との併用などは新たな問題として浮上する。日本のデジタルシフトの遅れの原因を紙面の関係もあり詳述できないが、「情報セキュリティやプライバシー漏えいへの不安」(52.2％) や「利用する人のリテラシー不足」(44.2％、総務省調査、2021)[2] が主原因としてされる。一般社会でも学校教育でも同様だが、ICT ／デジタル化への対応には高リテラシーから無関心まで、ディバイド (情報格差) が大きな要因となっている。

次に、図工美術教育と情報メディア教育の現状について考える。今までも美術教育がICT活用や情報メディア教育に積極的であったかというとそうではない。なぜなら、美術教育には絵画、彫刻、工芸などのものメディアと対話しながら学ぶ手づくりの良さを売りにし、その全体を情操や感性教育と捉えて教科の意味を主張してきたからであり、コンピュータ上のヴァーチャル空間だけで美術教育が完結するとは考えてこなかった。さらに、時間数や教員配置の削減などで縮小化する美術科教育には映像メディアを取り込む余裕はなく、関心の強い一部の教師の趣味程度に捉えられてきたことも否めない。これについて、筆者は2001年に現代アートが映像（作品）の時代に突入したこと、その一方で美術教師のスキル不足や消極性などが導入の阻害要因になっていること、情報活用能力を育てる美術教育の可能性について、メディア（教育方法）として美術教育へシフトすることやアナログ・デジタルを分けない美術教育の提案などについて言及した[3]。また、佐原理は驚き板やフリップブックなどの映像前史のツールやそれをテクノロジーによってデジタル作品にした岩井俊雄に注目し、映像メディア導入段階での「映像と身体をつなぐ」こと＝身体性を美術教育が重視してきたことを指摘する[4]。このようなことから、もはや美術教育はデジタル化を無視できず、アナログとデジタルを融合した美術教育について検討から実装の段階に移行しつつあることがわかる。

　その他、美術教育における映像メディア領域で扱うべき内容には、いわゆるビジュアルカルチャー美術教育と呼ばれる、マンガ・アニメやゲーム、音楽との融合などを中心にしたサブカルチャー、アンダーカルチャーのアートシーンとの接点も見逃せない。

　さて最後に、本稿が対象とするプログラミング教育と美術教育の関係の現状について触れたい。日本はICT分野、特にパソコンのOSをはじめとするコンピュータ・ソフトウェアの分野では根本的に後れを取ってきた。この分野に限らず、イノベーションを起こすためには、思考そのものを新しくすること以外にはない。情報活用応力育成の一環として導入された小学校のプログラミング教育（2020）は、いわゆるプログラミング的思考というアルゴリズム的な思考の育成を目的にして全教科に導入された。アルゴリズムとは特定の課題を解決したり、特定の目的を達成したりするための計算手順や処理手順のことで誰がやっても同じ答え

が出せることを意味するので、一見美術教育とは真逆のようにも感じるが、美術教育には一般の人たちが常日頃感じている根本的な問題点があり、美術教育の阻害要因になっていると感じる。それは、特に（自己）表現の場合であるが、「教師が作品を意味も説明しないでほめたり、けなしたりする」ことが象徴するように、（良くも悪くも）教科自体が主観的で感情的な側面を持っている。つまり、自分で表現した事実に対する説明を他者にできない場合があり、納得解になっていないことだ。美術教育はむしろこの言語化できないことを重視することで、他教科（学問）との差別化を図ってきたが、「わかる」プロセスを挟むことで自分なりの納得解を得ながら学ぶことは達成感を得ながら、美術学習ができるメリットがあるだろう。私たちはプログラミング教育を導入したときに現れる考え抜く美術教育の姿にこれからの方向性を見据えている。自由な発想・表現（芸術）とプログラミング（科学）の両極によってもたらされるのは両者がつくる矛盾した調和がつくる美（の発見や受容）の場なのではないか。それは、従来の形と色を重視する造形教育からつながるアナログ×デジタルのそれぞれの特徴を活かした新しいアートによる身体知の学びである。

2. 美術教育×プログラミング教育に関する私たちの先行研究について

(1) 感性と思考の融合

　筆者らはプログラミング教育が普及していない 2009 年に「アートとテクノロジーによって創造的思考力を育てるメディア教材の開発：ピコクリケット・ワークショップの実践を通して」（第 31 回美術科教育学会佐賀大会）という研究発表をした。情操や感性に偏った美術教育の現状を問い、思考過程を可視化するプログラミングの要素を取り入れた創造的表現による学び、感じ・考える美術教育の必要性を投げかけた。

　筆者らは、ピコクリケットというプログラミングツールを使い、身近な素材と組み合わせて自分の気持ちを表現するインタラクティブ・ファッションをつくるワークショップ「きもちこうかん機をつくろう」を実践した。ピコクリケットは米国 MIT メディアラボが開発した小型のコンピュータで、ビジュアルプログラミング言語（VPL：Visual Programming Language）を用いたプログラミング×造形体験を可能にするツールである。ワークショップでは、参加者が表したいイ

メージとそれをどう表すかの手続きやパラメーターなどを、モノとPCモニター、イメージと言語の往還を何度も繰り返しながら具現化していく。

　例えば、参加者Aはファシリテーターとの対話から着想したダンボール・ロボットをテーマに制作を行った（図1）。Aは具体的に、「全身がダンボールの体」「色を変化させながら光る目」「感情に合わせて回転するアンテナ」といった作品のイメージを構想した（図2）。実際にダンボール素材を使用して作品の側を作成

図1　全身でロボットを表現する参加者

し、そこにLEDやモーターなどピコクリケットの各種パーツを組み合わせていく。「光る目」にはLEDを使用したが、色味、光る順番、明るさ、タイミング、始まりと終わりのきっかけ、音の連動など、つくりながら表したいイメージを徐々に具体化し、コンピュータに送る指示も次第に詳細になっていった。イメージは一度で具現化できるわけではなく、必ず何かしらの誤差が出てくる。Aは、その微妙な誤差を感覚で捉え、具体的に何が違うのか、どう修正していったら良いかを、モニター上のプログラムを分析、修正し、改良したプログラムを再度実行していた。このプロセスを何度も繰り返すことで、Aの中のイメージは次第に具現化していった（図3）。

図2　ダンボール・ロボットの具体的アイデア　　図3　プログラム（言語）と手づくり（イメージ）の往還

　クリケット開発者のM. レズニックは、ツールの開発コンセプトとして学習者の創造的な学びのプロセスをスパイラルモデル（Creative Learning Spiral）で提示している。それは、Imagine（発想）、Create（創作）、Play（遊び）、Share（共有）、

Reflect（振り返り）、Imagine（発想）……という一連のプロセスのことで、このスパイラルを繰り返すことは創造的思考者（Creative Thinker）としての能力を高め、洗練させていく上で重要であるとしている[5]。このスパイラルを繰り返すために必要なこととして、客観的なフィードバックにより自身の達成状況を逐一把握することが挙げられる[6]。モニター上のプログラムは、学習者の思考が外在化されたものであり、学習者のメタ認知を促し、思考を深めていくためのメディアとして重要な役割を果たしている[7]（図4）。

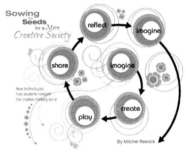

図4　M.レズニックの創造的学習スパイラルモデル

(2) メディアのインタラクティビティ

　プログラミングとアートをつなぐ重要なキーワードとしてインタラクティビティが挙げられる。インタラクティブという概念には、対話的、双方向的、相互作用的、などという意味があり、それぞれニュアンスがあるが、表現方法としてはどれにも該当する[8]。白井はメディア・アート作品のインタラクティビティに関して次のように説明している。「プログラムによって規定されるインタラクティヴィティには、きっかけとなる入力と、それに対する出力がある。その関係は基本的にプログラムの中に論理的に書き込まれているものであり、アルゴリズムに従って発動する。」[9]プログラミングを取り入れた表現の特徴として、「作品をどう動かすか」の出力の側面だけではなく、「どのように作品と関わるか」という入力の側面も含め、一連の関係性として捉えることが重要となる。また、白井は続けて、作品に関わる観客について次のように述べている。「このようにインタラクティヴィティとは、それを生み出すプログラムは非常に論理的なものであるにも関わらず、体験する側から見れば感覚的で身体的なものであるということができるものなのである。」[10]インタラクティブな作品は、鑑賞者のあらゆる感覚に訴えかけ、没入感を味わわせる身体的な経験をつくりだすことが多い。インタラクティビティに着目すると、プログラミング作品の表層で起こる身体的で感覚的な体験と、それを誘発する論理的な内部構造の二側面があることがわかる。筆者ら

はプログラミング×美術教育の題材開発として、インタラクティビティに着目した以下のような実践に取り組んだ。

①アナログとデジタルのインタラクション「インタラクティブ遊び環境デザインプロジェクト」

　筆者らは、大学生を対象に幼児向けのインタラクティブ遊び環境をデザインするプロジェクト型題材に取り組んだ[11]。プログラミングを通したメディアのインタラクティビティとそこで起こる学びをテーマとした授業実践である。当初は幼児(5-6歳児)がプログラミングすることを考えたが、1回のワークショップで実践することは難しいと考え、インタラクティブに遊ぶことのできる環境を、大学生がScratch(スクラッチ)[12]を使って構築することを課題とした。Scratchも基本的にはパソコン画面上の操作学習になってしまうので、それを避けるためにセンサー類と連携して身体的な学びに拡張することを考えた。学生は主にScratchのビデオ機能を使い、現実空間でのモーションや色を入力値として扱った様々な体験型作品を製作した。

図5　モーション・インタラクション作品

図6　色カードでキャラクター操作

　Aグループは、子どもが身体を動かし、画面上でイラストに触れ、消していく作品を製作した(図5)。時間内にどれだけイラストを消せるかを競う作品であり、体験した子どもたちは次第に身体を激しく動かすようになっていった。Bグループは、色カードをカメラにかざすことでキャラクターを操作する作品を製作(図6)。赤、黄、緑の3色それぞれで異なるアニメーションが流れるように設計した。CグループもBグループ同様に、色を入力値としたインタラクション作品を製作(図7)。作品には物語性を取り入れており、現実空間に隠したアイテムを子どもが探し、それをカメラにかざすことで次のストーリーへと展開する。

　事前にどれだけ綿密に組まれたプログラムであっても、現実空間の物理的要因を考慮した調整がその場で必要となった。特に今回は、アナログとデジタルのインタラクションを取り入れる課題で
あったため、カメラと被写体との距離や
空間の照度などに対して適宜対応しなけ
ればならなかった。物理的な環境のほか、
体験する子どもの動きや思考など、作品
の出力面だけでなく、入力に関わる様々
な要素についても検討する必要性がみら
れた。

図7　アイテムの色をカメラで読み取り

②計画性と即興性「インタラクティブ演劇ワークショップ」

　大学生を対象に、Scratch、MESH（メッシュ）[13]、Sphero（スフィロ）[14] の三つのプログラミングツールのインタラクションを取り入れた創作演劇ワークショップの実践[15]を試みた。学生はプログラミングの他に、物語、演技、台詞、演出、小道具製作など、協働で演劇作品をつくりあげていった。この課題では事前の綿密な計画性と、舞台上での柔軟な即興性をもとに、劇中でツールの機能をいかに調和させていくかが重要な視点となった。

　例えばAグループは台本をしっかりと作り込んだ上で、小道具にMESHセンサーを仕込み、登場人物の動きに連動させて効果音を鳴らしたり、Spheroのプログラムされた動きを物語展開の重要な要素にしたりと、作品全体を計画的に進めることを重視しいていた（図8）。一方Bグループは、物語の大まかな設定と展開だけを決めておき、劇中ではSpheroをリモート操作しながら即興的な対話劇を行なっていた（図9）。プログラミングツールのインタラクションを

図8　身体の動きに合わせた効果音

図9　手作りロボット（左）との即興的な対話劇

人間の動きに合わせようとすると、どうしても一瞬（0.1秒以下）の間が生まれてしまい、その間がどうしても不自然に感じられてしまう。いずれの発表スタイルであっても、発表時に学生自身がツールに合わせにいくことが求められ、学生はそのようなデジタルとアナログ双方のコミュニケーションの違いについて、体験的に実感するとともに、共存するための手立てについて試行錯誤していた。

また、授業を終えた学生からは以下のような感想が得られた。

> 機械に不慣れだからこそ、予期せぬ面白い表現が起きた時もあり、これはアナログの偶然から生まれた楽しさや美しさと似た感覚があった。今回行った演劇でも、機器を適当に操作することによって偶然生まれた表現が演劇の中に活かされ、面白さが含まれることにもつながったように思う。「習うより慣れろ」という言葉のように、教わることよりも自ら失敗や成功を経験することで学びの実感を得られやすい特徴をもった教材だと感じた。

デジタルを扱う際の「うまくいかなさ」は必ずしも否定的な失敗としてではなく、偶発的な面白さとしても捉えられ、演劇表現の中にも活かされていた。プログラミング×演劇の課題は欠けている身体性の導入を目的としたものだったが、演劇の総合表現性が多角的な視点でシナリオや造作の構想を拡張していた。最初のアイデアが使用するツールやオブジェによって変更される。つまり、（シナリオ通りではなく）「やりながら考えたり、修正できた」ことは、アナログとデジタルの自然な融合が起きていたことであり、「人とプログラミングが相互に作用する作品」（学生感想）になっていたということである。

(3) ロジカルにカオスと戯れる「音のイメージ」

プログラミングによる表現の特徴を取り入れた題材として、中学生を対象にScratchワークショップ「音のイメージ」を実践した（**図10**）。聞こえてきた環境音のイメージを、Scratchでヴィジュアル化する課題である。

プログラミングは単に効率や秩序のためだけにあるわけではない。コンピュータは時に、作者が意図しない、思いがけない美しさや驚かされるような結果を生み出すことがある（＝予測不可能性）。またプログラミングは、単純なアルゴリズ

ムからでも、有機的で複雑な結果を得られるツールでもある（＝創発的複雑性）。ロジックとエレクトロニクスを用い、有機性と機械性の間、カオスと秩序の間で、作者自身が予想もしなかった結果が生まれることに、プログラミングによる表現の魅力を見出すことができる[16]。

　Scratch のような VPL による映像表現でも上記のような視点を取り入れることができるか検討してみた。特に、初学者でも容易に扱える機能として Scratch の「見た目」「クローン」「乱数」のブロックに着目した。「見た目」はスプライトの大きさや色、形、透明度、表示/非表示など視覚的な要素に関するブロック群である。「クローン」は制御ブロックの一つで、特定のスプライトを瞬時に複製するだけでなく、複製の数やタイミングを設定したり、複製されたものを別のプログラムで制御したりすることも可能である。「乱数」は演算ブロックの一つで、指定した範囲の中でコンピュータにランダムに数値を決めさせることができる。これらを用いることで、単純なアルゴリズムであっても、全体として複雑で予測不可能な要素を含んだ抽象的なヴィジュアル・イメージを構築することができる。

図10　生徒作品「水の音」

図11　足音を録音

図12　インタラクティブな生徒作品

　小学校図画工作科高学年の教科書に「音のする絵」[17]という表現題材があるが、その作例にもあるように、音のイメージは抽象的になることが想定されるため、プログラミングによる表現の予測不可能性と創発的複雑性の視点が有効に働くと考えた。さらに、コンピュータのマルチメディア性も活用し、環境音を録音して映像の一部とすることも提案した（図11）。生徒の中には、音の大きさに合わせてインタラクティブに反応する映像作品を制作した生徒もいた（図12）。生徒からは「はじめは思うようにできなくても、慣れてくるといろいろなことができて楽しくなってきた」「プログラミングは使い方次第でいろいろなことを表現できることに気づいた」との感想が得られ、授業で経験したプログラミングとは異なる、

表現ツールとしての新しいアプローチと出会うことができていたようだった。

3．まとめにかえて

　図工美術科教育にプログラミング教育を導入する実践（実験）を繰り返し試みてきた。この学習の効果や印象について、対象になった学生は、「手先の器用さといった問題で図工・美術に苦手を抱いている児童生徒でも、表現活動に興味をもって取り組めるようになるかもしれない」という、図工美術科教育が描画や立体の造形力という技能主義から離れることのメリットを指摘することが多い。このことは筆者等が目指す「感じるだけでなく、考える（考え方を学ぶことの）図工美術科教育」に変更する可能性を感じさせる指摘である。しかし、まだプログラミングを急速に導入するにはためらいもあるようだ。それはプログラミング自体を知識・技能と捉えて、正解・不正解、もしくは、できる・できないにとらわれてしまうことや、そもそも扱う教師の熟達度が高くないと導入できないというデメリットを指摘することが多いことも事実である。しかしながら、美術教育が創造性教育であるというなら、単なる技術教育であるわけはなく、現代のアートがまさにそうであるように、社会の中で機能し、私たちの未来に希望を与えるものでなければならないはずだ。

　今回の事例には取り上げなかったが、2023年度の授業では試験的に「ヘボコン」[18]を扱ってみた。実践後、以下のような感想があった。

　私自身、とても楽しみながら授業に参加することができて、失敗を恐れずに思いついたらとにかく手を動かしてみる、行動を起こしてみるということを積極的に行うことができた。教育の場ではこれは子どもたちにとってとても大切な環境だと思う。先生に教わったことを実践するにとどまらず、子どもたち自身がやってみたいと感じたことを挑戦できる場を作っていきたいと感じた。そして、それを発表してもらう活動や考えさせる場面では、優れているかそうでないかで評価するのではなく、題材に応じて適した評価方法を考える必要があると思った。

　この活動のよさは、失敗を気にしないで挑戦ができることで、創造性が発揮できる、つまり限界を超えて行けることである。すなわち、失敗から学ぶことを超えて、失敗を楽しみ、それによって仲間を尊重し、コミュニティの関係を良好に

再構築できる学習になっているのである。

　最後に、コンピュータの導入は学習を個別化し、自分で自分の学びをつくることを可能にした、いわゆるアクティブ・ラーニングへのシフトを促す最初の動機となった。美術教育が真に目指すこところはいわば「教えない学び」をつくることではないか。プログラミングのツール（言語や道具類）は今まだ発展途上であり、どのツールを選び、何を学習させるかの決定打はないが、美術教育×プログラミング（テクノロジー）がルーツを同じくするサイエンスとアートを融合させ、その両極の在り方を意識させながら、創造的な身体知をつくろうとしていることは確かである。特に今回のヘボコンの取り組みは、テクノロジーが支配する現代社会を批判的にみることをアートによって実践できたことは有意義であった。美術教育としてテクノロジーと関わる経験は、スピードや経済優先社会への貢献ではなく、多様な人間が社会を形成することを自覚させ、それらを活かす学習とは何かを示唆するはずである。

註

1 ）内閣府　https://www8.cao.go.jp/cstp/society5_0/、2023.9.18
2 ）総務省(2021)「ウィズコロナにおけるデジタル活用の実態と利用者意識の変化に関する調査研究」https://www.soumu.go.jp/johotsusintokei/whitepaper/ja/r03/html/ne210000.html
3 ）茂木一司 (2001) コンピュータや情報通信ネットワークを利用した美術教育、『中等教育資料』no.782、pp.22-27.
4 ）佐原理、映像メディアによる美術教育、（神林恒道・ふじえみつる編、2018)『美術教育ハンドブック』三元社、pp.221-222.
5 ）ミッチェル・レズニック・村井裕実子・阿部和宏、酒匂寛 訳 (2018)『ライソロング・キンダーガーテン　創造的思考力を育む4つの原則』日経BP社
6 ）M.チクセントミハイ、浅川希洋志 監訳、須藤祐二・石村郁夫 訳 (2016)『クリエイティビティ—フロー体験と創造性の心理学』世界思想社
7 ）上田信行・古堅真彦 (1998) プログラミングを通した論理的思考の外在化の実験、『情報処理学会研究報告　コンピュータと教育 (CE)』pp. 49-56
8 ）美術手帖、ART WIKI、インタラクティビティ、https://bijutsutecho.com/artwiki/93、2023.10.26
9 ）白井雅人・森公一・砥綿正之・泊博雅 (2008)『メディアアートの教科書』フィルムアート社、p.47、ll.10-14
10）同、p.47、ll.21-24

11）井上昌樹・茂木一司 (2020)「美術教育専攻の学生がつくる幼児向けインタラクティブ遊び環境のデザイン」、日本STEM教育学会第3回年次大会（口頭発表）

12）米国MITメディアラボのM.レズニックのグループが開発したプログラミングツール。ブロック型のVPLで、映像作品を中心に、音楽、インタラクション、ロボティクスなど幅広い応用が可能。

13）Sonyが開発・展開しているプログラミングツール。ノード型のVPLで、あらゆるインタラクションを直感的につくり出すことができる。

14）球体型プログラミングロボット。プログラミング学習の段階に合わせて「ドライブ」「ドロー」「ブロック」「テキスト」の4種類の方法で動かすことができる。

15）井上昌樹・郡司明子・茂木一司 (2022)「図工美術教育でプログラミング学習は可能か－身体性に着目して－」、第44回美術家教育学会東京大会（口頭発表）

16）マット・ピアソン、久保田晃弘 監訳、沖啓介 訳 (2014)『[普及版] ジェネラティブ・アート Processingによる実践ガイド』BNN新社

17）令和2年度版小学校図画工作科教科書『見つめて広げて図画工作5・6下』日本文教出版、pp.20-21.

18）「ヘボコンとは、技術力の低い人のためのロボット相撲大会です。まともに動かない、できの悪いロボットばかりが集まり、おぼつかない足取りでなんとか戦います。私が知る限り世界で唯一の、ロボットを作る技術を持たない人が表彰されるロボットコンテストです。ヘボコンは2014年に、ヘボコンマスター・石川大樹が企画し、7月19日に日本の東京で第1回を開催しました。その年の文化庁メディア芸術祭の審査員推薦作品に選ばれたのをきっかけに各国のメディアに取り上げられ、いま世界中に広がろうとしています。」https://dailyportalz.jp/hebocon/whats (2023.12.5)

映像メディアは美術と社会をつなぐ架け橋
Visual Media Serves as Bridge between Art and Society

高橋 延昌

Nobumasa, Takahashi

1．はじめに
(1) 映像メディアとは

　改めて映像メディアの語意を考えると、映写機・スライド・テレビなどの装置を媒介として画像や文字を提示することであったり、新聞や出版（活字メディア）の対義語として映画やテレビなど映像を示したり、映像メディアは動画（ムービー）だという認識もみられる。文化庁のメディア芸術祭などではメディア芸術、メディアアートという類似語も扱われる。

　映像メディアの捉え方は様々あるが、拙稿では主に教育用語として映像メディアを扱うため、学習指導要領で「美術の表現の可能性を広げるために、写真・ビデオ・コンピュータ等の映像メディアの積極的な活用」[1] と示されているとおり、写真（デジタルカメラ）・ビデオ・コンピュータなどデジタル機器を活用した制作概念を映像メディアもしくは映像メディア表現としたい。さらに近年スマートフォンなど通信機器が一人1台の所有で、内蔵カメラでいつでも撮影出来ることや、各種アプリで画像処理も簡単に出来る現状を踏まえ、通信機器こそ最も身近な映像メディアのツールとなっているとも考えている。拙稿では通信機器を含めたデジタル機器による創作を映像メディア表現として扱う。

(2) 筆者の関わり

　筆者は県立短大のデザイン情報コースで、主にグラフィック分野を学ぶ学生に対して基礎から応用に至るデザインを教育研究しているが、一方で小中高校生を対象としたコンピュータグラフィックス（CG）や映像メディア表現に関するワークショップ、CGコンテストの審査をおこなう機会もある。そのような関わりから拙稿を述べるが、次節で先ずは筆者が関わった映像メディアの教育的事例を紹介する。

2．事例紹介

(1) 長時間露光によるライトアート

　図1のように、暗闇で被写体が光源（ペンライト等）を動かしシャッター速度を遅くして撮影すると、光跡が光の線となって映像記録される。筆者は造形の「点の線化」を教えることがきっかけで取り組んだが、シャッター速度を数秒間延ばすこと（撮影用語としては長時間露光）によって出来る。比較的古典的な手法であるが、どのような絵柄にするか事前に参加者が相談しながら決めるためチームワークも形成される。また、自ら体を動かすことによって創作の楽しみを体験できる教材としても効果的である。なお、実施にあたってはカメラを三脚で固定することや、光源をしっかりとカメラに向けてパフォーマンスすることが要となる。

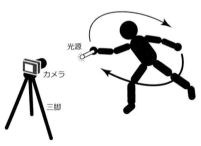

図1-2
暗闇で光源を動かしている被写体を、シャッター速度を遅くしたカメラで撮影した映像メディア表現（筆者の授業にて）

(2) 位置を工夫した撮影

　映像メディア表現の楽しさを簡単に実感する方法として、トリック写真を撮影するという目標は児童や生徒に興味関心を持たせやすい。カメラのセット位置（アングル）を工夫するだけで様々な面白いトリック写真が出来ることはよく知られている。

　例えば、図3はカメラを上下逆さまにして撮影しただけであるが、非日常的で不思議な映像となる。同様にカメラを横にしたり斜めにしたりした撮影も試してみるとよい。また、図4は遠近法を利用した撮影である。画面の奥に小さく映る人を、そして手前に手を大きく映すと、まるで巨人が小人に対して何かしているような映像になる。この場合、全ての被写体にピントが合うよう撮影することが要となる。

図3-4　カメラの位置を工夫して撮影した映像メディア表現(筆者モデル)

（3）ミニチュア撮影

　人は近くのものを見る時に（接写すると）被写体だけピントが合ってそれ以外はピントが合わない（ボケて見える）視覚特性がある。そういった特性を活かして撮影すると、普段見えている風景がミニチュアもしくはジオラマのような映像に見える。さらに撮影した静止画を繋げてアニメーション化するとミニチュアの世界観がより鮮明になる。筆者は「アートで広げる子どもの未来プロジェクト2022」（福島県主催）の一企画としてミニチュア撮影およびアニメーション作品にするワークショップを会津若松市立第二中学校で実施した（図5-6）。参加した生徒達は事前説明でよく分からなかったミニチュア撮影が、実際にやってみるとあっという間にその魅力に気づき夢中で取り組んでくれた。

図5-6　ミニチュア撮影のワークショップ（会津若松市立第二中学校　2022年12月）

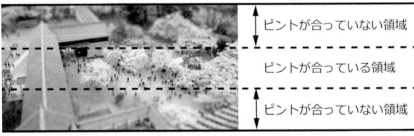

ピントが合っていない領域

ピントが合っている領域

ピントが合っていない領域

図7-8　ミニチュア撮影の例としくみ（筆者撮影）

(4) 影を活かした作品「メークシャドー」[2]

　筆者は陰影の造形要素を学ぶ教材として 2021 年から影を活かした作品にも取り組んでいる。例えば地上に接しているはずの被写体が影のシルエットを加えるだけで浮いているように見える現象である。こういった現象をあらわすために筆者は数理的な影処理モデルにもまとめている（図10）。トリック写真に見えるためには必ず原理を知らなければならないため、制作を通して数理的・科学的な知識も併せて学べるのではないかという考え、今後STEAM教育としても発展できる教材として模索中である。

図9　メークシャドーの作例(筆者モデル)

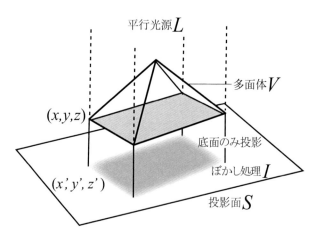

平行光源 L

多面体 V

(x, y, z)

底面のみ投影

ぼかし処理 I

(x', y', z')

投影面 S

x, y, z 各軸方向に t_x, t_y, t_z だけ移動させるので
アフィン変換は次のとおりに示される

$$\begin{bmatrix} x' \\ y' \\ z' \\ 1 \end{bmatrix} = \begin{bmatrix} 1 & 0 & 0 & t_x \\ 0 & 1 & 0 & t_y \\ 0 & 0 & 1 & t_z \\ 0 & 0 & 0 & 1 \end{bmatrix} \begin{bmatrix} x \\ y \\ z \\ 1 \end{bmatrix}$$

但し y 軸方向だけ移動させても充分である
$$t_x \fallingdotseq t_z \fallingdotseq 0$$

また ガウス分布を用いたぼかし処理 I を行う

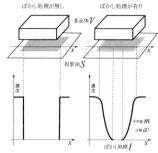

図10
曖昧なまま影を加えるのではなく、数理的に陰影をとらえるために筆者がまとめた影処理モデル[3]

　下図のように、影処理モデルに基づいて影を加えれば浮いているように見えため陰影のはたらきが一目で分かる教材として提案している。

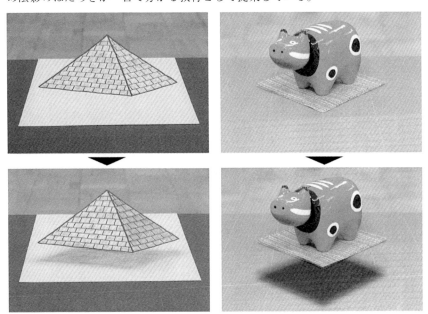

図11-12　影処理モデルに基づいて影を加えたイラストまたは写真 3)

(5) CGコンテスト

　筆者は 2019 年度から 2023 年度にかけて全国高等学校パソコンコンクール（パソコン甲子園、会津大学主催）の「いちまいの絵CG部門」最終審査や、2022 年度および 2023 年度の「FUKUSHIMA Next Creators Challenge」（福島県主催、図 13）の審査を務めている。このようなコンテストは中高生から大学生までの若いクリエイターの創造的な成長を促している福島県の良い取り組みである。

　コンテスト参加者のCG作品や制作環境をみると、基本無料で使用できるペイント系アプリ等と、パソコンやタブレット型端末を用いて描かれている現状が分かる。年配者の感覚だと先ず手描きから覚えていき、次に情報機器を活用するイメージであるのかもしれないが、若いクリエイターは最初の段階から情報機器を巧みに活用する。そのような情報機器の活用を前提とした描画になっている。

図13 「FUKUSHIMA Next Creators Challenge 2022」作品展示の様子
（会津若松会場　2022年11月）

3．写真を活用した映像メディア表現

　小学生の頃は図画工作を好きだった男子児童が、中学生や高校生になった時に絵画一辺倒の美術教科が苦手になるパターンは多いとも聞く。「絵心が無いと自覚した子どもは授業を退屈に感じたり、教科自体を嫌ってしまったりする」というような調査結果[4]もあるが、絵（大抵の場合イラストレーション）を上手に描かなければいけないと必要以上に気負ってしまい美術教科に苦手意識を持つ場合もあるかもしれない。

　そのため、あえて前節の事例では写真の活用を主に紹介した。絵が苦手だという生徒だとしても、写真撮影については抵抗を感じない場合が多く、簡単に彼らの苦手意識を払拭してくれる。筆者が実施したワークショップにおいても、最初は美術が苦手だと尻込みしていた男子生徒が写真撮影を主とした学びだと積極的に取り組んでくれた場面が多々あった。描くこともよりも撮ることの方が心理的障壁は低くなるのではないだろうか。表現もしくは鑑賞の入門として写真の活用を推奨したい。表現のみならず鑑賞のツールとしても映像メディア表現は適すると考えられる。

　また、一人１台ずつ用意されているタブレット端末機もしくはポータブル通信機器だとしても大抵の場合カメラが内蔵されていたり写真を一覧できる機能が標準装備されており、最新の機器であれば例え小さくても一眼レフカメラ並みに精細な画像を撮影することさえ出来る。既成の機能を授業で活かせないままでいたとしたら勿体ない気もする。

4. 授業スタイルの変化

(1) ネット接続が前提のツール

　映像メディア表現を実施するにあたって、専用の教材のみを使用することは現実的でなく、既製品を流用する場合が殆どである。教育現場においてタブレット型端末機を使用する場合は多いが、アプリのインストールやデータの共有は無線のネットワークを介しておこなうことが標準的である。

　さらにペイント系もしくは動画編集系のアプリでは、完成した作品をSNS（ソーシャル・ネットワーキング・サービス）にアップロードして共有化しやすくなっている。アプリによってはスタート画面に共有された他者の作品が前面に表示されている仕様もあり、ネットワークで外部の方と作品共有することは標準的な機能となっている。若い世代のクリエイターはSNS活用によるコミュニケーションに抵抗はないようである。

　つまり、今でもそうであるがこれからますます映像メディア表現を実施する場合、必然的にネット接続し、さらにSNSへと繋がるという潮流は避けられない。カリキュラムや指導案を設計する際、インターネットやSNSとの関わり方を抜きにして考えることはますます出来なくなるのではないだろうか。

(2) 従来型とネット型のギャップ

　図14のように、授業スタイルを大きく従来型とネット型に便宜上分類してみると、従来型の授業は、教室という一つの空間で教員から学習者（クラス集団）に対して指導する基本パターンであった。ツールをアナログで描く絵筆からデジタル機器に変えただけのことでは根本的にスタイルは変わらない。

　しかし、今後様々な授業がネット型に移行すると、教員と学習者との関係性は大きく変化すると容易に予想される。筆者の経験的な話になるが、現状でもデジタル機器の操作等はネットを介して多く知り得て、教員より児童生徒の方が情報を知っているという逆転現象を見ることさえある。また、積極的に取り組み、自分の作品をSNSにアップロードして、不特定多数の方に評価してもらっている事例も見受けられる。匿名であるがゆえに場合によっては辛辣な意見が投稿される場合もあるようだが、他者からの評価を自ら意識して次の創作に活かすケースも多い。

(3) 主体的に学ぶきっかけ

　SNS につながった制作環境で、やる気のある学習者は動画投稿サイトから自主的に学び、さらに自己作品を SNS に投稿することによって閲覧者と対話しながら自己研鑽しているようなやりとりを垣間見ると、学習指導要領で述べられている「主体的・対話的で深い学び」が図らずも成立するきっかけになっていると思える。

　一つの教室で教員から教わらなくても、インターネットや SNS を介して学ぶスタイルに変貌しつつある。従来型のアナログ制作でも自発的な発表の場や機会はあったが、ネット型・デジタル機器の場合は外の世界との交流が容易になる。とくに新型コロナウイルス感染症（COVID-19）が猛威を振るった 2020 年頃から遠隔授業が広くおこなわれるようになり、ネット接続された環境での学習に多くの人は抵抗がなくなった。

　このような変化の途上において、教員には一方的な知識の教授というより学習者の主体的な学びを正しい方向へ導く役割がより強く求められ、さらに世界的な潮流を踏まえた倫理および知的財産権といった分野も教材に多く関わると思われる。しかしながら、これまでの教員養成課程ではその変化に充分対応できていないのかもしれない。

(4) 課題

　前述したとおり、授業スタイルは現在ネット型に移行しつつあるのだが、現場では運用が容易でない場合もみられる。高校生であればスマートフォンなど通信機器をほぼ全員が所有している[5]のにもかかわらず、授業では禁止されている場合が多い。授業用としてノートパソコンやタブレット型情報端末を別途購入させていたとしても、実際活用している内容はスマートフォンで充分出来るようなことばかりで、なぜ元々個人が所有している（扱い慣れている）機器を活用できないのか個人的に疑問である。他にもせっかく無線接続できる周辺機器があったとしても接続せず活用していない事例も見受けられる。

　また、例えばある市立学校ではタブレット型端末は一人１台用意されてあったが、学内ネットワークのセキュリティが厳しく制限され、クラウド型サーバはもちろん電子メールさえ使えない現状であった（2021 年度当時）。高機能な内蔵カメラで撮影しても肝心の画像ファイルをクラス内で共有することが出来ず筆者は困惑した。

　教育環境を整備する際、個々の端末機について導入することはしっかり計画されていたとしても、デジタル機器がネットワークで繋がる「IoT（Internet of Things）」の概念にまだ対応が出来ていない現状であるのかもしれない。

従来型の授業イメージ

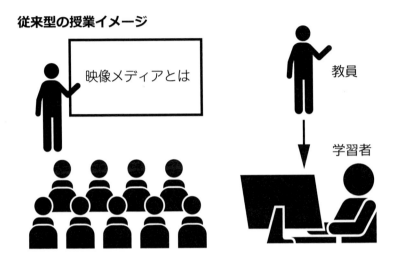

ネット型の授業イメージ

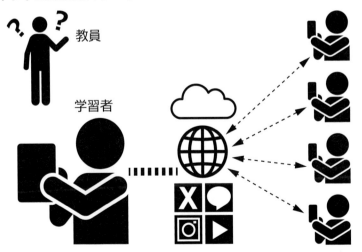

図14　授業スタイルが変化しつつあるイメージ

5. まとめ

(1) 映像メディア表現導入の想い

　周知のとおり映像メディア表現は平成10年改訂の学習指導要領から導入されたが、筆者は映像メディア表現について調査[6]していた際、そもそも映像メディア表現がなぜ学習指導要領に導入されたのか経緯を知りたく、導入当時文部科学省初等中等教育局視学官だった遠藤友麗氏に電子メールで直接取材をおこなった。2007年4月17日に遠藤氏から頂いた回答を次のとおり抜粋する。

　「ご質問の件。平成10年の改訂の際、私の一存の考えで映像メディア表現（メディアアート）を学習指導要領に入れました、これは将来の社会を予測したときメディアによる表現力がきっと必須になる（国語の文字書きと同様の重要な情報伝達メディア表現として）と考えて入れた物です。しかし美術の先生の中でメディアアートができる先生がほとんどいないことも予測してのことです。しかし私はメディアが重要な意思伝達と芸術の手段になると確信して入れたのです。また漫画表現も入れました。漫画は文部科学省内でたくさんの反対が出ましたが私は『今後世界をつなぐ重要な言語になる』と考えで断固入れたのです。若い先生方の中にはメディア表現や漫画表現を指導して頂ける先生が全国あちこちに出てきています。将来を見込んでいれたのです。【中略】美術の教科で色や形を勉強させそれを使って世界に伝わり胸中理解できる『性愛言語としてのメディア表現』を美術のもう一つの中核にと考えて入れた物です【中略】伝統は伝統で大事。でも『進取』も大事。油絵だって古代にはなかった。現代アートも中世にはなかった。常に伝統的な処方と、進取の創造的試みは双方とも重要視されるべき。メディアを使った表現をすればするほど『自分の感性と技を使った自分だけしかできない手法』の大切さに気づきます。また、世界をつなぐグローバル言語がメディア表現です。国語は日本以外に伝わりません。これからは『世界言語』となるのがメディア表現です。今後世界の意思疎通はメディア表現や漫画での表現を除いては実現できません。そういうことで指導要領に入れたのです【後略】」

　遠藤氏の考えは正に時代を読んだものであって、筆者なりに換言すれば「グローバルな視点で、ノンバーバルコミュニケーション（非言語による伝達）を目指すた

め映像メディア表現を導入した」ということではないだろうか。実際、例えば日本発の漫画やアニメは世界で活躍して言語の壁を越えているが、これからの時代は様々なものがグローバルに動いていくと個人的に思う。そして、言語の壁を越えてコミュニケーションを図れる特性は芸術分野ならではのことであろう。

　映像メディア表現を導入した当時はインターネットという概念があまり一般的で無かったのかもしれないが、国境を越えるグローバルな見識の重要性は今でも変わらない。

(2) 美術と社会をつなぐ架け橋

　どちらかといえば内向的になりがちな美術という教科のイメージもあるが、新しいこれからの映像メディア表現については、単に手で描く絵筆がデジタル機器に変わったという考えではなく、図らずも大きな外の世界と繋がるツールになったと思えば、まさに映像メディアは美術と社会をつなぐ架け橋なのではないだろうか。

　また、学習指導要領解説の前書きで「子供たちに求められる資質・能力とは何かを社会と共有し、連携する社会に開かれた教育課程を重視すること」[7] と記載されているが、映像メディア表現はツールやネットワークシステムを介して必然的に社会と繋がる。将来にわたって映像メディアは開かれた社会と繋がり共有できる可能性を秘めている教育ツールだと期待しつつ、拙稿は終える。

謝辞

　2007 年当時、筆者は遠藤友麗氏になぜ学習指導要領に「映像メディア表現」を導入したのか経緯を尋ねるため電子メールで取材したが、先進的かつグローバルな視点で導入された当事者の想いを伺うことが出来て大変感銘した。遠藤氏と対面取材が出来なかったことは今非常に悔やまれるが、拙稿をもって御礼申し上げる。

注

1)『中学校学習指導要領(平成 29 年告示)』、文部科学省、2017,p.112
2) 髙橋延昌、「MakeShadow(メークシャドー)」登録商標第 6530408 号、特許庁、2022

3) 高橋延昌、「Shadow Processing Model Development by Parallel Light Source for Basic Design Education Method ″MakeShadow″ Practical」、アジア基礎造形連合学会2023札幌大会、2023、pp.295-298

4) 「ベネッセ教育情報」、ベネッセ教育総合研究所、
https://benesse.jp/kyouiku/201202/20120209-1.html（2023年9月22日アクセス）

5) 「家庭における青少年の携帯電話・スマートフォン等の利用等に関する調査」、東京都、
https://www.metro.tokyo.lg.jp/tosei/hodohappyo/press/2020/04/06/02.html（2023年9月22日アクセス）

6) 高橋延昌、「中学校及び高等学校における映像メディア表現に関する教育の在り方」研究成果報告書、財団法人福島県学術教育振興財団平成18年度助成対象事業、2007

7) 『中学校学習指導要領（平成29年告示）解説』、文部科学省、2017、p.2

課題発見と課題解決をつなぐ映像制作 ~ビデオプロトタイピングを通じた教育

A Design Study of Video Production That Connects Problem Finding and Solving:
The Educational Practice Using Video Prototyping

池側 隆之
Takayuki, Ikegawa

1. はじめに

スマートフォンなどを通じた映像によるコミュニケーションが一般化する中で、誰しもが膨大な情報の受け手でありながら、同時にメッセージの送り手になり得る現状がある。そんな中、今日の映像を巡る動向で忘れてはならないのは「送り手から受け手へ」の一方向的なものだけではなく、「送り手から送り手自身へ」あるいは「協働作業者同士に」方向づけられ、創造的活動のサイクルを駆動させる映像コミュニケーションが存在することである。前者はコンテンツを志向し、後者はプロセスを志向する映像と換言できる。そこで本稿ではまず映像の本質の一つと言える記録性に焦点を当て、それと創造性の関係を議論の前提として整理する。そして今日拡がりを見せる「デザイン」の概念を紹介しつつ、デザイン学領域との関係の中から映像が担う記録と創造の関係性に着目する。最後に「ビデオプロトタイピング」という手法を取り上げ、社会課題の発見と解決への道筋を一つの繋がりで捉え得る映像の価値を、特に高等教育における実践手法として紹介する。

なお本稿は全体でひとつの論考を構成しているが、前半のコンテンツ志向とプロセス志向の映像の関係性をまとめた歴史・理論篇（2~4）、後半のコンテンツ志向とプロセス志向の融合を計るビデオプロトタイピング実践篇（5）をそれぞれ単独でも読み進められるように工夫している。関心に応じて選択して頂ければ幸いである。

2. 記録と創造を架橋する映像〜過去と現在

(1) 記録と創造の関係性

　リュミエール兄弟によるシネマトグラフの上映（1895年）が動く映像を集団的コミュニケーションの手段として用いた出発点とされている。周知の通り、この当時の映像は、その本質的な機能として持つ記録の役割を果たした。すなわち現実の一場面を映像によって複写・再現することである。しかし、前時代から展開されてきた他のエンタテインメントの要素、例えば演劇などのスタイルが、まだこの技術の利用方法が固定化されていない「可能的様態」におけるひとつの機能として組み込まれることで、映像は忘我の装置として興業的な価値を20世紀に大きく帯びることとなる。当初は演劇の幕や場の切り換えに相当するものがそのままカット割りとなったが、エイゼンシュテインの『戦艦ポチョムキン』（1925年）で示されたモンタージュ技法は異なったカットの組み合わせによって生み出されるイメージによって強力なメッセージを観客に提示することに成功し、やがてその技法はプロパガンダやドキュメンタリーに欠くことができない手法として発展する。実空間に存在する事物を映像が記録し、それに構造を与えることで送り手の観念を伝達できる創造的なコミュニケーション手段が確立されたことになる。英国で1930年代におこったドキュメンタリー運動を牽引したジョン・グリアスン（John Grierson）[1]はこのような映像利用を「アクチュアリティの創造的処理（The creative treatment of actuality）」と呼んでいる。20世紀には国家や公的機関、また企業が大衆に届けたいメッセージを伝達する術としてこのドキュメンタリーに注目し数多くの作品が制作された。その一方で高度成長期には社会派と呼ばれるような権力に抗う側がそのメッセージを発信する手段としてもドキュメンタリーは重要な役割を果たしていった。すなわち送り手の立場は違うが、創造主の強固なメッセージを伝達する素材として実空間の事物が被写体として記録され、メッセージの伝達に必要な構造化がなされ、視聴者に対する周知、啓蒙、煽動の機能が一定程度映像に定着していったと言える。このような、ごく一般的な映像利用、すなわち送り手が届けたいメッセージを映像というコンテンツの中で構造化し情報伝達を図るタイプを筆者は「コンテンツ志向」の映像利用と規定している。

(2) 記録された映像素材が果たす2つの作用

　時代が大きく下って今日の映像動向に目を向けてみる。ここでは創造主の強固なメッセージを伝達する側面だけではなく、創造主が現実に向かう際に体験する「発見」のプロセスが重視される傾向がある。例えば、ドキュメンタリーでも映画監督が「何かが起こり得る」と判断した現場にカメラが持ち込まれ、そこでの気づきや事後的に映像が見直されながら次なる課題や仮説が産出され、連続的に探索が生じる中でひとつのナラティブが構築される。つまり緩やかなテーマ設定の枠組みの中で映像が記録の本質に徹することで、視聴者との共有に値する出来事を映像に関わる者が見出していくアプローチである。もちろんこれは、記録メディアがフィルム、ビデオテープ、メモリーカード、ハードディスク等に変化する中で長時間収録が可能になり、観察的視点をカメラが担うことの自由度が増したことに起因する現象である。しかし、このような記録の本質に依拠し、撮ることで発見する価値を映像のメッセージに据えていく手法は20世紀の半ばには既に存在している。その代表例が羽仁進監督のドキュメンタリー映画『教室の子供たち』(1954年) であろう。もちろんこれはフィルム作品である。

　現代に話をもどすが、例えば地域振興を目的に制作される映像、いわゆる地域プロモーション映像なども、クライアント (行政側) が名所旧跡を盛り込むことをあらかじめ要件として設定するような、すなわちメッセージありきの手法ではなく、制作者サイドが現場で価値を見出すプロセスそのものが映像構成となり、視聴者が自分事として自身のイマジネーションを映像に投影できる制作手法も増加傾向にある。先述のドキュメンタリーを含め、筆者はこのようなタイプを「プロセス志向」の映像利用と定義している。よってコンテンツを志向するタイプとプロセスを志向するタイプが共存するのが現代の記録された映像の創造的処理を巡る特徴であると言えよう (図1)。

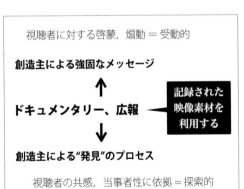

図1　現代における記録された映像素材が果たす2つの作用

3. デザインの今と映像の役割

(1) 狭義のデザインと広義のデザイン

　ここで映像から一旦離れ、本節では今日のデザイン領域の動向を紹介し、後述する映像を活用した教育実践の準拠点を見いだしてみようと思う。現在のデザインは大きく分けて二つのタイプに区分される。すなわち狭義のデザインと広義のデザインである。前者はグラフィックデザインやプロダクトデザインなどの成果物単位の細目領域であり、後者はサービスデザインやシステムデザイン、あるいはデザイン思考を活かした種々の課題発見・解決実践、すなわち領域横断の特性を持つものである。2018年に経済産業省・特許庁がデザインを国家戦略の重要事項として位置付け、「デザイン経営宣言」「高度デザイン人材」に関わる政策を打ち立て、それ以降広義のデザインについては概念的にも実践的にも認知されつつある。図２は経済産業省・特許庁の発表前に、シンクタンクが予備調査で得られたデザイン概念を整理したものである。図にある通り狭義を広義が内包し、さらに経営が広義を内包する入れ子の構造で現在のデザイン概念が整理されている。この図は下位の階層が上位に比べて劣っていることを示すものでは決してない。狭義のデザインは従来の意匠、すなわちモノの形を整え見栄え良くすることであるが、それを社会に流通させる際にはユーザーの体験などとの関係において最適解が見出される。よって、狭義と広義の概念は互いに不可分な関係にあると言える。

図２　「第４次産業革命におけるデザイン等のクリエイティブの重要性及び具体的な施策検討に係る調査研究報告書」より抜粋(株式会社三菱総合研究所経営コンサルティング事業本部(2017)を基に筆者作成)

(2) デザインリサーチ

　現在、デザインに対する期待はますます大きくなっている。そのデザインとは、

美的要素の付与など表層部分の改善に代表される課題解決手段としてではなく、課題要因の発見と新しい価値創造を重要視するものである。先に触れたビジネス面での役割だけでは無く、社会課題の解決を目指す行政や民間の取り組みにおいてもデザインが注目を集めている。このような広義のデザインで共通して活用されるのがデザインリサーチという方法論である。デザインリサーチの特徴は以下のように考えられている。

①モノと人との関わりを、フィールドワークを通じて、様々な角度から、立体的に観察・調査・記録する。

②つくり手（専門家）と使い手（非専門家）の交差領域に立って考える。

③調査・分析をもとに、想像力を拡大させ、モノのあり方にフィードバックさせたり、広く私たちに生活文化について考えてみる。[2]

　近年はモノだけではくコト消費の時代と呼ばれて久しいため、文中の「モノ」は「モノ・コト」と修正しても良いと思われるが、いずれにせよ特に注目すべきは②であろう。企業は新製品やサービスの開発を目的とする際、市場調査を行い、新規事業の妥当性を判断する。行政も住民の便益になる新しい業務を運用する際はアンケート等の定量的な調査を行う。しかし、それらが本当に使い手の便益になるのかを考えるためには定性的な眼差しを人々に向け、提供したいものと抽出されたニーズとの間の落とし所を見極める作業が重要となる。もちろん両者の言い分を単に満たすだけでは成果とはならず、製品やサービスがもたらす世界の全体性に目配せし（ホリスティックな視点）、同時に新しい社会的な意味を創出するデザインの本来の役割を忘れてはいけない。このようにデザインリサーチは、調査者自身が社会に存在するある文脈に降り立ち、そこで生活をする人々に接触することでインスピレーションを得る手段といえるのである。よく知られていることだが、このような方法はデザイン領域のみで確立されたものではなく、人類学や民俗学などで熟成された手法が応用されている。これらの学問領域で多用されるフィールドワークとは「仮説を検証しようとするためというよりもむしろ、問

題をあぶりだすためのもの」であり「フィールドに出かけていくのは、問題を確かめるためではなく、問題を見つけるためにいく」ということである[3]。このプロセスはデザインリサーチの核でもあるが、あえてその違いに言及するとすれば、デザインでは見出された問題を深化させ、つぎなる創造行為の源泉と位置づけていくことであろう。その一方で学問領域を超えて、そのプロセスにおいては映像を中心とする視覚メディアの利用が不可欠となっている点は共通している。すなわち視覚メディアは、まず第一に現場の記録を可能とする。そして第二に、得られた映像や写真は現場での直接体験と関連づけられながら分析の対象となり調査者自身にさらなる状況理解を促す。さらに第三として、見出された現場の価値は視覚メディアを通じて共同（協働）作業者間に伝達され、場合によっては広く他者に共有される（図3）。このように映像を中心とする視覚メディアはプロセスの段階毎に役割を変化させながら知的作業を下支えする。

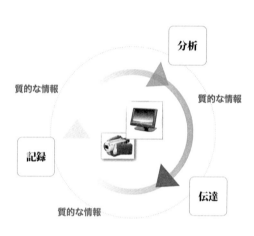

図3　調査の段階毎に役割を変える視覚メディア

4. 先行研究紹介と課題

(1) デザイン活動における映像利用実践

　このようにデザインリサーチは今日のデザイン活動には欠くことができないものである。またデザインの概念が狭義から広義へと拡張する中で、そこで求められる能力とは、先天的な感性や造形力、あるいは描画力だけを指すものではなく、むしろ後天的に学習可能な企画力、分析力、編集力、構想力等に重心が移動しており、細目領域的な職能から一般にも獲得可能なスキルやリテラシーといった様相を呈している。そんな中、広義のデザインに対応する方法論、すなわちデザインリサーチ研究も拡がりを見せており、研究論文だけではなく一般の人々が比較的入手しやすい書籍でも解説がなされ、実社会での利用が大きく推奨される傾向

にある。そしてそこでも映像を核とする視覚メディアの利用が紹介されている[4]。これらは、私たちを取り巻く様々な情報環境をターゲットにし、領域横断型ビジネスモデルに関する設計手法の提案や社会学的な視点とデザイン思考、さらにはマーケティングの実践知を体系化するものであり、いずれも広義のデザインに取り組む上での参考文献であると言えよう。しかしその大部分において視覚メディアはあくまで手近に利用できる手段という位置付けであるため、映像の具体的な扱いやそれがもたらす効果などについては詳細に紹介されていない点が課題と言える。

(2) ジェイコブ・ブーアらによる研究：Designing with Video

　長年デザイン活動における映像利用を研究している南デンマーク大学のジェイコブ・ブーア (Jacob Buur) は共著書『Designing with Video』(2007年)[5]を以下の章立てで構成しており、映像の役割を理解する上で参考になる。

Ⅰ　Video in design　（デザイン活動におけるビデオ）
Ⅱ　Studying what people do　（人々の行為から学ぶ）
Ⅲ　Making sense and editing videos　（理解することとビデオ編集）
Ⅳ　Envisioning the Future　（未来を思い描く）
Ⅴ　Provoking change　（変化を呼び起こす）
※() 内の日本語訳は筆者作成

　「Ⅰ」は概要に相当する部分なので省略するが、後続の「Ⅱ」から「Ⅴ」の章立ては大きく分けて2つの構成要素から成ると言える。すなわち「Ⅱ　人々の行為から学ぶ」と「Ⅲ　理解することとビデオ編集」は現状を洗い出し、課題を発見する映像利用であり、「Ⅳ　未来を思い描く」と「Ⅴ　変化を呼び起こす」は課題解決のプロセスの中で新しい提案の有効性を検証したり、課題に関わる当事者間への意識付けに活用される映像である。もう少し詳しく見ていくと、「Ⅱ」と「Ⅲ」は対応関係にある。つまり、「Ⅱ」で映像が担うのは現場の記録であり、「Ⅲ」は現場から見出された課題を理解することとそのために必要な編集の意義を強調している。ここで言う編集とは、コンテンツ志向の映像にあるような、あるメッセー

ジを伝達するために情報の構造化を行う作業では無く、多種多様な情報が遍在する私たちの生活の中に内在する課題に光を与える作業、つまり文献の重要箇所をマーカーでハイライト化するような作業としてそれを位置づけている点である。編集によってハイライト化された課題は複数の共同（協働）作業者と連携する次工程に必要な情報を抽出することに貢献する。おそらくプロセス志向の映像が担う中心的役割のひとつはここにあると言えよう。

　また「Ⅳ」と「Ⅴ」においては前段階で得られた情報を次なる創造に繋ぐ映像の役割が紹介されている。そのひとつがビデオプロトタイピングと呼ばれる手法である。別名の「シナリオビデオ（もしくはビデオシナリオ）」が象徴するように、ここでは課題解決のアイデアが時間の展開に従って映像化され、新しい提案内容すなわちソリューションがUX（User Experience、ユーザー体験）のどのような段階を経て当事者の便益となるのかを検討することが可能となる。つまり課題解決に関わる当事者にもたらされる経験的価値の豊かさが可視化され、それが共感に値するのかどうかが評価対象となる。ブーアらは「Ⅳ」ではデザインプロセスの初期から中間段階、すなわち課題発見から抽出された情報をもとにアイデア展開がなされる過程での映像利用を提案している。つまり、プロセス志向からコンテンツ志向への映像利用の転換点がここに存在するのだ。ビデオの即時性・即応性を最大限に利用しつつ、映像は「アイデアをすぐ試してみる」ことに主眼が置かれたワークショップなどの現場で利用される。結果的に提案内容は簡便かつ簡略化された形で可視化され、メリット／デメリットを明らかにしながら次なるプロセスを駆動させ最終提案に向かうのである。その一方で「Ⅴ」では、課題発見から得られた情報を中・長期的な視点、すなわち社会的なインパクトや起こりえる未来像を想像する際の映像利用を説いている。このあたりの映像利用は、批評的で議論を呼び起こすことを通じて問題を発見し、問いを立てる「スペキュラティヴ・デザイン」（Speculative Design）[6]のアプローチと連続性があると言えよう。

(3) デザイン思考プロセスにおける映像の位置付け

　広義のデザインが社会に浸透する中で近年脚光を浴びているのが英国のデザイン・カウンシルが提唱するデザイン思考プロセスとしての「ダブルダイヤモンド」（The Double Diamond design thinking process）である。図4は左から右に

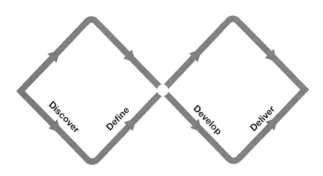

図 4　ダブルダイヤモンド型デザイン思考プロセス[1]

流れるが、ダブルダイヤモンドの形状から分かるとおり、思考の拡散と収束を 2
度行っている。一つ目のダイヤモンドでは課題の発見段階（「Discover」）に思考
の拡散が、そして問題を定義する際（「Define」）に思考の収束が促されている。先
述したブーアらの「Ⅱ　人々の行為から学ぶ」は前者に、「Ⅲ　理解することとビ
デオ編集」は後者に該当することが分かるだろう。また二つ目のダイヤモンドも
一つ目と同様に拡散と収束の思考の流れを持つ。最初は定義が成された問題に対
する新提案すなわちソリューションをより発展させながらその良し悪しを多角的
に見極める「Develop」の段階と、具体的な成果の質をあげる「Deliver」の段階が
存在する。ブーアらの「Ⅳ　未来を思い描く」作業は「Develop」段階を中心とし
ながらも「Deliver」に通ずる要素を見出す方法であり、そこにビデオプロトタイ
ピングを位置づけていることと対応関係にあることが分かる。このように映像は
各段階で全く異なった役割を果たしながら次に控えた創造的工程に必要な情報を
提供するのである。

　以上のようにブーアらはユーザー視点によるデザインアプローチ（User-
centred design）を推進する上での映像利用を体系化している。さらに興味深
いことに、「より意識的なデザインプロセスを促進するためにビデオが採用さ
れるなら、それこそが真の意味での『アクチュアリティの創造的処理』のため
のメディエーターとなるのだ（When video is adopted as a tool to facilitate a
more conscious design process, it truly turns into a mediator of the "creative
treatment of actuality".）」[7]とグリアスンの言葉を引用しながら言及し、記録さ

れた映像を扱うという意味ではドキュメンタリーと共通するがその利用法に大きな差異があるデザインアプローチの特徴を改めて強調している。

　本論考では上述したビデオプロトタイピングの有効性を説く立場に依拠しながら高等教育の現場における映像利用のひとつとしてその可能性を次節で紹介する。そこで強調したいのはデザインを専門としない教育プログラムという点である。

5. ビデオプロトタイピング実践

(1) ビデオプロトタイピングの先行研究

　先述の通り、デザインリサーチ手法として映像を中心とする視覚メディアの活用法については多くの文献で紹介があるが、ビデオプロトタイピングそのものに関する先行研究は少ない。国内では『デザインリサーチの教科書』(2020年)[8] の中で筆者の木浦幹雄が「最も重視するプロトタイピング手法」[9] として紹介している。同書では「デザインリサーチの手順」の「仮説検証プロセスとしてのプロトタイピング」の例の一つとして取り上げられており、ここまでの筆者の記述と同じ立場をとっている。具体的には、他のプロトタイピング手法と比べて新しい価値を映像構成によって焦点化させやすい特徴を挙げながら「新しいプロダクトやサービスがどのように提供されるのか、それらがどのような状況でどのようなインタラクションを介してエンドユーザーに価値を提供するのかを示すコンテクストを重視した手法」[10] として評価している。他方、海外では先述の『Designing with Video』以外には、例えばオランダ・デルフト工科大学のデザインアプローチを紹介する『デザイン思考の教科書』(2015年)[11] の中でデザイン案の具体化やシミュレーションの手法として「ビデオビジュアライゼーション」という語で言及がある[12]。このように国内外の文献で僅かながら紹介はあるが、いずれも1〜2ページ程度の記述となっている。

(2) 大学における教育実践の枠組み

　筆者はこれまでおよそ20年間、主に芸術系大学、工科系大学、そして総合大学の総合政策分野においてメディアおよびデザイン教育に取り組んできた。その流れにおいてはメディアやデザイン研究の概念が多様化しながらも課題解決の名

の下に融合化が図られつつある動向が見られ、それとシンクロしながら自ずと研究領域は所属する大学の枠組みの中で常に新しい意味を帯びてきた。特に前述の「広義のデザイン」が浸透しつつある現在、大学でデザイン教育を行う意義を、専門職としてのデザイナー養成という観点では無く、複雑な社会課題が山積する現代においては社会人必須のリテラシーと位置付け教育を行っている。その教育プログラムのひとつとして「ビデオプロトタイピング」の活用がある。もちろんこれには、正しい情報を集約し、伝達可能な形式に落とし込み、発信するまでの力を身につけるメディア教育の要素も含まれている。

　現在（2023 年）、筆者の所属する関西学院大学総合政策学部においてメディアやデザインをこれから本格的に学ぼうとする大学 3 年生、15 ～ 17 名を対象とする教育プログラムを提供している。デッサンや平面構成、あるいは立体造形などのデザインに関わる基礎教育を受けた者はいないが、学際的な講義科目を履修することで社会課題への問題意識は非常に高い傾向がある。また映像制作の経験者は例年半数程度である。半期 14-15 週のカリキュラムの前半にメディアやデザインの現状をフィールドリサーチさせ、その発表とディスカッションを経験しながら今日のそれらの役割を理解していく。そしてその経験を踏まえ、後半に「ビデオプロトタイピング」を最終成果物とする課題に取り組む。

(3) 実際の教育プログラム

　「身近な社会課題を発見し、その解決方法を提案する」をお題とする教育プログラムは、「1. リサーチ（観察、フィールドワーク）と分析」、「2. 課題定義（インタビュー等の調査）」、「3. 解決案のアイデア展開、コンセプト創造」、「4. 試作、経験的価値の映像化」の段階を経る。学生らは 4 チーム（1 チーム 4 名程度、映像スキルを参考にチームビルディングを行う）に分かれ課題に取り組む。特定課題を教員が事前に用意するのではないため、いわゆる Project-based Learning と言えるが、特に学外連携機関は準備していないため、導入しやすい内容になっている。具体的なプログラムの進め方は以下の通りである。

	各日の主題	授業当日までの作業	授業当日までの準備物
第1週	プレリサーチ～チームビルド	自ら関心のある社会課題についてのリサーチ	リサーチ結果の要約、複数の気づきを整理
第2週	デザインリサーチ～課題設定	フィールドワーク結果をチーム内で共有し、どの課題に取り組むのか大筋で決定する	フィールドワーク成果のまとめ
第3週	デザインリサーチ～課題定義	どのような切り口で課題に取り組むかを明確にするため課題定義を改めて行う～課題解決のためのコンセプト創造、アイデアだし	課題解決のためのコンセプトの資料化、アイデアの未来新聞化
第4週	プロトタイピング1	未来新聞を用いたペルソナ設定、シナリオ検討のプレゼンテーション	設定したペルソナを軸にしたシナリオ詳細化 or 絵コンテ準備
第5週	プロトタイピング2	ビデオプロトタイピングのための撮影	ビデオプロトタイピング撮影素材、仮編集映像
第6週	プロトタイピング3	ビデオプロトタイピングのための撮影	ビデオプロトタイピング撮影素材、仮編集映像
第7週	デザイン提案	プレゼンテーション、ビデオプロトタイピング発表	プレゼンテーション資料、ビデオプロトタイピング完成映像

表1 「身近な社会課題を発見し、その解決方法を提案する」授業スケジュール

(4) 学生作品紹介

　ここからは学生の取り組みを例示しながら、表1の流れを具体的に解説したい。内容を追体験できるよう、ストーリー仕立てで紹介していくこととする。

○第1週：プレリサーチ～チームビルド

　学生らが個々に関心のある社会課題を簡易的にリサーチし、その内容をクラス全員と共有することから本課題がスタートした。その後すぐに指導教員が映像編集スキルなどを考慮してチーム編成を発表。Aチームとなった学生4名は

さっそくプロジェクトに発展し得る課題の選定に入った。この段階はあくまで課題設定（どんな社会課題に切り込むのか）であり、その課題に対してどのようなアプローチで解決案を考えるかは後回しで良い、拙速なアイデア出しは危険と指導教員から釘を刺された。

○第2週：デザインリサーチ〜課題設定

Aチームのメンバーはいくつかの社会課題の候補から「若者の読書率の低下」を取り上げることとした。この間、学生らはこのテーマの実状を多角的に捉えるために書店での観察や大学生への簡易的なインタビューを実施し、その作業の記録手段として映像を部分的に活用した。社会に流通するメディア情報だけではなく肌感覚で課題の実態を整理することに努めた。その結果、この社会課題のポイントを以下の3点に整理した。

・本を読む人と読まない人で二極化している
・読まない人も読書に対しての価値は認識している
・スマホの利用と読書率の高い低いにさほど相関が無い

○第3週：デザインリサーチ〜課題定義

前週までの作業をさらに発展させ、課題定義すなわちこの社会課題の核の部分を「読書は短期的な達成感がなく、習慣化が図れない」とした。そしてさらに本プロジェクトにおける課題解決のコンセプトを「体験型メディアを通して良い読み手となれるマインドセットを促し、読書を習慣化させること」と決定した。

○第4週：プロトタイピング1

具体的なアイデアを検討する中では、指導教員から多くの可能性を出すように指示があった。メンバーはひとつの提案内容でもその展開においては複数のアイデアを出し合い、最良のモノがどれなのかを検討した。そこで抽出されたアイデアを新聞の形式に落とし込む作業を行った（未来新聞の作成）。そこでは記事化の作業を通じて提案（ソリューション）の全体像を構想し、誰がそこに関わるのかを洗い出し、そして期待される効果への流れを記述した（以下抜粋）。

　　　参加型図書館「YOMOS」始動 ― 若者の"読書習慣化"を図る
　　　○○大学で、4月1日から学生の読書習慣化ための参加型コミュニティ、「YOMOS（ヨモズ）」が形成される。また、それに関連するアプ

リケーションである、「YOMO」がリリースされ、S市内のIK書店と学内読書サークル「Readers」が連携し運営される。

読書コミュニティ「YOMOS」では、○○大学KSCキャンパスにある、アカデミックコモンズの一室を利用し学生が気軽に読書をすることができる空間をつくり、定期的にイベントも開催される。部屋の入り口には、普段読書をしない大学生でも興味を持つことができるよう、昔誰もが一度は読んだことのある書籍を置き、会話スペースを設けることでひとり静かに本を読まなければいけないという学生の読書に関するイメージを払拭するつくりになっている。読書コーナーのオープンと同時に専用読書アプリ「YOMO」をリリースすることが決定している。同アプリの基本的な機能として、収蔵されている書籍の中からユーザーの好みに合った本を提案してくれる「おすすめ機能」、読んでいる本の進捗状況の記録、集中力に自信のないユーザーのための「読書集中タイム」などがある。「読書集中タイム」を使えば、設定した時間内スマホがロックされる。イベント時には本と関連したクイズが出され、正解者にはプレゼントが提供される予定だ。スペースの提供で読書のコミュニティを形成、アプリでは読書の習慣化を促す。これらの相互作用により読書の敷居を下げ、本の読むことの楽しさを知ってもらう。周りを巻き込むというアプローチは、読書は孤独なものというイメージを払拭してくれるのではないかと期待されている。

○第5週：プロトタイピング2

未来新聞に対して指導教員やクラスメイトから高評価を得たAチームのメンバーはビデオプロトタイピングの準備に取りかかった。ビデオプロトタイピングは提案内容を説明するコンセプトムービーでは無いため、主人公の日常にどのような変化がもたらされるのかを描く必要があると指導教員からアドバイスがあった。つまりストーリーテリングが重要とのこと。それを踏まえ、メンバーらは主人公を含む本課題解決に関わるあらゆる関係者を洗い出し（ステークホルダーマップの作成）、互いの関係性やコミュニケーションに必要なツー

ルや場の設定条件の検討に取りかかった。またこの提案内容が効果を与える特定のターゲットユーザーをペルソナ化し、性格や普段の行動を細かく設定しながら、それをシナリオに反映させていった。具体的には、読書をしない人が"YOMOS"を利用して、彼の日常に読書が浸透していくという内容である。

図5　ビデオプロトタイピング例「YOMOS」4分13秒（制作：関西学院大学総合政学部メディア情報学科3年、飯田航太・大山愛未・藤井玖光・唐シエ、2023年）

○第6週：プロトタイピング3

　この段階になるとメンバーそれぞれのスキルを活かし、うまく分業をすること

ができた。IくんとFさんはグラフィックデザインや動画加工の経験もあるため、アプリのインタフェースの検討やサービスのロゴマークのデザインを担当した。Oさんは全体の統括を行いつつ、全体の世界観にぶれが生じないように段階毎に厳しいチェックの目を注いだ。撮影経験の豊富な留学生のTさんはカメラを担当した。出演交渉の末、協力を得られた他の学生を巻き込みつつ、メンバー自身も出演者になり当事者としての意識を持ちながら映像化が進められた。撮影済み素材や粗編集映像を指導教員に示しつつ、シナリオと照らし合わせながら内容の妥当性を議論し、最終版の完成を目指した。

○第7週：デザイン提案

Aチームを含む4チームが社会課題の解決案をビデオプロトタイピングで発表した。映像作品としての完成度はもとより提案内容がもたらす経験的価値が上手く視覚化されているチームが多く、7週間の課題を満足感と共に終えることができた。

(5) 実践を支える理論〜ミニ講義の実施

この教育プログラムでは前出のスケジュール（表1）に合わせて段階毎にミニ講義を行い、実際の作業の前後に理論の理解を促している。以下が代表的なものである。

①社会課題と映像制作の関係の整理：ドキュメンタリーとビデオプロトタイピングの違い（第1週）

講義では社会課題に映像を絡めながら取り組む際、問題提起に重きを置くドキュメンタリーと、課題発見から課題解決に至るまでのプロセスに踏み込むビデオプロトタイピングの機能の違いを整理し、映像制作の出発点と位置付ける。

②デザインリサーチについて（第2週）

本稿の3（2）で触れてきた内容を概説しながら、学生らが日頃から関心を寄せる社会課題を深掘りするための手法としてインタビューや観察などについて紹介を行う。またビデオプロトタイピングを従来のデザインプロセスの初期から中間段階の「試作」という位置付けを強調しつつ、映像単体でのクオリティを意識することで課題解決に関わる当事者ら以外に対するメッセージ性すなわち社会的な訴求力を増す点にも触れる。

③未来新聞について（第3週）

　最終提案を検討する上で、「どのような文脈で、誰のために、何のために」を明確化する方法として未来新聞の作成法を教授する。これはいわゆる初期シナリオに相当するものであり、新聞の体裁を採用してアイデアのプロトタイピングを行う点が特徴である。この作業を経て最終的な提案内容をシナリオの形式で詳細化することとなる。未来新聞は街づくりを考える市民参加ワークショップなどのワンデイ・ワークで利用される傾向があり、あくまで簡易的かつ迅速にアイデアを可視化し、提案によって起こりえる未来像を解像度の低い（ローファイ、Low-fidelity）プロトタイプとして参加者間で共有する手段である。筆者の授業実践においてはやや解像度を上げ、新しいソリューション案、ソリューションに関わるステークホルダー、ソリューションがもたらす効果を網羅的に記述し、その良し悪しを議論する手段として位置づけている。

(6) ビデオプロトタイピング実践の価値

　以上がビデオプロトタイピングを活用した教育プログラムの紹介である。調査、構想、成果に至る流れを一人の教員で指導するのはややハードルが高いため、複数教員や外部の実践家をプログラムに巻き込むことが理想的である。しかし、身近な課題について議論をし、それに対する解決方法を見出し提案する流れの中で映像を活用することは、成果の上手い下手を問わず、以下の3点においてチャレンジに値する手法だと考える。

a. 社会課題の発見と共有だけではなく、提案を考えることができる

　ドキュメンタリーの制作では他者に問題を知らしめることはできるが、これ以上の効果を期待しにくい。ビデオプロトタイピングでは提案までをゴールにすることで社会課題をより自分事として捉えることができる。

b. アイデアの拡散と収束の中で映像を使い分けることができる

　送り手から受け手への情報伝達の役割をだけではなく、課題解決のためのアイデアを見出し、その良し悪しを見極める流れにおいていくつかの異なった映像の役割に触れられ、映像コミュニケーション手法の多様性を体感できる。

c. 共同（協働）作業者とのコミュニケーション手段として映像を活用できる

　ドキュメンタリーも他者と課題について共に考える契機を提供する手段であるが、ビデオプロトタイピングは課題の解決に向かう際に志を共にする仲間と考えを巡らせ、その過程の中に映像を位置付けつつ共創的なコミュニケーションができる。

　最後に一つ注意すべき点を挙げておきたい。ビデオプロトタイピングは確かに社会の課題に対する新しい提案を描くという点では大きな教育効果をもたらすであろう。しかし、これはあくまでアイデアの検証手法でしか無いという認識を持つ必要がある。図6は先出のダブルダイヤモンド型デザイン思考プロセスに本教育プログラムの流れを当てはめたものである。ここにあるようにビデオプロトタイピングは新しい提案が実装に向かう重要な部分で役割を発揮するが、実社会の中で提案を現実化させるためにはまだいくつかの工程が後に控えている。教える側も教わる側もその点をしっかり理解しておく必要がある。しかし、ビデオプロトタイピングはアイデアを経験レベルで提示できる手法であり、この形式にまとめられた映像は「検証」の役割に留まらずに、次なる過程に巻き込みたい人々すなわち「他者」への新しいメッセージとなって大きなメリットを学生らにもたらすことだろう。

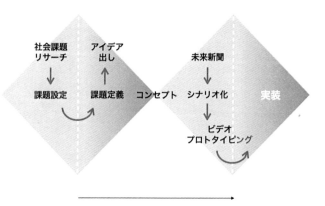

図6　ダブルダイヤモンド型デザイン思考プロセスと本教育プログラムの対応関係

6. まとめ

　本論考ではデザイン学領域における映像利用を紹介し、特にプロセス志向とコンテンツ志向の映像を繋げる手法としてビデオプロトタイピング実践理論の詳細な解説を行った。プロセス志向とコンテンツ志向の映像の利用によって課題発見と課題解決がひとつの軸線上につながったのでは無いかと考える。SNS を含め多様なメディア情報が流通する現代において、間接的な体験が大部分を占め、それらの疑似体験を通じて私たちは社会的事象を理解した気になりがちである。ハンズオン・ラーニングや PBL などが重要視される昨今の教育現場で、社会に潜在する課題を自分事として見出し、その課題の本質を見極める作業の中で引き続き映像は活かされるべきであろう。そしてここで強調したいのは物事の認識や理解の次に改善・解決・提案のフェーズが控えており、そこにも映像を中心とする視覚メディアが大きく寄与できる点である。今後もデザイン学における映像利用実践を検討し新しい実践知の構築と社会還元をさらに進めていきたい。

注

1）リチャード・メラン・バサーム著『ノンフィクション映像史』（創樹社 1984 年）によれば1920 年代末にはグリアスンが属した英国帝国通商局に映画班が発足し、「今日私たちが知る意味での『ドキュメンタリー映画』の基礎的な母体となる製作力をつけ、影響力を拡げていった。」と記されている。

2）田村裕・臼井新太郎・中尾早苗『デザインリサーチ』、武蔵野美術大学出版局、2002 年、p.10

3）関根康正、「フィールドワークへの招待─写真観察法」『フィールドワーカーズ・ハンドブック』、日本文化人類学会監修、世界思想社、2011 年、p.2

4）情報デザインフォーラム編『情報デザインの教室』（丸善 2010 年）、マーク・スティックドーン他 編著『THIS IS SERVICE DESIGN THINKING』（BNN 2013 年）、岩嵜博論『機会発見』（英治出版 2016 年）などが好例である。

5）Ylirisku,S., Buur,J., "Designing with Video: Focusing the user-centred design process," Springer Publishing Company, 2007

6）アンソニー・ダン＆フィオナ・レイビー『スペキュラティヴ・デザイン』（BNN、2015 年）の翻訳監修者である久保田晃弘は同書の序文において「speculative」の語訳の難しさを念頭に置きつつ、「デザインを社会サービスにおけるメディアとして捉える。世界がどうなり得るのかを示すことで、その世界に自らを適合させていく。それは社会的に機能するフィクションであり、実現していない現実としてのもうひとつの平行世界でも

ある。何かを作る側ではなく、消費する側からの視点を暗示し、人をユーモアと共に挑発する。まさにコンセプチュアルなデザインであり、市民としての私たちに、倫理や権利について考えさせる力を持った表現である」(p.12) と述べている。

7 ）Ylirisku,S., Buur,J., op.cit. p.6（筆者訳出）

8 ）木浦幹雄、『デザインリサーチの教科書』、BNN、2020年

9 ）同上、p.312

10）同上、p.311

11）アネミック・ファン・ブイエン他 編、『デザイン思考の教科書　欧州トップスクールが教えるイノベーションの技術』、日経BP社、2015年

12）同上、p.165

美術教育におけるデジタルメディアと社会意識
Digital Media and Social Awareness in Art Education

マリア・レツィオウ

Maria Letsiou

要旨

　メディア文化が進化し続ける中、パンデミック後の子どもたちに社会的・情緒的成長への影響が見られることを受けて、美術教育においても「社会性と情動の学習」が注目を集めている。ところが、美術教育のカリキュラムに「社会性と情動の学習」を組み込む際、学習目標を達成するために旧来の教材や方法が選択されてしまうことが多い。ビジュアル・デジタルメディアも適切な扱い方によっては子どもたちの「社会性と情動の学習」に貢献できるはずである。本論では、美術教育におけるデジタルメディアの活用が、子どもたちの社会的・情緒的成長にどのように寄与するかを、自分が高校の授業で実施した教育プロジェクトを通して考察する。このプロジェクトは、生徒がソーシャルメディア上で個人的に制作したデジタル作品を扱うことで、その生徒の社会的認識を向上させるような創造的なアイデアを提供するものである。研究の目的は、「社会性と情動の学習」におけるデジタルメディアの有効性を探ることである。また、社会的・情緒的スキルを向上させるために、ビジュアル・デジタルメディアを学外のインフォーマルな場で活用することの意義についても考察していく。

キーワード：ビジュアル・デジタルメディア、社会性と情動の学習、アート・カリキュラム、社会認識

はじめに

　パンデミックの影響で全ての学校がオンラインによる授業を余儀なくされた時、いくつかの問題が生じていた。ソーシャルディスタンスという状況が子どもの成長に及ぼす影響である。児童や生徒は、日々の経験から認知、社会性、情動、その他様々な側面で影響受けながら発達している。そのことを踏まえれば、ソー

シャルディスタンスやロックダウンといった極めて異常な環境が彼らの自己認識や社会意識に影響を与えていたことは明らかである。パンデミック後の教育は彼らの自己認識や社会意識の実態に注視する必要がある。

「社会性と情動の学習（SEL）」は美術教育の理念と親和性がある。（Farrington et al, 2019）。例えば、自己認識、自己同一性、社会意識は、20世紀の美術教育における自己表現のあり方として基本的な考えとなった。ローエンフェルド＆ブリテン（1947、1987）は、「自己同一化なくして芸術表現はありえない」(p.16)と言い、また、社会的実践が芸術行為の本質的な要素であると捉えている。(p.60)芸術を通した学びは、自分自身の理解、及び、生活環境を振り返る機会になるからだという。

現代の美術教育において、デジタルメディアは視覚文化教育として益々重要となっている。今日、子どもや若者はデジタルコンテンツの制作や消費に慣れ親しんでいる。また、デジタル視覚文化教育における多くの研究が、創造と批評的実践の手段としてのデジタルメディアに注目している（Knochel & Sahara, 2022）。本章では、ソーシャルメディア上の若者による個人的な作品に焦点を当てる（Castro, 2012; Duncum, 2014a, 2014b, 2015a, 2015b; Katagiri et al. 2015, 2016; Letsiou, 2019a, 2019b)。「社会性と情動の学習」といった批判的な視点から先行研究を検証する。

本論では、美術教育におけるデジタルメディアと「社会性と情動の学習」を関連させて述べたい。まず、生徒がソーシャルメディア上で個人的に行った創作活動を、美術学習に取り入れる教育プロジェクトについて述べる。そこでは、デジタルメディアは生徒が社会問題に対する意識を高めるように働いている。次に、この事例をもとに「社会性と情動の学習」にデジタルメディアの活用が有効であることを提言する。ソーシャルメディアでの個人的な実践が、現代を生きる子どもたちにとって自己認識の手段に成り得ている。その事実を踏まえると、それを美術の授業で使うことによって、生徒は実践の意味を造形的観点から省察することとなり、結果として彼らの社会認識を促進させることとなるだろう。

美術の学びにおける社会的認識

　「社会性と情動の学習」が、生徒のメンタルヘルス、学業成績、ウェルビーイングの面で有益であることは広く受け入れられている。「社会性と情動の学習」には、自己認識、自己管理、社会的認識、人間関係のスキル、責任ある意思決定などの能力が含まれる (Russell & Hutzel, 2007)。そして、学習を総合的に形づくる美術教育が「社会性と情動の学習」に重要な役割を果たすことは間違いないであろう。ローエンフェルド&ブリテンも社会的成長と社会的認識スキルを美術の学びの最も重要な要素と位置づけた。とりわけ、彼らはコミュニケーションツールとしてのアートは、個人的な表現としてよりも、むしろ社会的な表現とみなされることを不意に認めている。それは、美術の学びを創造的自己表現と捉える彼らの理念と相反するかのように見える (Lowenfeld & Britain, 1947.p.)。しかし、子どもたちが自らの表現活動を「世界への拡張」と捉えることができるなら、それは彼らの社会的意識を促進させることになるわけで、多角的視点から意味を図るような芸術的思考によってつながっているのである。

　現在の美術教師や研究者は美術の学びを社会的実践とみなしている (Freedman, 2010; Letsiou, 2019c)。特にフリードマンは創造性とは美術室だけでなくコミュニティ（例えばサブカルチャーのグラフィティ）で行われるような社会的活動であると言う (2010)。例えば、コミュニティに属して関心を共有することは若者の創作意欲を高め芸術的なスキルを促進する。さらに、現代アート教育、コミュニティでの学び、ソーシャリー・エンゲイジド・アート（SEA）などでは、美術教育を社会性や社会認識のスキルと結びつけながら展開している。(Schlemmer et al, 2017)。例えば、生徒達は地域社会に出向き、地域社会や社会問題などのトピックで対話に参加するような実践を創出しているのである。

美術教育における視覚的デジタルメディア

　西洋文明の歴史を通じ、時代ごとの社会状況や技術の進歩は市民の社会参加のあり方を決定づけた。そのため、人々は社会に参加するために必要なスキルや能力を身につけなければならなかった。象徴的なのは、500 年以上以前に印刷機が登場した時、それまで口頭での伝承が主だった読み書きが文書によるものに入れ替わったことである。同様に、技術の進歩によって 21 世紀には映像が急速に普及し

てきた現在、我々にとって「絵」の読み解きが必須となってきた。視覚的イメージが氾濫する 21 世紀を生き抜くためには、視覚的リテラシーが前提となることは間違いない (Duncum, 2020)。画像作成やコミュニケーションに便利なデバイス（スマートフォンなど）の出現により、デジタルメディアは人々の意識を形成する上で益々重要な役割を果たしている。つまり、我々の意識や意思がマスメディアや氾濫するイメージに大きく影響されながら自我も形成されているわけで、その意味で映像の読み解きや批判的思考力の育成が大切になってきたのである。そう考えると、若者が現代社会に上手に参加するためのスキルや能力を身につける上で美術教育に何ができるかを検討することは喫緊の課題と言えよう。

デジタルな画像が若者や子どもたちの生活に与える影響を説明するために、拙論 (Letsiou, 2021) で触れた逸話を紹介したい。幼稚園児の絵と彼のコメントから考察する。これはビデオゲームにあるデジタル・ストーリーの一場面である。画像とその説明にあるように、人気のあるデジタル・ビジュアル・ストーリーテリングは、子どもたちの生活や創造性に大きな影響を与えている（図1）。子ど

図1

もはこう述べている。「ここにアナニールがいます。彼はマインクラフトのビデオゲームのヒーローです。…… ここに家を燃やすアリアナス M がいます …… そしてここにゾンビの家があります …… ゾンビはあなたを襲います。」子どもたちはデジタル画像を的確に読み解いて、自分の観察したことを価値づけたり、また、理解したことを表すために自発的に絵を描いたりもする。これは、子どもの興味・関心を惹きつけるようなデジタル画像の明るさと刺激的な美しさによって、子どものこのような行動を誘発するデジタル産業の戦略でもある。(Duncum, 2020) いずれにしてもデジタルがもたらす刺激によって、幼い子どもでさえデジタルの世界に浸っているのである。

成長期の子どもや若者は、スマートデバイスを通じて容易にデジタル画像を作成し、ソーシャルメディアのプラットフォームにアップロードすることで創

造性を追求することができる。それは無秩序に氾濫する表現ではあるが、美術教育研究者にとっては刺激的で研究の可能性を拡張する可能性を孕んでもいる（Duncum, 2014a, 2014b, 2020）。特に興味深いのは、若者たちが画像や動画を作成するための高度な技術をどのように磨いているのかである。かつては一般の消費者が手にしやすいように専門家が施していた映像技術を、今では一般人や若者が日常的な娯楽として簡単に使っている。このような個人的に使われている手法には、クリエイティブであることと社会的であることの二つの特徴がある。

　若者が自主的にアップしているソーシャルメディア上のデジタルワークは極めて創造的である。そのため、美術教育研究においてもそのような実践に注目が注がれている（Castro, 2012; Duncum, 2014a, 2014b, 2015a, 2015b, Katagiri et al. 2015, 2016, Letsiou 2019a, 2019b）。もはや子どもや 10 代の若者はデジタル技術においては先駆者なのだ。彼らはソーシャルメディア上で自主的に学習し創造的な能力を伸ばすことができる。過去にはコミックブックのデザインを子どもがコピーしながらデザインを学ぶという様子が見られたが（Duncum, 1988）、現在ではスマートデバイスを使って写真やビデオ制作の複雑なプロセスを子どもが真似ている。子ども達は、専門家やソーシャルメディアコミュニティの仲間によって作られたデジタル画像や映像からデジタルイメージの作り方を学んでいる。今、子どもたちは高度な編集技術を活用して複雑な意味をも創造しているのである。

　ソーシャルメディア上の個人的な創造活動でも社会的特性を持つものがある。子どもや若者が自分たちのコミュニティ（例えば YouTube など）の中で問題を発信し、仲間との相互作用を通して解決しながら、プロジェクトを創造するテクニックを身につけているものなどである。ポール・ダンカムは、オンライン上の若者文化を「スマート・スウォーム（群衆の叡智）」と呼び、こうした若者たちがどのような相互作用によってスキルを向上させているのかを示している（2014a, 2020）。

　しかしながら、ほとんどの若者はコミュニティにおける内容や規範を批判的に評価することなしに参加している。そのため、ネットいじめなどをコミュニティ自体が助長している実態を判断できずにルールに従っていることもある。ここで、自主的に拡散する創造的実践を美術教育で扱うという教育学的役割が発生する。これは、子どもたちに学ぶ機会を増やし、批判的態度を身につけさせるため

なのである。

　私は10年前から、学校における美術教育として、ソーシャルメディア上での若者や子どもたちの自主的な創作活動を調査してきた。たとえば、2012年から2015年にかけて実施された「モバイル・ムービー・プロジェクトは、若者たちのデジタルメディアとの日常的な体験を学校での正式な美術指導と再び結びつけることを目的としていた (Katagiri et al., 2015, 2016; Letsiou, 2019a, 2019b)。まず、ドイツ、ギリシャ、日本の学校を含むソーシャル・オンライン・ネットワークを学校の授業に持ち込んで美術の学習と多文化理解に生かすことができた。またこの方法によって、学外も含めた個々の日常的なメディア体験を仲間と相互に交流しながらつないでいくことができた。並行して美術の授業ではデジタルメディアのメッセージに対する批判的思考を主眼に据えた。そのように、彼らの日常におけるデジタル体験を教育の場に取り込むことで、氾濫するイメージに対する批判的思考を育むことになるのである。それが美術教育においてデジタルメディアを扱うことの教育的意義と言える。

社会認識を育むデジタルメディアの創作活動

　美術教育の総合的な性質と「社会性と情動の学習」との関連性を考えてみると、新しいメディアによる創造的実践を美術学習に取り入れることで、若者は批判的思考スキルを身につけ、ソーシャルメディアのコンテンツなどに関する社会的認識を深めることができる。近年、「社会性と情動の学習」を取り入れようと、美術カリキュラムに新しいメディアを使うことが増えていて、私がギリシャの美術教育研究者たちと執筆したギリシャの小学校向け全国美術カリキュラム (Greek National art curriculum for primary school, 2022) 改訂版では、「社会性と情動の学習」と「デジタルメディアの活用」という2つの項目が新たに追加された。課外文化活動をも考慮しながら新しいメディアと伝統的な芸術メディアを共に取り入れることで、美術教師にはこの2つのセクションから学習成果を統合することが奨励されている。一例として、私が高校の美術科で行った教育プロジェクトについて説明したい。このプロジェクトは、生徒の課外の文化活動を通した社会認識とニューメディアの学習成果に焦点を当てている。

私と私のテディベア・プロジェクト

図2 図3

「私と私のテディベア・プロジェクト」は、学校コミュニティにおけるソーシャル・アートの介入である (Letsiou, 2020, Duncum 2020)。この研究は、12歳の少年のインスタグラムでの課外活動に触発されたものである。その生徒は、テディベアを使ってビジュアルストーリーを作り、インスタグラムのアカウント @asproulis14_official にアップロードして共有していた (Letsiou, 2019)。アスプルーリス (asproulis) とはギリシャ語で「白」を意味し、テディベアを指している。小さなクマのぬいぐるみによる冒険の物語が写真と動画で表現されていた。少年のリビングルームが舞台となり、彼の膨大なコレクションからぬいぐるみが登場するストップモーション・アニメーションである。ストーリーは、TVのサッカー中継によくある広告や選手のインタビューを模したもので (図2、3)、「ぬいぐるみの動物」というチームの選手らがイングランドの有名なチーム「アーセナル」と対戦するという設定で進行する。少年は、フレーミング、照明、構図、編集にとても詳しく、また、観客の感情を惹きつけるテクニックも心得ておりサプライズなども演出していた。また、彼はそれらの技術を多くの若者がするように効果的にパロディに生かしていたのである。

　私は、その生徒の興味・関心や能力、そして彼が一日の多くの時間をオンラインに費やしていることを考慮して、彼が主役となる単元を計画した。デジタルメディアアートの介入をコーディネートする役割である。これはまた人権デーとしてのプロジェクトでもある。

　この単元では、@asproulis14_official のビデオを上映し、その生徒から制作方法

について説明してもらった。彼は内容や技術的な創作プロセスについて語った。撮影に必要な光量や方向、また、特殊効果を得るために複数の写真を撮る必要性などを説明した。他の生徒から質問を受けながら創作過程の理解を深めた。その後、生徒たちは美術教室にミニチュア写真スタジオを作った。撮影のために白い紙を丸めて床と背景を作り、その両側に反射スクリーンを置いてテディベアのぬいぐるみを座らせた。反射スクリーンに挟まれた紙の上でクマが話し始めるという設定である。生徒たちは、まずテディベアを撮影し、ナレーションを録音してシンクロさせ、そして編集を行った。ナレーションでは、各生徒が人権宣言の一節を読み上げた。生徒たちは、制作の途中、人間の不平等や苦しみと闘うキャンペーンの輪が世界中の繋がりの中でどのように広がっているのかについて話し合っていた。

　2017年12月10日、国連人権宣言の日に小さな展覧会が開催された。会場ではビデオが上映され、提起された問題について議論が交わされた。コルクボードと連動して、テディベアが人権宣言について語るビデオが学校介入で上映された（図4と5）。また、人権デーについての生徒の意見がコルクボードに掲示された。さらに議論を促すために、難民キャンプで暮らしたことのある子どもが撮った写

図4　　　　　　　　　　　　　図5

真も展示された（図5）。その写真には、破壊された建物の瓦礫にいる子どものテディベアが写っていた。

　私は、新しいメディアを使った美術の学習に社会認識のスキルを統合するために「私と私のテディベア・プロジェクト」を企画・実施したのである。そこで生徒たちはテクノロジーを使って芸術的・技術的スキル（写真撮影における照明の種類、構図、遠近法、モンタージュなど）をも身につけた。

おわりに

　今後の美術教育においてビジュアル・デジタルメディアを取り入れることの利点について、現在進行中の取り組みから提言していきたい。21世紀の社会的潮流として、美術学校等のカリキュラムにおいてはビジュアル・デジタルメディアが表現手段として評価され取り入れられている。とはいえ、ポスト・パンデミックの時代において、ビジュアル・デジタルメディアへの想像的で創造的なアプローチが生徒の「ウェルビーイング」へ貢献できるかどうかは未だ不透明である。そのような状況の中で、「社会性と情動の学習」は生まれつつある。今日の世界では、多くの美術教育者や関係者が、デジタルリテラシーのスキルと共に、生徒が社会性と情動のスキルを身につけるべきだと考え始めている。

　私が若者の視覚的デジタルメディアにおける自発的な創造活動に注目したのは、若者のデジタルメディアに関するスキルが、彼らの課外活動の中で発揮されているため、学校では技術よりも表現内容の方に焦点を当てられるからである。若者は共通の関心を持つオンラインコミュニティに参加していて、それはすでに社会的実践なのだ。したがって、このような学外での創作活動で重要になってくるのは批判的態度を身につけることである。実際、彼らはオンライン環境において常に客観的に評価することを求められている。

　生徒達のデジタル作品における芸術的可能性を考える時、我々美術教育者は、生徒が教室の外でしていることに注意を傾ける必要がある。そしてそれを「社会性と情動の学習」の文脈から捉えることで、彼らは視覚的デジタルメディアが社会的認識を深めるためにいかに重要かを理解できるだろう。そのようなことから「私と私のテディベア」という教育プロジェクトは、生徒がソーシャルメディア上で行っているデジタル創作活動を美術学習に取り入れる可能性を示している。そ

れは、同時に人権に関する社会問題について批判的に考えることでもあった。

　ソーシャルメディアを活用した自由な創造的実践を美術教育に取り入れることは、学内外の学び全体に影響を与えるであろう。美術館、公共スペース、広場、その他の娯楽施設において、体験的な学習は対話と創造を促進する可能性がある。学生、アーティスト、美術教師は、民主的な参加と交流のきっかけを提供するために、空間の美学をどのように変容させるかを検討するかもしれない。このプロジェクトの美学は、若者たちが自分たちの懸念を共有し、表現できるような、歓迎された民主的な空間を作り出すことに重点を置くかもしれない。これらの空間に芸術的な介入を行い、対人交流を強化することで、物理的空間、物理的存在、およびデジタルコミュニティとの相互作用と組み合わせた、ソーシャルメディア上のデジタルメディア（自撮り写真、デジタルストーリーなど）の自由な創造的利用が、社会へのより深い理解を促進することもあるだろう。ここでは，若者の問題に関する様々なトピックについて，議論することが可能である。たとえば，都市空間とエンターテインメント、人間関係、いじめなどが、考えられるトピックの例である。

　本論を通して、私は美術教育におけるデジタルメディアのあり方とパンデミック後の社会状況における可能性について言及した。それは、我々が実際に経験した過酷な事態に端を発している。ビジュアル・デジタルメディアは、美術教育において価値があることは間違いない。しかし、我々は、パンデミックを通して、ビジュアル・デジタルメディアが「社会性と情動の学習」、また、ウェルビーイングの促進という、バランスのとれた文脈の中で美術教育を考える必要性を学んだ。このことは、21世紀におけるビジュアル・デジタルメディアを用いた未来の美術教育のあり方にもつながっている。つまり、社会の混乱や困難というものは新たな創造へのチャンスなのである。

（翻訳：柳沼 宏寿、片桐 彩）

参考文献

Greek National art curriculum for primary school (2022). http://iep.edu.gr/el/nea-ps-provoli.

Castro J. C. (2012). Learning and Teaching Art Through Social Media. *Studies in Art Education*, 53: 2. 152-169.

Duncum, P.(2020). *Picture Pedagogy, Visual Culture Concepts to Enhance the Curriculum*. London: Bloomsbury Academic.

Duncum, P. (2015a). Missing Steps in the Move to Electronic Screens. *Journal of Research in Art, Education*, 16(2), 89-102.

Duncum, P. (2015b). A journey Toward an Art education for Wired Youth. *Studies in Art Education*, 56(4), 295-306.

Duncum, P. (2014a). Youth on YouTube as Smart Swarms. *Art Education*, 67(2), 32–36.

Duncum, P.(2014b). Making Movies-in-Minutes. The International Journal of Arts Education, 12(1), 25–40.

Duncum, P.(1988). To Copy or Not to Copy: A Review. *Studies in Art Education*. 29(4). 203-210.

Farrington A. C., Maurer J, Aska McBride R. M., Nagaoka J., Puller J. S., Shewfelt S., Weiss W. E. Wright L. (2019). Arts Education and Social-Emotional Learning Outcomes Among K-12 Students: Developing a Theory of Action. Chicago: Consortium.

Katagiri A., Letsiou M., Thomas B. (2016). International Friendship Art Project (INFAP). *Journal of Art Education, Joshibi University of Art and Design*, Japan, Vo 5, 9-17.

Katagiri A., Letsiou M., Thomas B. (2015). Mobilemovie Project. *InSEA E-magazine*, no1. 119-132.

Knochel D. A. & Sahara O.(2022). *Global Media Arts Education, Mapping Global Perspectives of Media Arts in Education*. London: Palgrave Macmillan.

Letsiou M. (2019a). Bridging art curricula with on-line youth culture. *Screen Literacy, Education Through Visual Media Expression*. Niigata University, Graduate School of Modern Society and Culture, Japan, Vo 1. 7-18.

Letsiou M. (2019b). Me and My Teddy Bear: Students' Online Production Intersects with Art Learning. *Special issue of Synnyt/Origins: Finnish Studies in Art Education journal, 'Digital and new materialist artistic and art educational practices and theories'*, InSEA Regional Congress 2018. 1155-1171.

Letsiou M. (2019c). Rethinking the notion of Art Learning as Social Activity". In Teresa Eça, Hester Elzerman, Maria Letsiou, Maja Maksimovik, Angela Saldanha(Eds). "Engaged Arts Education". E-publication of InSEA.

Letsiou M.(2020). Lesson Example 10. 1 Instagram and Video Production. In Paul Duncum(2020). Picture Pedagogy: Visual Culture Concepts to Enhance the Curriculum. London: Bloomsbury Academic publication.

Letsiou M. (2021). Art Education and Popular Visual Narratives. Screen Literacy, Education *Through Visual Media Expression. Niigata University, Graduate School of Modern Society and Culture, Japan.* Vo 2, 17-26.

Freedman K. (2010). Rethinking Creativity: A Definition to Support Contemporary Practice. *Art Education.* 63:2, 8-15.

Lowenfeld V. & Britain W. L. (1947). *Creative and Mental Growth.* New Jersey: Prentice Hall.

Russell L. R. & Hutzel K. (2007). Promoting Social and Emotional Learning through Service-Learning Art Projects, *Art Education,* 60:3, 6-11.

Schlemmer, R. H., Carpenter, B. S., & Hitchcock, E. (2017). Socially engaged art education: Practices, processes, and possibilities. Art Education, 70(4), 56-59.

仮想世界と現実世界
デジタル視覚文化における広告について小学5年生を感化する

Virtual World Versus Real World:
Sensitizing Fifth-Grade Students About Advertising in Digital Visual Culture

レティシア・バルツィ

Leticia Balzi

要旨

　本章では、ビデオゲームや人気のウェブサイト、ソーシャルメディアに見られるバーチャルな世界と現実の世界の影響について、児童が自分の認識を描く5年生のアートプロジェクトを紹介する。このプロジェクトは、アート・カリキュラムの一環であり、ムラカミ（村上隆）の作品群から着想を得て、ディスカッション、共同でのブレインストーミング、現代美術を通して批判的思考力を養うことを目的としている。まず、児童が描いた絵の量的分析によって美術的な思考過程を実証する。また、現実世界に関する子どもたちの感性に影響を与えるコンテンツを作成するために、視覚文化の使用が及ぼす影響について検討する。本稿においては、子どもたちの心身の健康に関する批判的思考力を養う美術教育の重要性を強調している。

キーワード：子ども、広告、美術教育、視覚文化、デジタルメディア

仮想世界と現実世界
デジタル視覚文化における広告について小学5年生を感化する

　13歳以下の子どもたちは、自分自身と世界を理解しながら成長する過程で、作り方、さまざまな役割の果たし方、スポーツ、歌、社交などを学ぶことにほとんどの時間を費やす。多くの場合、おもちゃを使ったり、歌を歌ったり、自然の中で遊んだり、キャラクターの役割を繰り返したりする。遊ぶことは、自由な感覚を表現する人間の本能であり、私たち人間は遊ぶことによって成長する。何故なら、私たちは、個人的にも集団的にも自分が何者であるかという感覚を発達させるか

らだ (Huizinga, 2014)。

　バーチャルリアリティの技術が進歩するにつれ、仮想世界で見られる画像、ビデオゲーム、その他の視覚的コンテンツの質も向上している。技術の進歩は、デジタル映像メディアに望ましいコンテンツを生み出している (Klein, 2017; Knutsen & Haugrønning, 2020)。しかしながら、子どもやティーンエージャーが消費する仮想世界を大人が収益性の高いものにする一方で、倫理的な境界線は必ずしも尊重されていない (WHO, 2023; Girard, 2022)。ビデオゲームや人気のウェブサイトで広告や暴力的なコンテンツに触れることは、未成年者の心を傷つけ、その結果、彼らのアイデンティティや世界観をも傷つけている (Girard, 2022; Hastings et al., 2006; Rossi & Nairn, 2021)。

　元クリエイティブ・ディレクターで、現在は美術教師兼研究者である私は、「小学校の教科としてのアートは、デジタルメディアにおける視覚文化の非倫理的な使用について、子どもたちをどのように感化させることができるのだろうか？子どもに対する広告の何が倫理的なのか？」という問題に注目した。

　私は、日本のアーティスト、ムラカミの作品にインスパイアされたドローイング・プロジェクトを計画した。それを指導し、分析するために、子どもをターゲットにした規制のない広告に関する理論と量的研究を検討し始めた。本プロジェクトは、ノルウェーの小学5年生の子どもたちを対象に、現実世界と仮想世界を理解させ批判的な考察を促すことを目的としている。授業の目的は、子どもたちがビデオゲームや広告、ソーシャルメディア、その他の人気ウェブサイトで接しているデジタルメディアコンテンツに対する批判的思考力を養うことである。

　私がこの既知の問題について書くきっかけとなったのは、この夏、リトアニアに幼い息子と行ったときに出会った、子どもの遊び場近くに置かれたアイスクリーム販売ロボットだった。私達が遊び場に向かって通りかかると、女性型ロボット（**図1**）が私たちの動きを感知し、親しみを込めた声でこう言った。「銀河で最も健康的なアイスクリームを食べに来てください。」このロボットは、より多くの人が近づくにつれ、提案のレパートリーを増やしていった。たとえば、子どもが寝る前に健康的なアイスクリームを食べるとリラックスします、と提案する。母親として、元アートディレクターとして、そして美術教師として、私は不快に思った。これは、広告によって子どもたちを不健康な食べ物のターゲットにし

図1　子どもの遊び場近くにあるアイスクリーム販売ロボット（2023 年）。
写真：レティシア・バルツィ ©.

てしまう、よくある方法のひとつだからだ。

　美術教師として、さまざまなニーズを抱えた子どもたちを成長へと導く仕事を
しているため、私は、知識を創造したりアクセスしたりするためによく遊びを利
用する。それは母親であることとさほど変わらない。遊びを通して学習に参加さ
せる機会は多くあるが、このロボットによって、私は遊びを利用して幼少期を商
品化しようとすることが多くの企業の関心事でもあることにも気づいた。

　悲しいことに、ジェンダーによってステレオタイプ化されたこの女性型ロボッ
トが、遊び場付近で砂糖入りのアイスクリームを売っている姿から、私は、デジ
タルメディアや仮想世界の映像文化によって生み出されるコンテンツが、子ども
たちの感性に悪影響を与えていることを考えさせられた。

　前述したように、私はアートディレクターとして 10 年以上広告業界で働いて
いた。この業界がさまざまなオーディエンスの欲望を引き起こすために、視覚文
化における社会的ステレオタイプや夢、恐怖を利用する方法に、私は女性とし
て、母親として、そして美術教師として、強く反対したい (Klein, 2017, pp.35-43;
Balzi, 2021, pp.12-30)。

規制されていない広告

　広告には、聴衆を対象にする際に規制がある。しかし、それは子ども向けではなく「すべてのユーザー」(Girard, 2022) 向けであり、つまり、その意味で子どもを含んでいることになる。したがって、養育者によって子どもが使用するデジタルメディアのコンテンツを管理しなければ、13 歳未満の子どもが広告からの影響を受ける危険性がある。子どもの健康を優先する政府もある一方で、マーケティングや広告における販売戦略の一環として子どもたちを取り込むために視覚文化がどのように利用されているかを取り締まる規制はほとんどない (European Commission, 2016; WHO, 2023; DW, 2016; Moore, 2006 in Sandberg et al.) 子どもが必要としない製品やサービスを販売することで、企業は、食品と飲料だけでも世界的に億万長者産業の利益とされる 2000 億ドル以上の利益を得ることが予測される (Global Industry Analysts, 2023, March 1)。欧州委員会は、子どもはその年齢ゆえに特に脆弱であり、それを悪用すべきではないという主要原則を強調している。しかし、子どもたちは、その好奇心によって、商業的目的を理解することなく、広告メッセージ、ビジュアル、バナーをクリックしてしまうため、サブリミナル・マーケティングや商業慣行の影響を受ける可能性が高い。このような状況は、特に広告メッセージ、バナー、画像なので難しいかもしれない。時には、クイズ、デジタルペイント、ソーシャルメディア、動画共有サービスなど、子どもを惹きつけるオンラインゲームやウェブサイト、モバイルアプリ、動画共有サービスに埋め込まれたり、隠されたりしている (欧州委員会、2022 年)。

倫理的配慮

　このプロジェクトに参加した児童たちは、ノルウェーの国際的で多文化的な学校に通っていた。このプロジェクトは、国際バカロレア・プライマリー・イヤーズ・プログラム (International Baccalaureate Primary Years Program、2023 年) の枠組によるアートの題材として行われた。私は、仮想世界と現実世界を児童たちがどう見たのかを示す 8 枚の絵を選んだ。紹介する絵画作品は、児童の個人情報を保護するために匿名とした。この考察の目的は統計ではない。視覚文化を利用した非倫理的な広告に関して、子どもたちに質問をし、対話を行うことである。児童達がどのような視覚メディアコンテンツをどのくらい見ているのかを共有し、

話し合うために、ここでは対話と信頼関係が重要な役割を果たした。児童たちは、日本のアーティストであるムラカミの作品を分析することで、デジタルメディアにおける視覚文化の使用というテーマに取り組んだ。

アート・カリキュラムの枠組み

　プライマリー・イヤーズ・カリキュラム (PYP IB, 2023) は、認知的、社会的、情緒的能力の育成を目的とした、学際的かつ概念主導の枠組みである。このカリキュラムの枠組みの一環として、児童は、人間関係を優先し、強い学習共同体を構築するための学習の主体者と見なされる。このプログラムでは、児童が自分の学習に責任を持ち、そのプロセスを主体的に進める。自分の人生、地域社会、そしてそれ以上の世界に変化をもたらすために、児童たちは探求と学習の振り返りを通して学ぶ。児童が自己効力感を感じると、主体性を発揮しやすくなり、それによって、児童は自分の選択に自信を持ち、それが主体性と影響力に効果を及ぼす (PYP IB, 2023)。このような枠組みを考慮し、さまざまなデジタルメディアにおける広告について子どもたちを感化させることを目的として、私は「世界の仕組み」(PYP IB, 2023) というコンセプトをモデル化にした絵画プロジェクトを計画し、指導した。

方法論

　本研究では、小学 5 年生の児童の絵に情報を与え、教え、分析するために、量的および質的研究による方法論を取り入れる。本章では、基礎理論 (Knutsen & Haugrønning, 2020; Klein, 2017; Sandberg et al., 2011; Mitchell, 2006)、エスノグラフィ、ナラティブ・リサーチ、ケース・スタディに基づいた質的方法論を用いている。私がエスノグラフィ (Carlsen, 2018, p.3) を取り入れた理由は、研究者、母親、美術教師としての立場に影響されながらリフレクションを計画し、指導し、執筆したからである。情報収集の方法は、児童との会話を仲介するブレインストーミングの活動、クラスで話し合いをするために選定したムラカミの作品の分析、各セッション後の記録、ドローーイングの活動で構成されている。さらに、児童の発達段階や、スクリーンへの接触などの側面を共有した別の単元における過去の情報も、アートの題材計画やムラカミの作品選択の際に考慮された。

図2　児童が書いたキーワードのブレインストーミング（2022 年）。
写真：レティシア・バルツィ©.

　図２は、ディスカッションのきっかけとなるキーワードを用いた共同ブレイン
ストーミングの様子を示しており、児童の視点に応じた仮想世界と現実世界を視
覚化したものである。

視覚文化とデジタルメディア、子どもたちの関心とお金を得るための
おいしいマーケティング・レシピ

　視覚文化の目的は、視覚的に意味を伝えることである。この言葉には、ソーシャ
ルメディアやテレビを含むデジタルメディアと伝統的なメディアが含まれる。ビ
ジュアルメディアには、エンターテインメント、広告、アート、パフォーマンス
アート、工芸品、情報成果物、人間同士のメッセージなどが含まれる（Mitchell,
2006）。しかし、多くの企業は、暴力的なコンテンツを正規化するために視覚文化
を利用し、新製品を紹介したり、ターゲットとする視聴者にブランドへの忠誠心
を思い出させたりする商業戦略としてステレオタイプを利用している。

「女性の身体と西洋の新自由主義的視覚文化に関する遊び心のある調停」(Balzi, 2023) という調査研究において、私は広告やビデオゲームを含む西洋の視覚文化におけるジェンダーの暴力的使用に関するオンラインアーカイブと大人向けの教育ツールキットを作成した。この文脈を考慮し、それを子どもたちに適用させるために、ポップカルチャーと消費主義に根ざしたウォーホルの作品を研究し、コミック、消費主義、ビデオゲームに影響されたサブカルチャーのアイデアをもたらした日本のアーティスト、ムラカミについて考えた。

彼の作品には、子どもにも認識されるような、スマイリーやマンガのキャラクターなど、グローバル化した大衆的な視覚メディアの図像に共通する表現形式が用いられている。それに加えて、ウォーホルと同様に、ムラカミの作品は高度に商業化されている (Mahindru, 2020)。子ども向けの非倫理的なビジュアル・デジタル・コンテンツ一式と矛盾する可能性があるにもかかわらず、その象徴性によって、子どもたちは彼の作品の意味について考えやすくなる。ムラカミはまた、「日本の消費文化の浅はかな空虚さ」の影響を暗示し、超フラットな文化というアイデアも持ち出している (Drohojowska-Philp, H. 2021)。

消費主義がいかに私たちの感性に影響を与え、文化に対する感覚を形成するかを認識し、児童たちは仮想と現実の世界のつながりを確立した。風刺的な表現、花に込められた爆発的な喜び、サイケデリアは、デジタル映像メディアの広告やその他の非倫理的なコンテンツに触れながらも、子どもたちの感性に影響を与え、それが生み出す愛情に結びつけることができるのだ。一例を挙げると、児童の中には、ホラーのイメージの人気ウェブサイト、化粧をしたステレオタイプ的なインフルエンサー、ファーストフード、子どもたちにギャンブルを勧めるスポーツのビデオゲームなどのコンテンツにさらされていることについてディスカッションで述べた者もいた。

以下に紹介する作品は、ムラカミの作品群と、現代美術を通した概念的なアイデアを学校の美術教育において発展させるための応用原理 (Gude, 2004, p. 8; Duncum, 2010) に支えられた授業中の議論から着想を得たものである。

図3　児童作品(2022 年)。写真：レティシア・バルツィⒸ.

　授業で使った作品は、「I. 自画像／Ii.Dob Totem Pole／Iii.Lots, Lots Of Kaikai And Kiki (From The New Day Series) "(Murakami, 2019) である。その理由は、この作品が自画像のアイデアを示しているからであった。私は、児童たちに探究の中に身を置かせようとした。この作品においては、作者は笑顔の花の集合体の一部であるが、登場人物の表現には二面性もある。

　図３は、２つの世界の間で分断されているという考えを示している。１つは自

分の身体を使って住む世界であり、もう 1 つはゲームや社交に参加し、さまざまなコンテンツにアクセスする世界である。児童たちは、このようなコンテンツが自分のアイデンティティ意識にどのような影響を与えるかを、スマイリーを使って主張し、「いいね！」と言われることがいかに重要であるかを表した。図 3 の絵においても、仮想世界でのアイデンティティの確立が強く意識されている。また、現実世界のもう半分の絵と比較して、多くのコンテンツが描かれている。報酬やソーシャルネットワークのアイコンも描かれている。これら 4 つの絵は、児童が両方の世界で何らかの幸福を感じていることも示唆している。

図 4　児童作品(2022 年)。写真：レティシア・バルツィ©.

　図 4 は、児童たちが普段使っているソーシャルネットワークに関するアイコンといくつかの内容を描いた例である。これらの絵は、これらのネットワークが彼らに与える影響も示している。3 枚の絵のうち 2 枚は、リラックスしているのではなく、緊張しているキャラクターが描かれている。最後のキャラクターは無表情だが、これを描いた児童によると、ソーシャルネットワークのメッセージは、この児童を「溺れそうな」気分にさせるという。これらの絵は、仮想世界及び現実世界の感情間の緊張も示している。

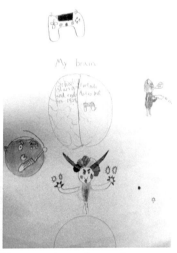

図5　児童作品(2022 年)。写真：レティシア・バルツィ ©.

　図5には、ビデオゲームで積極的に遊ぶ児童の絵を2枚示した。そこに見られるいくつかの要素には、彼らの表現が見られる。この2つのケースでは、現実世界と仮想世界の区別はなく、一体化している。右の絵は、ビデオゲームの名前と通学時間を含む脳内の分割を示している。ビデオゲームが悪いという考えも書かれているのが分かる。

　図6の絵は、『Mr. DOB Comes to Play His Flute』(ムラカミ、2013)という作品からインスピレーションを得ている。この絵は、児童が、世界の狭間にいる自己のアイデアを表現し、アイデンティティの感覚を探求し、形成するために、人物を未完成のままにしたいと考えた例である。絵の中には3つの惑星が描かれている。ひとつは、地球と仮想世界の融解をミックスしたもので、見る者に人新世との関連性を考えるよう誘導している。他の2つの惑星はYouTubeとSpotifyで、それらはこの児童が主に使っている企業である。

　授業中のディスカッションでは、仮想世界のコンテンツに触れることが精神的・肉体的健康にどのような影響を与えるかについて児童たちが共有し、非倫理的な広告を批判的に分析するきっかけを見い出した。プロジェクトの最後に、児童たちは描いた絵を互いに見ながら、消費するものすべてが良いわけではない

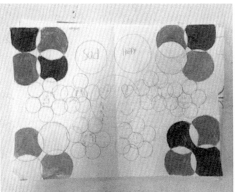

図6　児童作品(2022年)。写真：レティシア・バルツィ©.

が、視覚文化に使われる色、音、形の味わいは魅力的であると感想を述べた。ま
た、ソーシャルネットワークは孤独を感じさせるとも述べていた。5年生と会話
をしたことで、多くの子どもたちが、保護者のお金でビデオゲームをしたり、お
もちゃやファーストフード、栄養ドリンク、化粧品など、必要のないものを購入
したりしていることも明らかになった。

仮想世界と現実世界

　小学校の教科としてのアートは、デジタルメディアにおける視覚文化の非倫
理的な使用について、子どもたちにどのような感化を与えることができるだろ
うか。子どもに対する広告の倫理とは何か？広告は私たちの心理、アイデンティ
ティ、自尊心をもてあそび、製品が地球、私たちの心身の健康、児童労働に与える
可能性のある影響を見過ごさせる (Klein, 2017, pp.60-65)。

　少なくともノルウェーでは、ほとんどの子どもたちが9歳でコンピュータや
携帯電話にアクセスできるようになる (Knutsen & Haugrønning, 2020, p. 12;
Thormudson, 2017) ことを理解すれば、子どもたちが、自尊心に影響を与えるコ
ンテンツを目にする広告にさらされていることがより意識されるだろう。スカン

ジナビアの調査研究は、広告が子どもたちの健康にどのような影響を与えてきたかを示している（Knutsen & Haugrønning, 2020; Sandberg ら, 2011）。

しかし、広告の問題は、これを直接実証できないということでもある。美術のカリキュラム設計においてこの問題を認識することは、子どもたちが問題に対処するための一歩となるかもしれない。

美術教育研究に現代アートや絵を用いることで、ティーンエイジャーに批判的思考を育み、子どもたちが混乱に陥る際に別の方法を実証することができる（Freeman, 2003, pp.23-64）。これにアプローチする一つの方法は、カリキュラムを学習の連続体として使用し、年間のカリキュラムマップ全体を通して、また他教科との関連において、認知、感情、行動の発達を包括することにある（Muirheid, 2011）。絵の分析の場合、絵はこのような瞬間を捉えると同時に、新たな探求の糸口を開き、児童と探求すべき新たな問いを示唆するのである（Balzi, 2023: 4-8）。

一方で、多くの養育者は、特定の規制のないコンテンツをストリーミングしている携帯電話を子どもに与えることを選ぶかもしれない。あるいは親がゲーマーならば、子どもは幼い頃から遊んで過ごすことをその親から学ぶだろう。

ある時点で、教育者も少しは手助けができる。これは地域社会の義務である。効果的な広告のレシピには、いつの時代にも同じ材料がある。クリエイティブなメッセージの甘美な味わい、カラフルなビジュアル、そしてメッセージの反復を確実にし、マーケティング目標を達成するための強力なメディア計画である。消費者に健康への影響を知らせるラベルが必要なタバコやエナジードリンクのように、現在のインターネット上においても、私達は、商業目的のために受け入れるか否かを選ぶクッキーについて知らされる。これらの貴重な情報はすべて処理され、広告のターゲットとして利用される。欲望は、不安や抑うつを引き起こし、広告されたものを持っていない人や使っていない人を差別化する。

差別化は、ステレオタイプのためであり、それによって広告活動が促進する。もっと言えば、安いファーストフードや砂糖入りの製品の場合、健康上の問題もある。しかし、その逆もある。歪んだイメージフィルターを使った広告やインフルエンサーが、ステレオタイプで非現実的な身体を見せることで、ティーンエイジャーが食べることをやめてしまうのだ。視覚文化の非倫理的な利用で子どもたちをターゲットにした AI が、今後どのような結果をもたらすかは不透明である。

結論

　教師と学習者が積極的に意見を交わし、新しい知識を形成することで、知的成長の発達が促される。デジタルメディアのコンテンツに触れても安全だと感じられるようにすると同時に、批判的思考のスキルを教えれば、不安やいじめを減らし、自尊心を育み、政府の対策のようにより多くの攻略法を生み出すことができるかもしれない。アートを教え、規制のないコンテンツを批判的に調べる学習に際して、美術教育は、子どもたちが視覚文化を理解するための助けとして不可欠である。

　私は子ども向けの広告やマーケティングには強く反対だ。なぜなら、これらの業界は意図的にターゲット層が何を求めているかを知っているからだ。彼らは商品を魅力的かつ効果的に販売するための戦略を計画するために、デジタルの視覚文化を利用する。

　広告業界で働いていた元アートディレクターとして、私は未成年者に製品やサービスを販売するマーケティング戦略を規制するべきだと主張したい。広告にマーケティングが必要なように、美術教師は授業に創造性を発揮し、他の教師や地域社会と協力して、非倫理的な広告や、映像メディアにおける規制のないコンテンツへの接触に対して取り組むことが必要だ。

　教科としてのアートは、デジタルメディア上の映像コンテンツを消費する際の選択について批判的であると同時に、遊び続ける子どもたちに対してその手助けをすることができる。教育者としての私たち、そして養育者としての家庭の私たちの多くは、子どもたちが現実の世界をより魅力的に感じられるようにすることが重要なのだ。

（翻訳：片桐　彩）

参考文献

Balzi, L.(2023). Intersections in the Research Territory. *INSEA IMAG*,(14), 4-10. https://doi.org/10.24981/2414-3332-14.2023

Balzi Costa, L.(2021). La violencia de género como estética en la cultura visual de Europa y América desde el siglo XVI al XXI=Gender violence as aesthetics in European and American visual culture from the 16th to the 21st century. *Cuestiones De género: De La Igualdad Y La Diferencia*,(16), 12–30. https://doi.org/10.18002/cg.v0i16.6728

Carlsen, K.(2018). Visual ethnography as a tool in exploring children's embodied-making processes in preprimary education. *Formakademisk*, 11(2), 1. https://doi.org/10.7577/formakademisk.1909

Duncum, P.(2010)Seven Principles for Visual Culture Education, Art Education, 63:1, 6-10, DOI: 10.1080/00043125.2010.11519047

European Commission (2022, June). ADVERTISING TOWARDS CHILDREN Five key principles of fairness. Retrieved October 20, 2023, from https://shorturl.at/alnH2

Girard, K.(2022, March 21).*Kids Are Exposed to Targeted Advertising Across the Industry.* Common Sense Education. Retrieved October 20, 2023, from https://shorturl.at/amyDL

Gude, O.(2004). Postmodern Principles: In Search of a 21st Century Art Education.

Huizinga, J.(2014). Homo Ludens: *A Study of the Play-Element of Culture. Mansfield Centre*, CT: Martino Publishing. ISBN 978-1-61427-706-4.

Knutsen Steinnes, K. and Haugrønning, V. (2020). Mapping the landscape of digital food marketing: Investigating exposure of digital food and drink advertisements to Norwegian children. SIFO PROJECT REPORT 17-2020. Oslo Metropolitan University. https://shorturl.at/dfZ78.

Klein, R. (2017). No It's Not Enough. Canada: Knopf.

Mahindru, M.(2020, June 1). Marvellous Mr Murakami. Vogue India. Retrieved October 20, 2023, from https://shorturl.at/bzY38

Mitchell, W. J. T.(2006). What is visual culture studies? In Morra and Smith (Eds.), *Visual Culture and Critical Studies*. (pp. 298-311). New York, NY: Routledge

Murakami, T. (2013). *Mr. DOB Comes to Play His Flute*.[Offset Print with Silver]. Kaikai Kiki Co., Ltd.

Murakami, T. (2011). *I. Self Portrait/ Ii. Dob Totem Pole/ Iii. Lots, Lots Of Kaikai And Kiki (From The New Day Series)*. [Offset Lithograph]. Sotheby's.

Muirheid, Amanda J., "Visual Culture within Comprehensive Art Education and Elementary Art Curriculum." Thesis, Georgia State University, 2011. https://doi.org/10.57709/1925217

Rossi, R. & Nairn, A.(November 3, 2021). How children are being targeted with hidden ads on social media. https://rb.gy/gejoy

Sandberg, H. & Gidlof, K. & Holmberg, N. (2011). Children's Exposure to and Perceptions of Online Advertising. International Journal of Communication. 5. 21–50. https://rb.gy/7difv

The International Baccalaureate Mission Statement. (August, 2022). The International Baccalaureate. https://www.ibo.org/about-the-ib/mission/

The International Baccalaureate Primary Years Programme. (2023). The International Baccalaureate. Retrieved October 27, 2023, from https://www.ibo.org/programmes/primary-years-programme/

The International Baccalaureate Primary Years Programme. (2023). The International Baccalaureate. Retrieved October 27, 2023, from https://www.ibo.org/programmes/primary-years-programme/curriculum/

WHO (2023, March 21). New WHO tool aims to protect children from unhealthy food marketing. Retrieved October 20, 2023, from https://shorturl.at/stQ02

DW (2016, November 14). WHO: European children targeted by junk food ads. Retrieved October 20, 2023, from https://shorturl.at/nAI17

(2021, August 23). Takashi Murakami: Pushing the Boundaries of Contemporary Art. Invaluable. Retrieved October 20, 2023, from https://www.invaluable.com/blog/intro-to-takashi-murakami/

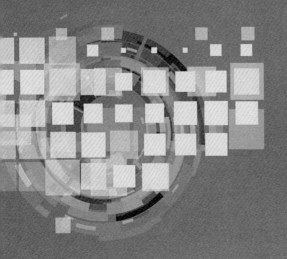

第 4 部

創造の現場

虫食い台本を使ったグループによるワンカット撮影動画の制作

Shooting a One-cut video in groups using fill in the blank scripts

春野 修二　笠原 広一

Shuji, Haruno　Koichi, Kasahara

1．はじめに

　朝起きたら、テレビの音が聞こえている。家に帰ったら、まず、テレビのスイッチをつける。テレビを見ながら食事をする。そんな風に、つけっぱなしのテレビの中で生活する人々はどれ程いるだろうと思う時がある。「もし誰かが急に部屋に侵入してきて私たちを殺したって、テレビは知らんぷりしてしゃべりつづけているだろう」と1986年にオノ・ヨーコが著書『ただの私』[1]で書いていた。視聴者が参加する仕掛けが増えたとはいえ、多くの場合オノが指摘するとおり、各家庭におけるテレビとの関わりは、「壁に向かっているのと同じ」ような要素がある。高度経済成長の時期カラーテレビが豊かさの一つの象徴かに思われたが、それは、人々の寂しさの裏返しでもあった気すらする。

　とはいえ、テレビにはよい側面もある。映像を通して世界で起こっている事象をリアルタイムで知ることができたり、記録映像から世界の歴史の真実を理解したりすることができる。そのようにして、世の中の時代や歴史に対する多くの人々の共通感覚を視覚的に受け止めるのにテレビは非常に便利だ。何かを学習するのに、映像表現は避け難い。

　ところで、インターネットの普及に伴って、SNS（Social Networking Service　ソーシャルネットワーキングサービス：社会的なネットワークを築くためのサービス）が発展したことにより、映像メディアと人々の関わり方が変容しつづけている。SNS等では、"言葉"による言語に加え、写真や動画などの"視覚言語"によってより分かりやすく相手と交流しようとイメージを伝え合う。これまで受信者（オーディエンス）だった立場の者がSNS等の登場で発信者（職業人としてではないクリエーター）になり、その人口が増加している。SNSでは、「壁に向かっているのと同じ」ような状況ではなく、特定の（あるいは不特定多数の）相手を意識しながら社会的なネットワークの構築を目指している。一人一台端末（動画編

集ソフト入り）が小中学生レベルで普及しつつある現在、図画工作や美術科の授業において映像表現で有意義な体験を仕組むことは不可欠に思われる。

　「虫食い台本を使ったグループによるワンカット撮影動画の制作」はICT使用に関する時代の変わり目において、端末を使うことの意義や展開方法について考えながら2013年〜2015年に国立附属中学校や市立中学校の美術科で実践・検証した。図画工作においても実現可能な題材である。

2. 授業展開と題材設定の背景やポイントについて

(1) 授業展開

　本題材は、教師が5名前後のグループ構成をした後、①チーム名を考えながら、各個人でキャラクターを思い浮かべ、ペープサートを作る。②グループ内でペープサートを使って自己紹介してから、デモ映像を鑑賞する。③虫食い台本の穴埋めによる各個人作成のキャラクターを登場させた物語をグループで作成し、背景等作成する。④実演練習を経て、物語をワンカット（できるだけ編集なし）で動画撮影する（図1）。⑤クラス全体でグループ作成の動画の鑑賞会といった5つの段階で展開する。所要時間は約3時間である。最終的には制作動画の鑑賞に辿り着くのだが、本題材は優れた映像作品を作ることやICT機器の使用を第一の目的としていない。それでは、何をねらいとしたかをみていきたい。

図1　撮影の様子

(2) 題材設定の背景

　共同で何かを制作する際、核となるメンバーが内容や方法を考え周囲のその他の者に指示を出すいわゆる "指示型分業" の作業になりやすい。指示を与えられた側は自己よりも全体を意識する。

　実際に映像作品を作る場合も、ディレクターや監督が、役者、カメラマン、音響、大道具など専門のスタッフに指示を出して編集担当がまとめ上げることが多い。

だが、子どもたちは専門のスタッフではないし、中心となる誰かに何かをやらされるのは主体性に乏しくなりがちであり、全体としての活力に欠けてしまう。

そこで、本題材では子どもたち一人ひとりが主体的かつ、協同で活動できるように「プロセスの活性化」や「創発」、更に、コミュニティ形成に向けての他者理解と合意形成といったワークショップ的な側面を重視した。[2]

その際の視点として、自分の考えや意見、価値などを分かち合い、互いの気持ちが共有でき、新たな人間関係を育む潤滑剤となる感性的コミュニケーション。それによって互いの繋がりが広がったり深まったりして満たされる繋合希求性。更に活動中に共感し合える感情体験をもつことで人の気持ちや思考に沿ったアイデアの創出へと大きく変わっていくような心に深く入り込んでくる力動感（vitality affect）を生み出す実践にしていくことをねらいとした。[3]

3. 各プロセスのポイント

(1) 虫食い台本の準備

物語を何もない状態から3時間足らずで生徒たちの手だけで完成させるのは困難である。そこで、どのチームもある程度、物語のストーリー性を維持・共有できるようにするために、授業者側で括弧穴埋め式の虫食い台本を準備する（図2）。但し、物語の要となる展開部及び結末は比較的自由に工夫できるように配慮するとよい。この台本における虫食いの部分が対話を生み出すきっかけとなる。

事例では、物語の土台となる格子は誰もがその流れを知っていることで共通認識できてアレンジしやすい昔話を採用した。一つは『鶴の恩返し』で、もう一つは『桃太郎』である。それらを

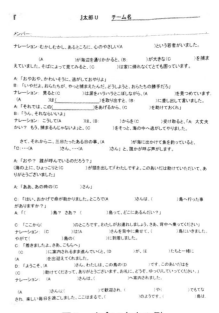

図2　虫食い台本の例

改変した台本には夫々『○○の恩返し』と『○○太郎』と名づけた。7チームの中に同じ台本をもとに作成したチームがでてくるため、鑑賞場面で比較した際に創発の独自性が際立ちやすく、各チームの工夫点に気づきやすい。各自が作成したキャラクターをどこでどのように活かし、チームならではの魅力的な物語を創造するかが楽しめるようになる。

　また、授業者2名と協力者1名によって、生徒に見せるためのサンプル映像を作成した。このプロセスを経て、台本の使いやすさ等を予め確認した。

(2) メンバー構成

　メンバー構成では、新たな交流やコミュニティ形成が育まれるようにするため、学級において実施前から人間関係が成立している者同士でのグループ構成は避けるようにしたい。そこで、本実践では出席番号順の男女混合による機械的な振り分けによるグループ構成とした。

(3) 教室環境の整備

　壁側に机をチーム（1チーム4～5名）ごとに向き合って座れるように配置すると、室内の中心部の空間が広くなり、生徒全員が集まりやすくなる。美術室前方には、各チームが創作したものに注目しやすくするためにシアターを設置（図3・4）。シアターの周辺にダンボールで壁をつくり舞台裏と観客側を区別した。更にチームにおける活動の際には、美術教室以外の廊下などでも机を自由に動かしてよいことを伝え、制作に没頭できる配慮も必要である。

図3　ダンボールで仕切られたシアター

図4　観客席の様子

⑷ チーム名を考えながら、キャラクター（ペープサート）作成

　自分が生み出した想像上の生き物が、別のものと関わり物語が展開していくのは、そこに命が宿るかのようでおもしろい。そこで、オリジナルのキャラクターをイメージするように促すことが大切である。身の回りの様々なものがキャラクター化できることを示し、机を囲み（図5），チーム名を考えながら制作させる（図6）。この段階でチーム名を考えさせることで互いの連帯感が出てくる。

　普段の美術や図画工作の授業のように造形作品として作り込んでしまうことが本題材の目的ではないため、その後のペープサート活用まで見通せるよう、短時間で仕上げさせるように心掛ける（図7・図8）。

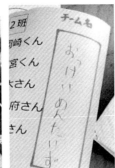

図5　制作の様子　　　　図6　チーム名　　　　図7　ペープサート

図8　完成したペープサート

⑸ ペープサートで自己紹介後、デモ映像鑑賞

　まず、試作（ノコちゃん、鉄鉱石饅頭、おばけ君等）を使って授業者が自己紹介を見せて場の緊張をほぐした。つぎに、チームメンバー同士で、ペープサートを

動かしながら自作キャラクターの紹介。作業していた机から離れて体全体で表現できるような感じでペープサートを動かしながら、できるだけ中央寄りで立って行わせる。これによって各自が動きや声の出し方に慣れるだけでなく、メンバーが互いのキャラクターの特徴等を把握し合うこともできる。最初は座席に寄りがちだったが、呼びかけで次第に教室の中心に寄って互いに紹介し合うようになる。グループで輪になってキャラクターについて質問し合いながら行う。その後、デモ映像の鑑賞をする。その段階で、主体的に自分たちのキャラクターを使ってどんな物語を展開するか自然に考え始めることができる。

(6) 虫食い台本の穴埋めによる物語づくり

　台本の虫食いの部分をみんなで相談しながら物語を考える際は、ペープサートを動かしながらセリフやアイデアを出すよう促し（図9）、その場全体を完全に生徒に委ね信頼して進行を任せる。虫食い台本は固定セリフの部分もあるが、柔軟に変更できることを伝える。撮影などに必要だと感じたものを自由に作成してよいことにする。

　虫食い台本を見ながら「どのようなものにしようか」と話し合いが進行する（図10）。どの班も机から身を乗り出し、頭を寄せ合ってアイデアを出し合っている。無意識のうちに手にペープサートをもち、話し合っている生徒が多い。

　物語の展開がイメージできるにつれ、子どもたちが自然にペープサートの裏に表情の異なる同一キャラクターを描き始めたり、背景や小道具を制作したりするなど創意工夫が見られるようになる。

図9　実際にペープサートを動かして考える

図10　台本を見て話し合う様子

(7) 物語のワンカット撮影

　基本的にカメラを固定し、撮影時にタブレットができるだけ手振れしないようにすることを事前に伝えておく。情動を伴った生徒同士の交流がよりよい形でできるよう配慮し、この段階では各チームが自分たちで適当な場所を見つけ、集中して作業できるようにしたい（図11）。

　ナレーター、役者など、自然に役割が決まっている。何度も相談し直しながら、納得がいくまで撮影を繰り返す（図12・13）。思いがけずタイミングがずれたり、失敗したり、台詞の言い方が可笑しく思えたりして、どのチームも笑いが絶えない感じがある。相談しやすい4〜5名の人数でワンカットの映像を撮影することで、チーム内に集中力や緊張感、団結力が生まれる。

　撮影がうまくいっているか見守りつつ場を保持し、何か機材上の問題などがあるときには助け舟を出すようにする。場面変更が余儀なくされ、2〜3カットになり、場面をつなぎ合わせることもあるが、編集作業は時間のロスになるため、できるだけ少なくした方がよい。

図11　廊下で撮影　　　図12　交代で撮影する　　　図13　何度も動きを確かめる

(8) 鑑賞会と振り返り

　映像を1班から順にではなく、各チームの雰囲気や満足度などを考慮して上演順を相談して決めておく。鑑賞会では自分のチームの映像を流す際、メンバーがシアター裏に集まり、みんなで映像タイトルなど声を揃えて言ってから上演を始める。ファシリテーターが各チームの上映後、コメントを入れる。同じ台本からチームによって異なるストーリーを作って楽しむことができるのも本題材の魅力である（図14・15）。

図14　シアターで作品を披露する

図15　食い入るように他のチームの作品を観て楽しむ

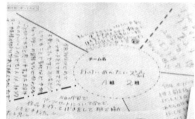

図16　振り返りシート

　振り返りはチームで共有できるように各メンバーが同じ用紙に記入してから全体の振り返りを行うように促した。楽しかった場面に関する発言が多かった（図16）。

4．実践の考察

　ここでは本題材におけるプロセス活性化がうまくいったかを分析する。国立大学法人福岡教育大学附属小倉中学校 平成25年2月27日木曜日：1年B組（39名）、2月28日金曜日：1年C組（41名）で実践したアンケート結果を参考にする。以下に示す各項目は相互に関連しており、一つひとつ切り離して考えることが困難な内容もあるが、活動の過程における、「1.力動感に関連すること」、「2.感性的コ

ミュニケーションに関連すること」、「3. 繋合希求性に関すること」を中心に分析した。

①力動感に関連すること

　質問項目 1 によると、約 99% の生徒が（4 ～ 6 を選択）活動に満足していた。また、18 項目のうち 6 件法：6 の "とてもよくあてはまる" の回答率が一番高かったのが、質問項目 13 の「このような活動は面白いと思う」で 73% であった。つまり、活動自体が面白く楽しかったので本題材に満足できたと判断できる。

表1　グラフ1「力動感に関連する項目」6件法のアンケート結果

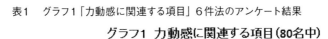

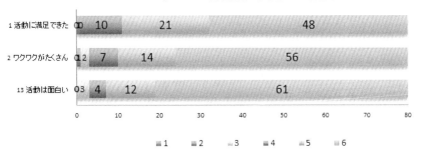

　自由記述による質問で「今回の活動で一番、楽しい、面白いと感じた活動は何でしたか」では、「みんなで物語を考えること」が最も回答が多く 32 名。続いて「物語の撮影」が 25 名（うち 4 名はタブレットの使用）、「仕上がった作品の鑑賞」14 名、その他「制作途中の段階で、様々な工夫をすること」、「話合いで意見を出し合うこと」等 9 名の結果であった。6 件法において 6 が 2 番目に回答率が高かったのは質問項目 2 の「ワクワクすることがたくさんあった」であった。ビデオで活動の様子を振り返ってみたところ、生徒たちの様子から、互いの考えを出し合って台本を考える場面で盛り上がりを見せていた。生徒たちは展開を考えつつ物語の世界に浸り、空想の世界を存分に楽しんでいた。自ら産み出したキャラクターが友達の創り出したキャラクターと共に動きだし、そこに命を吹き込む作業をしていることを実感していた。

　また、ペープサートを使って失敗しないようにしながら、自分たちで演じつつ

撮影している場面でも緊張感が伝わってきた。特に撮影が一段落ついた後、メンバー同士でタブレットの画面を覗き込んで映像の出来映えを確かめている場面はどのチームも楽しそうであった。更に、それをクラスのみんなに披露する場面では、自分たちの作品がどのように受け入れられるかドキドキしながら見ていると同時に、作品に込められた感情や想いのようなものが制作チームとクラスの鑑賞者の間でお互いに伝播しているようであった。

　個人活動の側面が強いペープサートによるキャラクターづくりが楽しかったと回答しているのは約6％（80名中5名）であった。力動感を伴う活動にするには、一緒にアイデアを出す場面が重要であり、集団での交流の中で映像を撮ったり、観たりする場面が有効であると確認できた。

表2　グラフ2「一番, 楽しい・面白いと感じた活動」自由記述によるアンケート結果

グラフ2『今回の活動で一番, 楽しい, 面白いと感じた活動（80名中）
みんなで物語 32名 物語の撮影 25名 作品の鑑賞会 14名 その他 9名

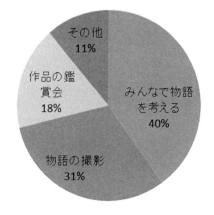

②感性的コミュニケーションに関連すること

　グラフ3によると、チーム間におけるやりとりとしては、自分の意見を伝えるより（質問項目4：6：33人、5：30人、4：8人）、友達の意見や考えを聞くことができた（質問項目5：6：42人、5：29人、4：17人）と自覚している生徒の方が多かった。これは、自己主張するよりも仲間を受容しようとする姿勢の現れと受け取れる。つまり、活動における「通じ合い＝分かち合い」の感性的な基盤がこれらの結果から垣間見られる。質問項目の6において「チームのメンバーに気持ちが

通じた」と約95％（6：35名、5：26名、4：13名）の生徒が回答しているが、仲間を受容しようとする姿勢の強さの結果といえるだろう。身体を使った表現活動における相互のやりとりのインタラクションにおいてワクワクすることが共有できていることの成果とも受け取れる。

　自由記述による質問で「今回の活動で一番大事だと思ったことは何ですか」と質問したところ、約76％（80名中61名）の生徒が"チーム内の交流の仕方"について回答した。その中でも"チームワーク・協力"といった内容に関するものが

表3　グラフ3「感性的コミュニケーション関連する項目」6件法のアンケート結果

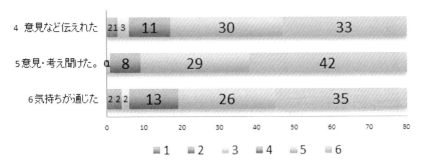

表4　グラフ4「活動で一番大事だと思ったこと」自由記述によるアンケート結果

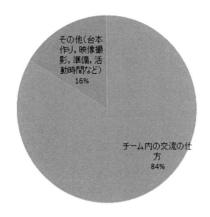

64名中39名と最も多く、続いてより具体的に "意見をしっかりと聞き、譲り合う" や "チームのメンバーの意見を受け入れる" などの受容に関することが9名、逆に "自分の意見や考え等をきちんと伝える" が7名であった。これらのことから、意見を主張する場合でも、受け入れる場合でも、協力的に集団に関わり、チームワークを大切にしたいという想いを多くの生徒が根底にもちつつ合意形成をしながら活動していたことが分かる。

③繋合希求性に関すること

　気持ちが一つになったと思われるときに私たちは繋合希求性が満たされるという。今回のワークショップで約86%（6：41人、5：18人、4：10人）の生徒が「チームで気持ちが一つになったと思う場面があった」（質問項目8）と回答している。そして90%（6：43人、5：21人、4：8人）の生徒が「チームのメンバー同士のつながりが強くなった」（質問項目7）と感じている。活動3時間のうちチーム主体の活動が約半分、全体約1/3、個人約1/6であったため、チームのメンバーと互いに交流できる時間が一番多く、次に全体での交流の場面が多かったことが影響している側面もある。

　だが、自由記述による「今日の活動で一番うれしかったことは何ですか」の回答における、"チームで作品を仕上げることができた"、"みなが自分たちの作品をしっかりと見て、喜んで受け入れてくれた"、"自分で作ったキャラクターがチームで活用できた"、"みんなが笑顔になれた" などの回答から、生徒たちが繋がり

表5　グラフ5「繋合希求性に関連する項目」6件法のアンケート結果

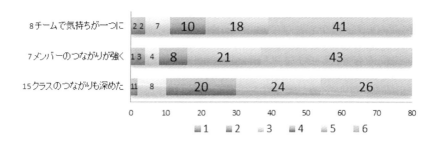

グラフ5 繋合希求性に関連する項目（80名中）

表6　グラフ6「活動で一番うれしかったこと」自由記述によるアンケート結果

グラフ6『うれしかったことは？』(80名中)
チームで作品完成48名 完成作品の鑑賞 12名 キャラ作成 8名 楽しく活動 8名

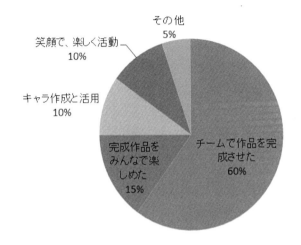

を強めた理由が単なる時間の長さの影響だけではないことが分かる。チーム制作および集団の鑑賞において個や集団がきちんと受け入れられ、笑顔で楽しく活動できたことがみんなにとってうれしいことであり、そのためチームやクラスでのつながりを強めたといえる。生徒同士（人と人）の関係性の構築には、授業において情動を共有できる場面をつくるファシリテーション能力が必要であり、それが芸術活動を豊にしていくのではないだろうか。

5. おわりに

　動画づくりが低年齢化している。スマホ、ダブレット等で簡単に動画が撮れる。無料アプリで編集もできる。だからこそ、今日、有意義な動画作成体験が必要なのである。

　自分の中で生み出したキャラクターが他者の生み出したキャラクターと交流し、物語を作り出す。ワクワクする。ドキドキする。そして完成したらみんなで眺める。テレビや映画、小説や漫画などから与えられた物語でなく、自分たちがみんなで物語を紡ぐという体験。

　そもそも世界や社会の歴史の物語はみんなでつくるもの。その担い手たちが子

どものときにみんなで集まってちいさな物語を作って共有することは、大人になる段階で大切な経験になるに違いない。

　本題材では、オープニング、キャラクター制作の手順やデモ映像紹介及び台本作成の説明、鑑賞会と振り返りを合わせた約 60 分以外の 3 分の 2 の時間、生徒は主体的にチームごとに活動した。授業者側から映像表現のコツ等の全体的な技術指導をほとんど行うことなく、反教科的教化の実践ができた。

　また、主体型協同活動によってみんなで物語を考え、映像作品を仕上げる中で、ワクワクすること（力動感）があり、メンバー同士に気持ちが共有され（感性的コミュニケーション）、互いの繋がり合い（繋合希求性）が満たされたことがアンケート等を通して分かった。そして、本題材において各自が創出したキャラ及び虫食い台本やタブレットの使用などによって「プロセスの活性化」が促された。

　複数で作ることが前提となることが多い映像表現。そこでは、自己を超えた表現が可能となりやすい。一つの画面（モニター）をみんなで見つめながら動画を作成する行為。それを他者も交えて見直す場の設定。これによって自分たちの作品に対する客観的・メタ認知的な価値づけがなされる。「台本は同じでも、一つ一つ違うストーリーに見えて面白かった」や「それぞれ全く別の動画が撮れた」など活動の成果の振り返りの記述からも分かるように、相互交流が潤滑に行われ、協同による「創発」がよりよいものにできた。

　完成作品が必ずしも芸術である必要はなく、教育活動の場に芸術がある。[4] 芸術を教えるのではなく、芸術で人の教育に携わる。このことは芸術に関わる教育関係者にとって重要な視点である。

　映像が人にとっての壁ではなく、人と人が直接に繋がる装置であることを願う。今後も美を無理やり求めさせるのではなく、映像の中に美が自然に滲み出るような実践を展開すべきなのではないかと感じている。

付記
　本稿の実践は以下の論文で紹介した実践研究を編集したものである。
　春野修二、笠原広一「中学校美術科教育におけるワークショップの考察および実践と分析−関係性の構築を目指した協同制作による物語の表現活動を通して」『美術教育学』37 号、美術科教育学会、2016、pp. 341-360

註

1) オノ・ヨーコ著、飯村隆彦編訳『ただの私 オノ・ヨーコ』講談社、1986年、pp. 19-20

2) 苅宿俊文「イントロダクション ワークショップの現在」苅宿俊文・佐伯胖・高木光太郎編『ワークショップと学び1 まなびを学ぶ』東京大学出版会、2012年、p. 18を参照。

3) 鯨岡峻著『原初的コミュニケーションの諸相』ミネルヴァ書房。鯨岡によれば、コミュニケーションには情報や意味を伝達する理性的コミュニケーションと、情動や感情の共有を目的とする感性的コミュニケーションがある。感性的コミュニケーションによって互いに情動的に繋がり合いたいと感じる人間の根源的な繋合希求性や、情動の持つ質感とも言える力動感（vitality affect）など、相互の関わり合いの接面で気持ちを感じあい共有することが関係性の構築において重要である。

4) 石川毅『芸術教育への道』勁草書房

小学校の図画工作科における映像メディア表現と鑑賞の実践

Practice of Expression and Appreciation Activities Using Visual Media in the Elementary School Arts and Crafts

竹内 とも子
Tomoko, Takeuchi

1. はじめに

2019 年 (令和元年) に開始された GIGA スクール構想により、児童一人に一台のタブレット端末が支給されたことで、映像メディアは、造形表現や鑑賞のための重要な道具の一つとして一気に定着してきた感がある。タブレット端末などを活用した映像メディアの導入は、限られた教科の時間数の中で、価値ある学習経験の機会を圧迫するものではなく、一層充実させるものでなければならない。現在、デジタル

写真1　児童一人に一台のタブレット端末の支給で映像メディアによる造形活動の可能性も広がっている。

ネイティブ第二世代とも言われる子どもたちは、教育委員会より一人一台配付されたタブレット端末以外に、家庭でもスマートフォンはもちろん、ノート型パソコンやタブレット端末やウェアラブル端末などに触れる機会がある。おそらく VR (Virtual Reality バーチャル・リアリティ　仮想現実) や AR (Augmented Reality オーグメンテッド・リアリティ拡張現実) などの映像技術が一層普及して、今の学校教育における映像メディアの状況もすぐに過去のものとなるだろう。

　本稿の趣旨は、映像メディアを図画工作科の学習活動に効果的に取り入れることが、子どもたちの造形的な資質・能力を一層育むことを、実践事例を通して伝えることにある。また、学校現場における映像メディアの活用は今この時も発展・進化する過程にあると捉え、時代によって変わらぬ造形活動における映像メディア活用の意義について考えることにある。

　現在のように児童に一台タブレット端末が配布されることを予想することもで

きなかった時代にあっても、図画工作・美術に関わる教師はその時代に現場に普及していた映像メディアを生かすことで、新たな造形表現の可能性を広げ、子どもたちにとっての価値ある造形経験をつくり出そうとしてきた。過去からの事例を紹介しながら、現在の映像メディアの学習環境において、類似の機能をどう生かしているかということを、併せて紹介する。

　しかしながら、ICT機器の操作に明るいと言えない図画工作専科教諭の筆者が、学校現場での経験を基に、造形活動に関わる映像メディアの活用について時期を分類して述べようとしているため、自治体や勤務校の状況と、筆者の指導力に左右されてしまう内容であることをお許しいただきたい。

2. 映像メディアを生かした造形活動の【黎明期】

(1) 映写機でのスライド上映による資料提示（1980年代頃まで）

　筆者は、2年間ほど中学生美術の非常勤講師として、色彩理論と美術史の内容を担当していた。その時期に授業で用いていた映像メディアは、映写機を用いてポジフィルムを拡大して映し出すスライドであった。暗い美術室にカシャッ、カシャッとスライドが変わる時の音が響き、名画などが映し出され、それについて指導者が説明し、生徒が感じたことや考えたことを発表する授業形態だった。当時の中学生は忍耐強く、鋭い感性で感じたことや質問を投げかけてきた。しかし、退屈に感じていただろうと35年以上経っても申し訳なく思う。授業のアンケート項目の「印象に残ったこと」の回答には、たくさん見た映像の作品についてではなく、ロダンの「考える人」やドガの「踊り子」のポーズを真似てみたことなど、身体を動かした鑑賞活動について多く触れられていた。身体感覚を伴う活動の方が印象に残る様子であることは、現在関わっている児童も同様である。どのようなねらいのために、どのように映像メディアを活用するか、十分検討したい。

【スライドショー機能を生かした現在の実践事例】

　現在も多くの児童に映像を見せるという使用目的は変わらないが、タブレット端末とプロジェクターや大型モニターをつなげ、スライドショー機能によって資料を提示し、写真・動画・テキスト・図やグラフなど多様な表現を投影できる。

　次の写真は、今年度（2023年）の第5学年の実践事例「時空を超えて『波』−北

写真2　スライドショー機能とプロジェクターで、神奈川沖浪裏が大波の音と共に映し出される。児童から「船は3つだけど、もう一つ手前にあって、作者はその船から描いている感じ。描きにくそう」と、作者と同じ視点で見ている発言があった。

写真3　拡大印刷した図版で、学級全体で鑑賞活動を行う学習展開の場面。ホワイトボードには実物大の図版もあり、比較できる。ホワイトボードの左には、別のプロジェクターで他の資料などを映し出した。板書も視覚メディアの一つである。

斎の富嶽三十六景『神奈川沖浪裏』の魅力に迫る―」の授業の様子である。

　図工室への入室時に、激しい波の効果音と共に「神奈川沖浪裏」が大きく映し出されている。児童は、「わー」と小さく声を上げながら席に座った。写真2

　その後、照明をつけて写真3のように、拡大プリントされた図版を用いて1分間黙って一人一人で味わった後、学級全体で鑑賞し交流した。ほぼ実物大の図版も別に掲示されている。実物大の方は、「左から右へ横に波が向かっているように見えた」「でも、図工室に入った後は、もっとずっと大きかったから、自分が波の上にいるように感じた。自分に向かって大きな波がくる」「船は三つだけど、もう一つ手前にあって、作者はその船から描いている。描きにくそう」と感じたらしい。また、「波の丸い中に囲まれて、波の先が富士山に向かっていて、北斎はどうしても富士山を見せたいんだと思う」の児童の発言のように、大きく弧を描き、今にも砕け散ろうとしている波の先に静かな富士山を配置し、鑑賞者の視線が向く。図工室の壁面いっぱいに作品が投影される環境設定によって、スケールの大きな空間を表現していることや、臨場感を味わえたと考えられる。

(2) お絵かきソフトを使った実践が登場（1990年代初め）

　筆者は1990年に、図画工作の研究大会でお絵かきソフトを使った研究授業の

T2（ティーム・ティーチングの授業支援者）を務めた。当時としては先進的な授業実践であり、絵の色や大きさを変えたり、スタンプ機能で形を繰り返したりしやすいことや、液晶画面の色の美しさが魅力的であった。しかし、使い慣れないコンピュータで、とにかく絵をかいたという範囲を超えられない感があった。

その後、言語を入力して絵を描くソフトウェアの開発に関わったことがあるが、児童が造形活動に用いるには操作が難しく、ソフトウェアの購入予算も無く、現場への導入は現実的ではなかった。ウィンドウズ95が登場すると、感覚的に操作できるようになり、インターネットが普及し始めて遠く離れた学校と作品を通して交流する実践を目にすることも多くなった。とはいえ、学校現場では、離れたパソコンルームの鍵を開け、上履きを脱いで入り、2人で一台（のちに一人1台）を使う状況であり、図画工作科で日常的に使うにはほど遠かった。

【お絵かきソフトを生かした現在の実践事例（2022年）】

現在は、お絵かきソフトで絵をかくことに留まらず、自分の絵をアニメーションアプリで動かしたり、プログラミングによって変化させたり、撮影した自分の作品を写真で取り込んでから、ペンの機能などで描き込むなど、他の表現や機能と組み合わせて表現に活用している。下の**図1**から**3**は、第4学年の『オリジナル小紋をつくろう』の実践事例である。

本実践では、Scratch2.0（プログラミング言語学習環境）を用いた。言語ブロックの組み合わせで、自分が描いた絵が小さくなって増殖し、小紋のようになって最後は砂嵐の画面の状態になる。別のキーを押すと元の大きさに戻る。

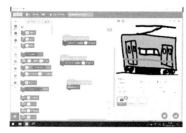

図1　Scratch2.0（プログラミング言語学習環境）で、自分が描いた絵をオリジナルの小紋のようにしていく。

図2・3　言語ブロックの組み合わせで、絵が小さく増殖した。江戸小紋の工房見学に合わせて実施した活動である。

　本題材は、社会科の「伝統的な技術を生かした地場産業」の学習の一環として、江戸小紋の工房見学に合わせて実施した。また、図画工作では、ステンシル技法で風呂敷を染める表現活動に関連している。さらには、伝統文化教育に関連して、多様な文様や江戸小紋の鑑賞活動や、風呂敷の使い方などの発展学習を行った。

(3) オーバーヘッド・プロジェクター（Overhead projector、OHP）による造形表現

　オーバーヘッド・プロジェクターは、テキストや画像を透明材料のOHPシートの投影によって資料を提示する光学機器で、書画カメラ（実物投影機）が登場するまで、学校現場でも資料提示に活躍していた。コンピュータのお絵かきソフトの実践が出始めた1990年代の頃も、学校現場ではまだ広く使われていた。スライド映写機のようにポジフィルムに変換する必要がなく、授業中にOHPシートに直接書き込むこともできる。強い光源で映し出しているので、暗室でなくても映像が見やすく、使用の自由度が上がった。筆者は、光る色に惹かれる子どもたちの様子や、異動先の勤務校近くの池袋の街が夜になると強烈な光の色にあふれていることから着想を得て、光を造形素材にした授業実践を行っていた。

　図工室のものや校庭で拾った葉っぱなど、平面台の上に構成してのせて拡大された影の形を映し出す。カラフルなガラスのタブレットやおはじき、透明なプチプチの緩衝材、いろいろな形に穴を開けた厚紙にカラーセロハンを貼ったもの、

（左より）写真4・5・6　厚紙を思い思いの形にカッターで切り取り、穴にカラーセロハンを貼って、オーバーヘッド・プロジェクターの平面台にのせる。児童が手で動かすと透過光による映像も動くので、身体感覚として光の空間を自分でつくっている実感が伴う。図工室にある身近なものを置いて、形や色の組み合わせを楽しむ、透明容器に水を入れて揺らした動きを映し出すなど、多様な表現の可能性がある。

PHP シートに透明カラーシートを貼ったり油性ペンで模様を描いたりしたものなどを、ガラスの平面台に置いて、形だけでなく透過光の色も生かして白い布を張った図工室内全体に映し出す。形と光の色の構成によっていつもの場所が変容する感じを味わう活動であった。OHP を複数台組み合わせて映し出す形と色を重ねたり、音楽と組み合わせて平面台のシートを動かしてみたり、児童が自分で平面台のものを操作し、その効果を見ながらすぐに試せる。また、白い自分の服に映して模様の違う服に着替えるような効果を楽しんだり、投影する場所の起伏を生かして白い布をかけ、映り方を変えたりするなど、多様な見方を味わう姿も見られた。影ができる因果関係がわかり、理科でも光について学習する 3 年生で主に実施したが、空間を光と影で構成する高学年の表現活動として取り上げることもあった。

　2000 年代以降は、書画カメラやデジタルカメラとつないで大型のモニターやプロジェクターで映し出す方式などに置き換えられ、OHP は学校から消えていった。そのため、筆者は現在、懐中電灯など異なる光源を使って造形活動を行っている。

【実践事例　第 4 学年『キラキランド』(2018)】
透明容器やビー玉、金属の光る物を組み合わせて、懐中電灯で光を当て、鏡や鏡面状の素材に映して、新しい見え方をつくり出す【写真 7・8】。そして「いい感じ」と思ったところを写真に撮って見合う。材料の構成や、光源の位置、視点によって見え方が変わることを感じ取る内容である。この時はデジタルカメラで撮影した。撮影したものは、大型モニターに映し出して学級全体で鑑賞することができる。

　現在は、タブレット端末を用いて撮影し、教育クラウドプラットフォームを利用することで、児童と教師だけでなく、児童同士も撮影したものを共有し、自分のペースで鑑賞できる。

　しかしながら、かつての OHP での投影は、か

写真 7・8　透過光と反射光を生かして身近な材料を構成し、写真撮影をして鑑賞する。

なり拡大してもくっきりと明るく鮮やかに形や色が見え、光の空間に包まれる感じがした。児童が材料を手で操作して、より直感と身体感覚をもって、投影される映像の効果を確かめながら、影や透過光の形や色を楽しむこともできたと感じている。OHPに匹敵する新たな機器による表現方法がないか未だ模索中である。

(4) レンズ付きフィルムとモニターを用いた表現と鑑賞活動

　デジタルカメラあるいはスマートフォンのカメラ機能で撮影することが主流の現代に、「レンズ付きフィルム」が若い世代に人気らしい。撮り直しができないのでシャッター切る瞬間を大切にする感じや、撮り切ってから現像に出し、プリントになるまでの待ち遠しい感じ、フィルムならではの味わい深い仕上がり、修正ができないことなどがかえって新鮮な魅力になるのだろう。

　デジタルカメラが普及し始めてやっと学校現場に導入されたばかりの頃は、学年に1台程度しかなく、児童が学習に用いることは難しかった。しかし「レンズ付きカメラ」は教科の消耗品予算で購入でき、小グループごとに一台は使用できた。また、構図を考えてシャッターを切る程度の操作でよいので、児童でも十分扱うことができた。ただ、プリントは写真店に出し、カラーコピーで拡大するには、事前申し込みをしてから教育委員会の機器を使用させてもらう手間があった。授業中に作品を共有する時は、実物を提示する他、当時どの教室にもあった天井からの吊り下げ式のTVモニターに、実物投影機から映し出して鑑賞した。

　当時の**実践事例『いつもの風景が』**は、各班に一台「レンズ付きフィルム」のカメラを持って、学校の近隣の心にとまった風景を写真に撮ることから始まる。

写真9　学校の近くの高速道路の下に、見る角度によってエイ(?)が現れる。

写真10　エイに見えたものから発想して「海の音楽会」にした。

カメラのファインダーを覗いて風景を切り取る行為は、自分の造形的な価値判断が働いていると考えられる。選んだ一枚を拡大コピーし、その上に透明フィルムを付ける。その透明フィルムにカラーペンで描いたり、透明シートやメッシュシート、その他身近な材料などを貼ったりして、写真の風景の形や色イメージなどを生かしながら発想したことを表現する。透明シートをめくると元の写真が見えるので、変容を比較しながら表現していくことができる。モニターで作品を映しし出すと、透明シートに描かれたものと下の写真が一体化して、色も鮮やかになり、新しい風景の作品を見るような楽しさもあった。

写真11（左上）写真12（中）写真13（右）
写真14（左下）

写真11・12・13　写真にかぶせた透明シートに思い付いたことをかいたり、素材を貼ったりしていく。街路樹の形を生かして、学校近くの道がラーメン横丁になった。未知の向うには横浜のランドマークの高層ビルが立ち並ぶ。写真14　モニターに映し出すと、一層風景らしく見えて、面白さが増す。今は懐かしい天井から吊り下げ式の小さなモニターがどの教室にもあった。

　現在は、同じような表現の内容を、児童は自分専用のタブレット端末のカメラ機能で気軽に撮影し、ペンの機能で描き込んだり、画像効果を変えたりできる。また、各種教育 ICT プラットフォームで友達と表現したことを共有したり、モニターやプロジェクターの映像で大きく見ることができたり、カラー印刷で作品を出力して掲示することもできる。しかし、ペンで実際に描き込んだり、材料に触れ、その特徴を感じ取って自分の表現に生かしたりする過程が、造形的な感覚を育むために大切であると考えられる。加えて、今はまだ、タブレット端末の画面上にペンなどの機能で表現するよりも、慣れ親しんだ描画材などで表す方が、児

童にとっては思いのままに表現しやすい様子である。学習のねらいによって、デ
ジタルで表現するか否か判断しながら取り入れたい。

3. 映像メディアを活用した造形活動の【過渡期】

　デジタルカメラやノート型 PC が学習活動に導入され、図画工作科でも児童が
用いる機会が一気に増えた時期であると考えている。

(1) デジタルカメラの造形活動への活用

　2000 年代になってデジタルカメラが一般に普及し始め、学校現場でも導入され
るようになった。図画工作科の授業でも造形活動の道具として使うようになった。
　筆者は、2008 年から APA 日本広告写真家協会の「学校にもカメラ」の取組に
参加し、デジタルカメラを表現と鑑賞の道具として捉え、造形的なものの見方・
考え方を高めるための授業実践を行ってきた。「撮影する時、アングルや光と影の
感じなどを考えながら、画面の中にどのように入れようか考え判断し、シャッ
ターを切る時、その子どもなりの造形的な美的判断が働く」と考えた。また、「撮っ
た写真をすぐ見て確認することができ、何度も撮り直しができるよさ」がある。
デジタルカメラの造形活動への活用は、表現と鑑賞を一体的に行いながら、造形
的な見方を高めることを促すと考えた。大型モニターとつなぐことで、臨場感や
色の美しさなどが増して、見え方も変わる。

①【実践1】第3学年『いつもの風景再発見』

　視点の違いや見る人によって多様な見方が
あること、身近な風景の美しさや面白さなど
に気付き、造形的なものの見方を広げるため
に、本題材を設定した。

写真15

[学習の展開]

〇額縁づくり（2時間）
　黄ボール紙を長方形に切り抜いたものに、さまざまな形に切った段ボール
片で飾りを付けたり、ペンで模様をかいたりして額縁をつくる。

〇お気に入りの風景を自分の額縁に入れて撮影〜写真を選ぶ」（2時間）
　図工室では、カメラの使い方、アングルによる見え方の違い、アップとルー

ズの効果、光と影を意識することなど、事
前にゲストティチャーの写真家の方からご
指導を受けた。その後学校を飛び出し、お
気に入りの風景をみつけ、自分の額縁の中
に、その美しさや面白さが伝わるように構
図を決めて撮影した。写真16・17・18

　その後、図工室に戻り、各自デジタルカ
メラの液晶画面で見たり、大型モニターに
映し出したりして、撮影した写真からお気
に入りの写真を選んだ。

　撮影時には、どのような感じを捉えたい
のかという撮影者の意図や、アングルや構
図、光と影の感じなど児童一人一人の造形

写真16　「もうちょっと上！」声をかけ
合い、身体を動かし撮影していた。

的な判断力が働いている。同様にお気に入りの一枚を「選ぶ」という行為も、
造形的な判断力が働く重要な活動であると考えた。

写真17　『さくと橋と川と船とビル』
「柵が斜めになっていて、ずっと続いている
感じになっていてきれいだった。柵と橋の丸
いイメージがいいと思う。柵の縦のたくさん
の影がきれいだと思いました。」

写真18　『船の上のまち』
「船がちょうど目の前を通る時に撮った。川
の向うのビルが船の上に乗っていて街みた
いに見えた。」

　〇写真にコメントを付けて見合う（1時間）
　選んだ写真について、撮影した時に感じたことや考えたことなどを文章に
して添えてから、見合う活動を取り入れた。写真19

写真19　『サクラの冬ごし』
「ここでは、春にサクラの花が木いっぱいに咲きます。早く咲いてほしいと思いました。（中略）おもしろかったところは、額縁に枝の影がくっきりとうつっていたことです。」

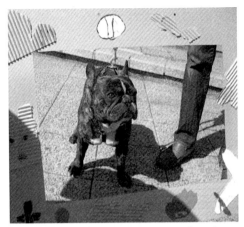

写真20　『ブラボーの見つめている先は？』
「僕は、ブラボーという犬を撮りました。なぜかというとかわいかったし、かげのバランスもいいからです。がくぶちもきれいにうつっていたからです。足といっしょにうつっていたから、さらにおもしろいと思いました。犬とかげの組み合わせは自まんです。」

②実践を終えて

　本実践は、子ども達にとって、一人一人のものの見方の共通点や違いを、写真とそこに添えられた友達の文章によって感じ取る機会となっていた。例えば、同じ「ブラボー」という名前の犬を撮影していた3人の児童の写真は、犬の表情も、額縁への入れ方も印象も異なっていた。犬や階段や額縁でできるたくさんの影が交差する面白さを見ていた子。背景

写真21　ラボでプリントした写真に、文章を付けて、撮影時に感じたこと考えたこと、自分の写真について交流する。

の風景の関係を意識しながら犬の顔や体・色に着目して撮影した子。犬の表情と飼い主の足の対比と影の形を面白いと感じて撮影した子。そのうちの一人は「ぼくと同じところで撮っているのに、写り方が違いました」と感想を述べていた。また、本実践は、身近な風景の美しさや面白さに改めて気付く機会ともなっていた。風景のなかから光と影、弧が連続している面白さ、丸い形と建物や柵

のかげの直線の対比の面白さなど、さまざまな造形的な要素に着目して見ている。こうした見方は、額縁を通して風景を探し、写真を撮るという活動を通して促されたと考えられる。

　さらに、造形的なものの見方を深めると同時に、写真による表現の楽しさを味わい、可能性を感じる機会ともなった。動いている船と風景との関係の面白さをとらえて写真を撮ることなど、一瞬を切り取ることができる写真のよさを表現に生かすこともできる。そして、写真からは、まさに額縁の中の絵のように、子どもたち一人一人の表したかったことや、よく考えられた構成が読み取れた。このことからも、カメラを造形活動に取り入れることによって、他の表現活動や鑑賞活動においても生きる造形感覚が高められるのではないかと推測された。

③課題と現在の学習環境での状況

　本実践では外部講師の支援や一人一台のデジタルカメラの貸し出しがあったが、普段の授業では、班に一台のデジタルカメラで撮影していた。撮影の順番を待つために、一人一人が撮影場所を選んだり、撮影の仕方を考え試したりする活動が制約されてしまう大きな課題があった。

　その点、現在は、児童一人に一台のタブレット端末のカメラ機能で、同様の造形活動ができる。教育クラウドプラットフォームを利用することで、児童と教師だけでなく、児童同士も撮影した写真を共有し、感じたこと考えたことを文章にしたものも付けて、学習活動を交流することができる。

　しかしながら、現在も、プリントにした時の写真としての映像の美しさが大切な内容や、シャッタースピードを変えて光の軌跡を撮影する活動など、使用目的に応じて、デジタルカメラの方を造形活動の道具として選択することもある。

(2) ノート型PCの導入

　ノートパソコンが図書室に併設されたメディアルームにある頃には、特別にICT機器の操作が得意な一部の教員以外は、調べ学習での使用に留まっていた感がある。図画工作科でも、児童が使用するよりも、教師が授業の導入時などに映像を見せて表現活動での発想を促す手立てや、道具の使い方や技法の提示に使用していた。鑑賞活動では、作品や資料を児童への提示するために使用することがほとんどであった。映像と音声が入った題材提案は、児童の注意を惹きつけ、学

習内容が理解しやすい様子であった。

【映像メディアを活用した資料提示の事例】

　第3学年での版画の題材「スタンプ・スタンプ・つづくお話」では、同じ版を
インクの色を変えて繰り返し刷り、組み合わせることで、「動き」「速さ」「方向」
「奥行き」「疎密」「群れ」「個体や集団の違い」など新たな表現の発想の視点を獲得
する学習の導入で取り入れた。下の**図4**から**図9**は、プレゼンテーションソフト
ウェアのPowerPointのスライドの一部である。魚の図が一つ一つ増えていく動
画になっていて、版画で刷ったものが増えていくイメージを理解しやすいように
している。発想の広がりを促す指導者の手立てとして有効な映像メディアの活用
の一つであり、現在も継続して行っている。映像は切り替わって次のスライドに
なってしまうので、板書や掲示物として別に提示している。板書も学習活動を支
える重要なメディアであり、ねらいによって使い分けていきたい。**写真22**

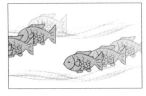

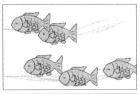

（上段左より）図4・5・6、（下段左より）
図7・8・9　第3学年の紙版画の題材
『スタンプ・スタンプ・つづくお話』の三
次の導入時に提示した、PowerPointの
スライドの一部。アニメーション機能で
魚が一匹ずつスタンプされるように増え
ていき、実際の造形活動での表現の変
化をイメージしやすい。造形活動におけ
る学習のねらいや、画面を構成する際の
視点を示している。

写真22　映像は次のスライドに移ると見えない
ため、学習の流れや重点、発想の視点などは板
書で残す。プロジェクターの映像は、この左側に
映し出す。

4．映像メディアを活用した造形活動の【勃興期】

(1) 児童用タブレット端末の導入

　平成30年3月に「小学校プログラミング教育の手引」が文部科学省から出され、勤務校はプログラミング教育推進校に指定されていたこともあり、児童用タブレット端末が配置されて、授業では一人一台を使用することができるようになった。ノートPCより持ち運びしやすく、カメラとしても児童が用いるなど、教室でも教室外でも使用しやすくなって、学習に活用する機会が一気に増えた。

①実践事例「コマ撮りアニメーションをつくろう」

　第5学年の実践である。コマ撮りアニメーションは、直前の画像の残像を生かして次の画像を連続して再生することで、動いて見える。動かしながら撮影するだけでコマ撮りアニメーションができるアプリが、本実践の2年ほど後に教科書会社から提供された。現在はそのアプリも活用して授業を行っているが、この時はScratchに撮影した写真を背景として取り入れ、ブロックを構成したプログラミングで絵を動かした。

写真23　小グループで、映す材料をつくる、動かす、撮影する、修正する活動を重ねる。

　児童は、図工室にある身近な材料で、友達とかかわり合いながら何ができるかを考え、形を変え、並べ、組み合わせるなどして表す。それを少しずつ動かして撮影することを繰り返す。さらに、画像をプログラミングによって動かす活動を通して、児童は、パラパラ漫画の原理と、プログラミングのコード（Scratchではスクリプト）の内容を一致したものとして実感し、絵が動くしくみを理解している様子であった。色や大きさを瞬時に変えたり、複製して同じものを増やしたり、逆に減らしたり、順番や組み合わせを変えたりするなど、コンピュータが得意な機能を生かすことで多様な表現につながると考えた。本題材の学習を通して、児童が日常的に目にしているアニメーションの、表現の特徴や面白さ、可能性に気付き、造形的な発想や構想の能力を高めていくと考えた。

　タブレットPCで撮った作品を自分たちでアップロードし、考えたことをすぐ試すことができるため、児童の意欲が高まる様子であった。また、自分がイ

環境設定として、他にはスクリーンショットから印刷し、操作手順わかるよう掲示した。

写真24　コマ撮りアニメーションをつくる基本のプログラムと手順を示すことから、児童自身が試しながらプログラムも変えていく。

写真25　板書右に、Scratchの画面とパラパラ漫画を映し出して、絵が動いて見えるしくみの理解を促す。

メージしたことを実現するためには、どのようなコマ割りとコードにしたらよいか考え、発想や構想の能力を高めると考えた。さらに、色や順番、速さなどを瞬時に修正できるコンピュータを使った表現の特徴は、失敗を恐れず造形活動に取り組めるよさであった。プログラミングが難しいと感じている児童の抵抗感を軽減するために、ごく簡単な基本のプログラミングのブロック図10を掲示して、すぐに試せるようにした。つくり進めるにつれて、基本のブロックの構成を基に、「速さを変える」「繰り返しの部分を取り入れる」「逆再生する」「効果音を入れる」などの手順を、ブロックを変えて、表現を更新していくことを想定していた。

図10

写真26　白い種からカラフルな世界が生まれるストーリー。

②プログラミング教育との関連

　当時は校内研究の関連で、Scratch を利用するという制約があって本実践を行ったが、現在は教科書会社から配布されているコマ撮りアニメーションがすぐにできるアプリケーションを使用すれば、短い時間で簡単にできる。しかしながら、プログラミング言語である Scratch を使用することで「分解」「順次」「反復」「条件分岐」といったプログラミング的思考を育む学習の機会となった。写真で撮った背景のなかで、自分が Scratch の画面上で描いたスプライト（キャラクター）を加えて動かす際に【条件分岐】を取り入れたり、表現したいことに合わせて、コマ割りを考えたりする【分解】。コマ撮りの写真の順番を、くりかえし用いることも含めて考える【順次】【反復】。そして、プログラミングの再現性によって、イメージに合った表現になるよう、何度もやり直しができ、なぜ絵がそのように動くかという理解が進み、造形活動への意欲も持続している様子であった。

5. 映像メディアを活用した造形活動の【成長期】

　コロナ禍によって、2019年の12月に文部科学省から打ち出されたGIGAスクール構想であったが、新型コロナ感染拡大によって、児童一人一台のタブレット端末の配布時期が前倒しとなり、勤務校では2020年の6月には導入された。休校中や分散登校、自宅待機が必要な時期には、オンラインでの授業参加や、課題をオンラインで提示したり提出したりするために、大いに活用された。筆者が公立学校に勤務していての現場の感覚で、「映像メディアを活用した造形活動」を分類してきたが、一人一台のタブレット端末が配布されて3年目の2023年度は映像メディアを活用した造形活動の成長期に既に入っていると感じている。

　この3年間で大きく変化したことは、タブレット端末が教師から資料提示や、調べ学習のための情報検索、教科書やノート、筆記用具としてはもちろんのこと、児童が多様な使用方法がある道具として使い始めたことである。教育クラウドプラットフォームを利用することで、児童と教師だけでなく、児童同士の学習活動を交流する方法が増えた。文章や絵や図、映像などの学習記録も残るので自分の学習の「ふりかえり」だけでなく、授業後に他の児童の考えや成果から学ぶこともできるようになった。さらに、タブレット端末と連動し、電子黒板としても使

い勝手がよくなった映像の美しい大型モニターが各教室に入るなど、周辺機器も充実することで、ICT機器の知識や技能が高い教員でなくても活用しやすくなった。表現と鑑賞の道具として活用する機会が増えた。その実践の一端を紹介する。

(1)【実践】　第5学年「名画に入って」(鑑賞と表現)

本実践は、いくつかの題材が含まれて他教科の単元のようになっており、「名画の鑑賞・模写から絵をつくる→自分の絵に入る→鑑賞」の構成で計画した。

①名画に入って　パート1「名画の鑑賞・模写から絵をつくる」

活動の流れは、「ア. お気に入りの名画を選び、よく見て、描かれていることや技法などを捉えながら、表現のよさを感じ取る。→イ. 感じとったことを基に自分が作品の中に入り込むイメージで表現する。→ウ. 作品のイメージに合った額縁を黄ボール紙と段ボールでつくり、アクリル絵の具で着彩する。」である。

児童は模写をするように描き進める中で、作品について気づくことも多い様子であった。葛飾北斎の「神奈川沖浪裏」を選んだ児童は、「波の青いところだけではなくて、白いところも何色か使っていて、影の感じや立体感を出していることがわかった」と、技法についての発見をしていた【写真27】。恐竜が好きなこの児童は、後で空にプテラノドンに乗った自分を描き、大波と対峙させていた。

写真27　名画の鑑賞から、表したいことを想像しながら描く。描くことで作品への気づきが生まれる。俵屋宗達の『風神雷神図屏風』を選んだ児童は、真ん中は金だけで何もかいてないけど、空だ」と。

写真28　ピカソの『鏡の前の少女』「おなかが大きくて赤ちゃんがいる人に見えたから、自分をおなかの中に描いた」絵のイメージに合わせて額縁もつくる。

②名画に入って　パート２「自分の絵の世界に入ろう」

ア．額縁も含めて、自分の作品を撮影【写真29】

イ．作品に合わせてポーズをとり撮影【写真30】

　背景の削除が簡単になるよう、人物の撮影用パネルを設置し、その前でポーズをとり、友だちに自分のタブレット端末を渡して写真を撮ってもらう。作品に取り入れたいものによっては、校内の他の場所で撮影している児童もいた。マチスの『金魚』を選んだ児童は、昇降口の金魚の入った水槽と共に撮影していた【写真31】。

写真29 自分の作品を撮影する。

ウ．絵と自分を合成し楽しい世界をつくる

　PowerPoint（パワーポイント）を起動し、一枚のスライド上で、作品と自分の姿の写真を挿入→自分の姿の画像をクリックし、書式（図ツール）→背景削除→⊕保持領域としてマークか、⊖削除領域としてマークを選び、残したい部分のみになったら、☑ を入れて、保持→トリミング→大きさ変更、反転、コピーなどで、再構成する→保存する。

写真30 作品の中に入ることを想定してポーズをとり撮影する。

写真31

写真32

写真31 マチスの『金魚』の絵の中に入って、水槽で釣りをする。手前の絵の自分がそれを止めている

写真32「作品の中の丸い水槽に似たのが、昇降口にあるので、絵と同じポーズで撮った。」小さくして繰り返して不思議な感じにしている。

　写真31・写真32はアンリ＝マチスの『金魚』を選んだ児童の作品である。写真31には、水槽で金魚釣りをしている作者がいる。手前に描かれている絵の自分がそれを慌てて止めているように見えて楽しい。釣竿と釣り糸は、ペン機能を使って画面上で描き足していた。写真32は、「作品の中の丸い水槽に似たのが、昇降口にあるので、絵と同じポーズで撮った」ものを徐々に小さく繰り返し重ねて不思議な感じにしている。繰り返し同じ像を用いることや、縮小拡大なども簡単にできることは、映像メディアを用いた造形活動が得意とするところである。自分の同じ絵が何度も再現できて、発想したことを幾通りも試して表現できることには遊びのような楽しさもあり、造形活動への意欲や発想する力を高めることにつながるのではないかと考えた。

　さらに、写真33の俵屋宗達の『風神雷神図屏風』では、作者は作品中に入って一緒に空を飛ぶ。この児童は、写真だけでなく、パワーポイントのスライドショーでコマ撮りアニメにして空を飛び回る表現もしていた。音も入れたいと、さらに工夫を重ねて、自分の表したいイメージに近づけていった。

写真33　俵屋宗達の『風神雷神図屏風』の世界に入って、一緒に空を飛ぶ。

③名画に入って　パート3「作品の魅力を伝えよう」（鑑賞）

　鑑賞として、ベネッセから提供されている授業支援ソフトであるミライシードのオクリンクを使用して、自分が選んだ名画について調べたことや感じたこと気づいたこと、それを基に考えたことなどを、カードにまとめ、交流し、発表する学習を行った。

　カメラやペイント、文字入力など総合的に用いて自分が伝えたいことを表現できる。カードを複数つなげて、伝えたいことを広げたり深めたりして表現できるため、個々の学習の進度に合わせて活動しやすい利点がある。図11

　『ファン・ゴッホの寝室』を図書室の本

写真34　オクリンクを発表用のツールとして用いる。

図11　オクリンクの画面上のカードより

から選んで児童は、表現する中で、自分をベッドに寝かせたり、椅子に座ったりして、自分の寝室にしている。資料の本の他のページに掲載されている 1888 年作のアルルで描いた『黄色い家』は、『ファン・ゴッホの寝室』がある家だということや、同じく 1888 年作の『ファン・ゴッホ椅子』が『ファン・ゴッホの寝室』にあることに気づいていた。また、美術鑑賞教室で訪れた SOMPO 美術館の『ひまわり』に触れ、「ゴッホは黄色が好きなんだと思う」と言及していた。児童によって早く課題が終わっても、さらに調べたこと、考えたことをオクリンクでカードをつなげられることから、鑑賞の広がりや深まりが見られた。また、紙のワークシートの方がよい児童は、手書きで書きとめたことをカードに再構成して考えをまとめたり、PDF ファイルにして貼り付けたりするなど、児童が多様な表現を選べるよさを生かす活動にした。さらに、作成したカードを提出し、児童同士が見合える設定にすることで、家庭学習の際にも自然な交流が生まれ、どのようにカードを制作したらよいか迷っている児童が参考にしたり、新たな造形的な見方や考え方を得たり機会が増えると考えた。

5. まとめ

　ここまで、映像メディアを生かした造形活動の事例を挙げてきたが、現在用いられている映像メディアも過去のものとなり、新しい映像メディアが造形活動のツールとして、学校現場に登場するであろう。バーチャルリアリティの空間で子どもたちが自分の作品を展示して展覧会を開いて、それを互いに見に行ったり、作品の中にリアルな感覚で入り込んだり、表現や鑑賞の仕方の幅も楽しみも広がるだろうと予測する。しかしながら、これまでも学習のねらいに合わせてその時代の映像メディアを選んで活用してきたように、今後も学習のねらい、身につけさせたい資質・能力に合わせて活用するメディアや活用の仕方を選択していくことは変わらない。同時に、どれだけ学校教育の現場で映像メディアが発展していっても、児童が全身の感覚を働かせて感じ取り、表現したり味わったりする造

形経験が重要であると考える。個々の子どもたちの経験が映像メディアと出会っ
たときに、新たなイメージや表現方法が広がったり、深まったりするのだと考え
ている。

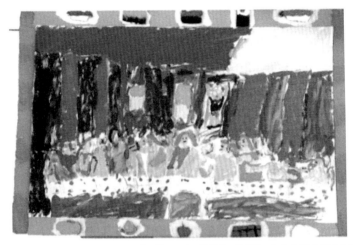

写真 35　元の絵は、レオナルド・ダ・ヴィンチの『最後の晩餐』。自分の題名『14人目のキ
リスト』自分が他の弟子たちと共に「最後の晩餐」のテーブルにいる。額縁には、自分が人
生最後に食べたいものを描いている。(以下、オクリンクのカードより一部抜粋)

1. 元の作品のよさ、選んだ理由

最初は「モナ・リザ」か「最後の晩餐」かだったが、専門気が好きだし、キリストの絵というところが気になったので「最後の晩餐」にしました。また、選んでいる点中に最後の晩餐のほうが、共というところに興味がいったので「最後の晩餐」にしました。

2. よく見て描いたことから、気づいたことや感じたこと、考えたことなど

見本があっても映して書くのは難しいことがわかりました。特に、神聖なイメージにさせるところや、表情、ポーズ、背景、人です。この中で一番難しかったのは、人のポーズ、表情です。一人一人ポーズ、表情が違うからです。例えば、横の白い線で囲った人達のポーズや表情が難しかったです。また、今度やってみたいという思いになりました。

3. 元の名画を見て描いた「自分の作品」で、表現したかったこと

キリストの神聖なイメージと、ポーズ、表情、背景などです。特に背景が表現するのが難しかったです。左、真ん中、右で色が違うし、影を描くのが難しいからです

4. 額縁 (がくぶち) もふくめ、表し方などで工夫したこと

額縁は自分が最後に食べたいものをつけました。またキリストの神聖なイメージを黄色やレモン色で表しました。

子どもたちの映像世界がひろがってつながる美術教育
～6Tubeなどの実践を通して～

The Children's Visual World That Expands and Connects to Art Education
～ Putting 6Tube into Practice ～

鈴木 紗代

Sayo, Suzuki

1. 子どもたちと映像社会

　GIGA スクール構想が本格化し、小中学校では ICT の整備が大幅に進み、気が付けば生徒たちは一人一台タブレット端末を所持している。この ICT を活用した学力・教育力の向上や学校教育全体の効率化が求められている。美術教育ではタブレットの機能を使い、鑑賞活動において作品画像を生徒に送ったり各自の意見を交流したりする使い方や、表現活動ではデザインなどで配色を考える時に使ったりするなど、様々な活用例が見られる。私自身も生徒に作品の写真を撮影・送信してもらい、評価の際に役立てている。しかし、画像や映像などを情報の共有や効率化だけではなく、表現として活用することが美術教育では必要ではないだろうか。

　そう考えるのは、生徒を取り巻く映像メディア社会、つまり隠れたカリキュラムとしてのビジュアルカルチャーの生徒への影響が見逃せないからだ。マスメディアとしてのテレビの影響はすでに薄くなり、スマートフォンをはじめとした映像メディア機器の発展と普及によって、個人を受け手ではなく、表現・発信者にする環境をつくり出し、このようなメディア環境によって生徒たちは現代社会の中で自立した人間として育つことが求められている。GIGA スクール構想は「日本が希望の持てる社会、世代を超えて互いに尊重し合あえる社会、一人一人が快適で活躍できる社会を実現するために、経済発展や社会問題の解決に向けてテクノロジーを最大限に活用していこうという」Society 5.0 に向けた取り組みであるが、やはり従来通りのテクノロジーが描く夢の未来への過信が強すぎないだろうか？匿名性が高く、人間が欲望や感情をむき出しにした攻撃的で過剰な表現をつくり出す Instagram、YouTube や TikTok などの SNS や動画サイトはもはや学

校教育が扱える範囲を簡単に越境し、コントロールが不能な状態に陥っている。

　これらのテクノロジーや SNS が及ぼす影響は、生徒たちのイメージ世界にも及ぶ。例えば授業での調べ物を ICT 機器を使って行う際、彼らは文字情報ではなく画像で必要な情報を探す。彼らは文字としての情報よりも、より安易で刺激的で考えなくてわかる（わかった気になる）映像情報を求める。美術の授業でも動植物など表現したいモチーフだけでなく、感情表現まで画像検索をかけているのを目にしたこともある。自らのイメージや思考を映像メディアに委ねる受身の姿には、美術の根幹とも言えるイメージを生み出す力が弱体化形骸化する未来の一端が見える。そこから発展していく思考力や創造力も同様といえるだろう。

　彼らを取り巻く様々な映像メディアは今後も発展していくだろう。AI 技術による画像生成に関する諸問題やフィルターバブル現象など、テクノロジーの進化が私たちにもたらす影響はイメージの世界から人間関係まで多岐に渡り、それは今後も急速に広がっていく。しかしそれらに対する教育は追いついているとは言いがたい。しかし、そんなことはお構いなしに子どもたちはそれらを取り込んでいく。だからこそ、彼ら自身が映像メディアに対して、少し距離を置いて俯瞰し、その上でどうしたいいか考え、それに対抗するための表現力や批評力を身につける必要があると考えた。

　そのために美術科教育における映像メディア教育とは、このように変容し続ける社会環境（背景）と対峙する学びである必要があり、映像メディアを批判的に読み解き、自分自身として他者と共に生きていくための、いわゆる広義の映像メディア・リテラシーが必要になっている。

　こうした現状を鑑みて、私は中学生がこれからの社会で生きていくための映像メディア・リテラシーや映像を使った表現＝イメージの生成力を身につけることを目的とし、個人の想いを表現しやすい YouTube のような現代映像表現の手法を使い、協働的な学びの題材を開発・実践・検証を継続研究してきた。以下に示す実践研究を通して、美術教育における映像メディアの学びの可能性を示したい。

2．映像の題材・実践例の紹介～「逆転時間」[1]と「6 Tube」～

(1) 題材1「逆転時間」

　「逆転時間」という映像題材（また同名のアプリケーション）は、苅宿俊文（青山学院大学教授）がNPO法人学習環境デザイン工房[2]を主催していた時代に開発した「ワークショップ（参加協同型学習）」であり、筆者は群馬大学在学中に指導教員の茂木一司教授から指導を受けて、卒業論文や修士論文作成のための実験として実践を行ったものである。その理由は、美術科教育におけるICT学習はモニター内の出来事になってしまい、どうしても身体性の欠如という弱点が浮き彫りになるため、従来の手でつくる美術科教育との間に大きな溝ができてしまうことから、映像学習を美術科教育と親和させ、その溝を埋める必要性があると感じ、「逆転時間」を採用した。

　また、「逆転時間」は撮影者（監督的な役割をもつ）と演技者が複数名必要だが、それ以上にこの学習（コンテンツ）は編集なしで撮影しなければならず、「考えて計画をたててからやる」ことだけではけっしてうまくいかない。そのため「やってみてから修正を繰り返す」か「やりながら考える」ことが必要になり、両者の相互の学びが必然的になる。つまり、「社会構成主義」[3]に基づいた協働による学習題材であり、作品づくりではなく、参加者同士のコミュニケーションに学習の比重があることもポイントとして考慮した。それは、本実践校が外国籍児童や発達障害をもつ児童など多様な背景や発達段階をもっており、協働で学ぶことが児童全体の学びにもなると考えたためだ。

〈授業概要〉

　本授業はデジタルカメラやタブレットのカメラ機能を用いて撮影し、逆再生する映像遊びの題材である。以下では小学2年生を対象に行った実践を紹介する。

【ねらい】生再生と逆再生の変化を感じ取りながら、動きや使用するもの、撮影の手順などを考え、逆再生の面白さを味わう。

【機材など】タブレット（使用アプリケーション「逆転時間」）、カラーペン、新聞紙、ボール、ペットボトル等

【班】1班4～5人程度

【対象】小学2年生

【学習計画】 ＊①②：1時間目、③〜⑥：2時間目（全2時間）

　　①参考作品を見る・撮影の仕方やアプリケーションの使い方を知る

　　②逆再生にすると面白い映像を考え、撮影する

　　③前時の映像をもとにより面白い映像になるよう表現を考えワークシート
　　　にまとめる

　　④ワークシートをもとに撮影する

　　⑤作品を見合う

〈活動の様子〉

　「先生は魔法が使えるようになったよ」の一言で授業を始め、逆再生映像を見せた。児童はすごい・面白いと反応するが、すぐ「逆再生（巻き戻し）だ！」とその仕組みに気づき、タブレットの使い方や撮影の基本的なルールの確認、役割分担（監督、カメラ、役者）をしてから撮影に進んだ。撮影に使用できる道具類を見ると「ボールを投げたら…」「新聞を破くと…」と次々に自分達が（映像上で）あり得ないことができる面白さに想像を膨らませていた。撮影すればすぐさま撮った映像を班の全員で見て、自分が決してできないような行動に喜んでいた。ボールを高いところから真下に落とす（逆再生では戻ってくる）映像を撮っていた児童が「（ボールではなく）人が戻ってきたら面白い！」と言い、どうしたら自分の手に人が戻ってくるのか皆で考え、筆者にも質問しながら撮影していった。周囲の様子をみて面白そうだと思えば同じことをやってみたりそれをヒントに新たな表現方法を試したりと、1つのアイデアから次のアイデアを生み出し、様々な言動や映像が刺激となり活動が活発になっていった。

　2時間目は前時の映像をもとに、いくつかの表現を1つにつなげたり同じ表現を繰り返したりしてより複雑で面白い映像を考え表現した。撮影手順がより複雑になり行動の手順に混乱するが、失敗するたびに前の映像を見て自分達のエラーを探し、次はどうすればいいのか意見を出し、時にはジェスチャーを交えて撮影を進めた。新聞紙を破る映像をもとにした班は、これだけだと面白さに欠けると判断し、破った新聞紙を投げはじめたが満足せず新聞紙をより細かくちぎり舞い散らせながら投げることやそれをゴミ箱にも入れる（カメラアン

グルもゴミ箱にアップしていた）ことに発展していった。前時に人を持ち上げる映像を撮った班ではペットボトルキャップも加え、人を持ち上げる人も飛んでくるようにするため、映像撮影では何を投げる人が何番目になるのか等手順を何度も変えて挑戦し、自分の行動と逆再生のイメージを擦り合わせ、各々が考え行動することで表現を深めていた。

　そして授業の最後には、各班で一番のオススメ映像を見合った。もう一度見たい、またやりたいと言う児童が非常に多く、授業終了後も「給食の時間なら…」「漢字練習の宿題を逆転したら…」と自分の生活を逆再生で想像して楽しみ、授業での想像が授業をとび出していた。

撮影の様子：動作を大きくしている

撮影したものを見て、相談している

〈考察〉

　映像学習は美術科教育の内容ではないというのが一般的な小中学校の美術科教育の認識ではないか。教員になってからずっと感じてきたことであった。子どもたちの置かれている生活（映像メディア）環境の中で生きた図工美術教育をするにはどうすべきか、そのことを頭に入れながら日々題材の開発・実践研究を行なってきたが、その大きな目的は現代のアート状況と美術科教育の溝を埋め、子ども達にアートのリアリティある学びの楽しさを実感させたいということであった。

　「逆転時間」はiPadで撮影した数秒から数十秒の映像を逆再生し、その動きのおもしろさを発見しながら映像制作をするグループワークである。撮影（正再生）と巻き戻しを繰り返し、「逆再生」した時におもしろくなる動きを考え、次々に納得出来るように作り替えていく。苅宿はこの学習の効果について、「逆

転時間ワークショップの特質は、児童が作品制作をする時、自分の身体動作と逆再生される映像が時間経過と動きが真逆なために混乱することがしばしば起こる。それをグループワークで実施するために、混乱が複雑化する。単純な身体的動きでも何回も撮り直しをせざるをえない状況が生成される。このような自分が身体動作と作品の映像のズレから生まれてくるおもしろさを試行誘引性としてとらえている」[4]と考察している。すなわち、試行錯誤を繰り返す短時間 (即興性) の活動が、他者との協働で起こる自己表現と他者理解を推進すると同時にその時のある種の納得解として共有されるのである。

(2) 題材2 「6 Tube 〜私の主張を動画で発信〜」

本題材は、アーツ前橋[5] (群馬県前橋市) が行なっている 2019 年度の「アーティスト・イン・スクール (AIS)」[6]の中で開発したものである。本映像表現題材は普段生徒達が見ている映像表現 (YouTube などの動画) を題材としているものはほぼ無いという現状から、生徒のリアルと地続きになる題材を開発したいという思いで開発した。

実施校は前橋市立第六中学校、派遣されたアーティストは住中浩史[7]である。彼と当時の美術館学芸員 (コーディネーター) の小田久美子との 3 人で意見交換を積み重ねながら、中学 3 年生を対象に映像作品をグループ制作する授業の題材「6 Tube 〜私の主張を動画で発信〜」が開発・実践された。3 人の他に、茂木一司群馬大学教授をスーパーバイザーとしたチームで授業研究がされた。AIS が終了し、アーティストがいない現在でも同題材を続けている。

〈授業概要〉

本題材は「自分達が密かに思っていること」をテーマに自分達の主張を映像で表現するものである。この題材名は、特に「密かに」と入れることで、生徒が思っているモヤモヤした出来事が出しやすく、彼らが映像を通して自分の主張をしやすくするために命名した。題材開発のポイントは、映像作家としての住中の経験／アドバイスから、無編集で短い映像 (30 秒以上) を条件とした。その理由はセキュリティの問題で使用したタブレットに前の記録 (作品) が残らないことや映像作品が編集によってだけつくられるものではなく、即興で試行錯

誤を繰り返しながら、いわゆるワークショップ（参加協同型学習）でもできることを示すことである。それが以下のような学習目標になっている。

【ねらい】映像表現における「自分の考えを表現する力」と「相手の考え（表現）を読み取る力」を育む。

【機材など】タブレット、三脚、小道具作成用具：画用紙、段ボール、ペン類など生徒が撮影した映像データは、学校で登録しているクラウド上でやり取り。

【班】1 班 4 ～ 5 人程度

【対象】中学 3 年生

【学習計画】（全 11 ～ 12 時間）

　①自己紹介動画を撮る

　②映像作品を鑑賞する

　③映像のコンセプトを考え、決める

　④アイデア出しのためのカードゲーム

　⑤どんな映像にするか考える

　⑥撮影Ⅰ（2 時間ほど）

　⑦中間検討会（映像を相互鑑賞し意見交換（良い所・疑問点・提案））

　⑧撮影Ⅱ（2 時間ほど）

　⑨鑑賞会Ⅰ（作品上映・説明、振り返り）

　⑩鑑賞会Ⅱ（完成作品と途中作品を上映、アーティスト・学芸員からコメント）

〈活動の様子〉

　最初の自己紹介動画の撮影では自分自身が必ず映ることと無音であることを条件にし、ペアで撮影をした。自分を紙芝居で表現したり陸上部であることを走る姿で表現したりしていた。大半の生徒は自分が映ることへ戸惑いが見られ、なかなか撮影が開始しなかった。表現自体も紙やペンを使い文字や絵で伝えるタイプが多く、決してバリエーション豊かとはいえなかった。その中でも堂々と表現する者、画面に自分をどう映すか考える者もおり個人差が大きく見られた。

　2 時間目は現代の作家たちの映像作品鑑賞を行った。作品はアーティストを

中心に学芸員と筆者と３人で、大きな物語はなく実写であり抽象的だが想像
する余地がありそう、という点を踏まえて選んだ。これは生徒達に映像表現の
多様性や言葉に頼らない表現の面白さ、映像から考える思考力の向上を目的と
していたためである。Bill VIOLA の作品『ラフト／漂流』[8] を鑑賞した班では、
「水がすごい」「痛そう」等の感想から始まり、「ここはどこ？」「閉鎖的なイメー
ジ」「収容所？」「満員電車みたい」など場所から想像を広げ、様々な人種がいる
ことから「世界」「人類」などのイメージと結び付け、さらには人物一人一人の
行動についても話を広げていた。最後には「自然の怒りが人類に警告している」
という考えに至る生徒もいた。映像から読み取れたことを元に想像を広げなが
ら、自分達なりにこの映像が何を表現しているのかを考えていた。

　３時間目は、映像作品の主題を決めた。「密かに思っていること」というテー
マのもと各自が意見を出し、それを＋・－の縦軸と個人的か社会的かという横
軸の図にまとめ、班員全員が共感できるものを作品の主題にした。テーマが決
まったらワークシートとアイデア用のカード（住中氏作）を用い、主題を「どう
思っていて（感情）」「どうしたいのか」を明確にした。この２つはカードになっ
ており、様々な組み合わせを何度も試して主題を練った。カードの組み合わせ
によってはテストが可愛くなったり増税が破壊されたりしていた。その置いた
カードから想像が広がり映像のイメージが湧く班も多かった。そうして「マラ
ソン大会が嫌なので反対にする（生徒ではなく先生がやるという意味での反
対）」「群馬は何もないが災害もないのが良い」「女子がすぐ泣くのが嫌なので価
値を下げたい」など多種多様な主題を生み出した。

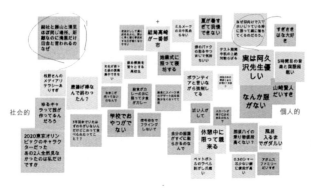

生徒たちの
「密かに思っていること」
（Google jamboard 使用）

　4時間目のブレストーゲーム[9]は、それぞれの意見に自分のアイデアをのせると意外な展開が起こり終始笑顔でゲームを行っていた。生徒からはどんなアイデアでもまず出してみる大切さがわかった、皆で出し合うと面白くなる、という感想がでており班で表現していくことの良さを実感していた。こうしたアイデア出しの感覚を踏まえ5時間目は映像での表現方法を考えた。ワークシート等を使い「どんなやり方で」と「どんな雰囲気」を明確にし、表現の方向性を絞りその詳細を考えた。その後は白紙の紙に映像の流れや役割など思いつくことをどんどん書いた。生徒たちはこれまで自分達が見てきた映像の記憶を総動員して考え、どう映像で表現するかを相談していた。電車の走行音に対する不満を主題にした班は何かで電車を作り破壊する方向へ、給食を讃える班は給食役という配役をたてアイドルのようにもてはやすなど様々な案が出た。

コンセプトについて話し合っている様子

住中氏がつくったカードとワークシートでコンセプトを明確にした

　6・7時間目は撮影前半である。この撮影前半は生徒達に最悪の時間と言われるが、それは自分達がイメージしているものにならないことの実感による。また映像を見ているだけでは気づかなかったカメラのアングル、場所、役者の声の大きさなど映像表現の工夫があったことに初めて気づきそのために何をすればいいのか考えただけで終わったからだ。後の生徒達からは「とりあえずやってみる（撮る）」がいかに大切かわかったと感想が出ており、失敗を恐れ準備に時間をかけすぎたことも原因だったと反省していた。2回目以降では班での意見を言い合いながら撮影することが増え、カメラ担当が役者の動きの改善案を出したり役者自身も自分でセリフを面白く改変したりと、自分ができることを自分自身で考え行動する姿も徐々に増えていった。

　8時間目は2つの班でお互いの映像の良いところ・よくわかないところ・改

善策の3点について考える中間検討会である。生徒達は、良い点では役者やカメラアングルを褒め、よくわからない点では声が聞こえない、〜が○○しているのは何故？と疑問をぶつけ、改善策では場所を変えたらどうか、〜君が…と言う、と具体的な提案をした。相手からの意見が戻ってくるとそれを真剣に読み、主題やセリフを知らないで見る人への伝わりにくさを感じながらも良い点を見てもっと良くしようと撮影の意欲を高めていた。

9・10時間目は撮影後半だ。撮影に意欲的な者が多く、役者の動きやセリフを練り上げる班、カメラにファイルやセロハンを当てて色味を変化させる班など、様々なアイデアを出し実行した。災害と群馬に関する主題の班は小道具類を家で自作してきたりカメラワークと役者の動線が円滑になるよう皆でリハーサルをしたりしていた。女子が泣く事に対する憤りを主張した班は、男子の役者が女子制服と目薬を自ら持参して泣く女子を熱演、その役者を引き立てようとカメラや音担当が二人だけでタイミングを合わせる練習をするなど個々で思考し行うなど、班全員の考えや表現と各自のアイデアや行動とがうまく噛み合うようになっていた。

屋外での撮影の様子

校内での撮影の様子

最後は上映会だ。どの班も自分達の映像が流れる前は緊張していたが、笑いが起き反応が返ってくると嬉しそうに自慢げに映像を楽しんだ。その後は授業全体の振り返りとして、自由記述で何を学んだのか、グラフにそれぞれの活動で自分の気持ちがどうなっていたのかを書き、授業内での個人・班それぞれの努力や成長を実感していた。

生徒感想「自分の班の作品も、試写会で見た他の班の作品も、大きく成長し、

分かりやすくなっていたり面白くなっていたりした。また、やり方が定まるに
つれて不安が減って楽しくなっていた。班でそれぞれ、別の工夫をしていて面
白く、また良いと思った。自己紹介は時間内で一人で考えたのでうまくいかな
かったが五人で何時間もかけるとやはり動画の出来が違った」

〈生徒作品〉

コンセプト「群馬は何もないが災害もないことが素晴らしい」

①台風が上陸し食料が尽き
　たと言うセリフ。
　カメラを揺らして強風を
　表現。缶詰は手作り。

②カメラを黒板方向に向け
　ると段ボールで作った枠
　でテレビ放送のニュース
　を表現。
　台風が上陸し群馬以外に
　猛威を振るっていると伝
　えるセリフ。
　紙の台風の裏にはマグネッ
　トをつけており、台風（紙）
　がついた棒の先を黒板に
　近づけると台風（紙）が

黒板に張り付くようになっており、お天気ニュースの再現度を高めている。

③群馬にいくことを決意。
　教室の後ろ側（②のテレ
　ビと反対側）を通って
　いく。
　「群馬には何もないが、今
　の群馬には安全がある！」

④群馬に到着
　（教室から中庭へ出る）
　ドアの枠に群馬の表記を
　貼った。

⑤役者に続きカメラも中庭
　にでて空を見上げると、
　快晴の空で映像が終わる。

【考察】

　4 年間以上実践していく中で、本授業では生徒たちの満足度がだんだん高まって終わることが確認できる。その要因は「自分たちの取り組みで映像が良くなった」という実感を得られる、つまり自己実現ができているからであろう。本題材の特徴は無編集でつくる映像作品であるため、その場ですぐ確認し修正する「トライ＆エラー」がポイントになる。それは、映像がすでに生徒の身近な表現になっているため、自身の経験から様々な改善策を提案でき、試行錯誤と臨機応変な提案が可能だからである。実際彼らの映像作品は CM のようにインパクト重視のもの、不思議な動きだけで完結するものなど多様であり、既存の映像メディアの影響を自分たちなりに消化し、映像を主題に応じて効果的に編集していることがわかる。こうして彼らは映像を見る経験に撮る経験を重ね再編集（再生成）することで、映像に対して主体的な視点や考えを獲得していた。そして自分達の意図を伝えるために撮ることで、映像に対して少し距離を置いて俯瞰し、その上でどうすべきか対話し考え表現することを繰り返し、映像に対する表現力や批評力も身につけていった。

　こうした生徒達の様子から本題材は、協働学習としての映像リテラシーの学習が実現できると考える。生徒達は最初は自分たちが撮りたいように映像を撮っているだけであるが、撮影と鑑賞を繰り返していくうちに、鑑賞者にどう見えるのか／読まれるのかが意識できるようになって、急激に魅力的な表現になっていく。その要因には、協働学習による深い対話があるからである。撮影者、演技者はそれぞれ自分の役割を意識し、チームの中で自分が何をしたら良いか考え行動できるようになっていく。そうした学習の循環が彼らの満足度につながっているはずだ。

　生徒達に自分の学びについてアンケートを実施した結果でこのことは明確になっている。「協働すること」「発想力」について、生徒の 135 名中 90 人以上が「よく学習できた」と回答している。

　映像学習を個人ではなく、協働でやる意味は、映像づくりがモノではなくイメージ、つまり言語以外の思考操作をする活動であり、生徒たちが言語の対話と同時に、イメージをイメージのまま交換・対話して、作品づくりをしているからである。同時にそれは、メディアと身体を融合させる新しい美術科教育の

学習になるはずである。

3. 子どもたちの映像世界がひろがってつながる美術教育をめざして

　筆者は、映像メディア表現、特にパソコンによるお絵かきやアニメ制作だけで
は、身体性が欠如するという弱点が浮き彫りになることや映像を多用する現代の
アートシーンと美術教育との溝を感じたことから、映像メディア学習を美術科教
育と融合させるために、身体性と映像との親和性を求め、本研究を始めた。そう
して映像表現の授業に取り組むうちに、初期のインターネットでWeb上の情報
をネットサーフィンする（鑑賞）時代から、自分たちが想いを映像によって表現
し、情報発信するSNSの時代へと変化していく中で、いわば「カーニバル化され
た社会」（鈴木健介、2005）[10] と呼ばれる「表現に脅迫される時代」になってしまっ
た。子どもたちを取り巻く映像メディア環境（イメージ世界）は文字通りとらえ
どころなく拡張し、コントロールは不可能になっている。一方で学校の美術科教
育はそれに対応をしていない。このような予測困難でとらえどころのないイメー
ジの時代に子どもたちが生き伸びていくためにはどうしたらいいのか。それは、
正解をひたすら覚え答えさせる今の学校教育の在り方を根本から更新し、子ども
たちが自分の自由な意思で主体的に物事と関わり、表現／コミュニケーションし、
他者やその先の社会を自分たちでつくろうとする力を身につけることにある。美
術教育における映像メディア表現の題材には、そういう学びとしての大きな可能
性がある。

　美術科教育における映像メディア教育とは、映像メディアを批判的に読み解
き、自分自身として他者と共に生きていくための、いわゆる広義の映像メディア・
リテラシーを学ぶことに意味がある。最後に、これに関して、実践を通して得た2
つの論点を示して、まとめとしたい。

　第一は、教師が課題を与えて生徒が答えるという普通の中学校美術科教育の授
業を変更し、学びを中学生に返したことである。映像制作で子供たちは、表現者
と鑑賞者の両方の視線をもってイメージと言語の操作を繰り返す。最初は既成の
マスメディアから引用したパターン化された表現から始まることもあるが、それ
らは映像学習の即興と対話の中で消化され、個人／グループの知識の中で再編集
が行われることで、新たなイメージとして表出される。すなわち、美術科教育に

おける映像メディア・リテラシー学習とは、子供たちを主体的で深い学びに参加させる方法として非常に有効であることがわかる。

　第二に、映像制作の題材は個人（生徒）が深めた思考／表現の先に、他者（生徒・アーティスト・コーディネーターなど）がいて、それが必然的に次の社会を構築する協同学習になっていることである。無編集の映像制作は前述のようにワークショップ型学習が必要になる。自分が発信源（動機）となり、コミュ

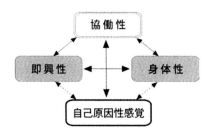

図1　ワークショップのグランドデザインの構造（苅宿、2012）

ニティ（グループ）の中へ提案したことを、仲間といっしょに考え、即興的に身体で演技し、協働性が獲得される（図1）[11]。つまり、あらかじめつくったシナリオ通りに制作が進むのではなく、大きな葛藤と小さな修正を繰り返しながら、妥協しながら、その都度最終的な合意形成がなされ、繰り返される。生徒たちは自分の役割を果たすために、みんなと出来事を共有し自己表現と他者理解をはかっていく。そこで起こっていることは、すべてを自分でするのではなく、相手に任せることができることや前に出なければならない場面での決心／勇気を学ぶことでもある。映像学習の利点は、通常は言葉だけの対話がイメージ言語としての映像のやりとりで対話できることである。映像／イメージの学習は言語能力やコミュニケーション能力を鍛え、私たちに主体的で深い対話を学ばせる。

　以上の映像メディア学習のメリットについて多く語ってきたが、これらには同じだけのリスクもあることに注意が必要だ。イメージがダイレクトに心に響く映像表現は強い刺激になり、イメージの固定化も起こる。メディアとしての言語や身体との調整をはかりながら、イメージ言語としての映像表現の新しい題材開発や実践にこれからも取り組んでいきたい。

謝辞

　本論文の作成にあたり、多くの方々からご指導ご鞭撻を賜りました。

　跡見学園女子大学の茂木一司教授には大学在学中から卒業後の今に至るまで、終始熱心なご指導をいただきました。心から感謝いたします。アーティスト住中

浩史氏、コーディネーター小田久美子氏には6Tubeの開発・実践を行う際に、多大なご助言ご協力をいただきました。厚く御礼申し上げます。

註

1) 「逆転時間ワークショップ」はiOS用のアプリケーションとして開発され、現在ではWSD-Gadget.F（kariyado toshibumi）https://apps.apple.com/us/app/wsd-gadget-f/id1230489075 としてアップロードされている（Free Ware）

2) NPO法人学習環境デザイン工房（通称：Heu-LE（ヒューレ）、2001 ～ 2023)は、「子どもに対する創造的・芸術的な活動を体験する環境の提供」を目的とし、協同的で発見的な学習コミュニティデザインを中心としたワークショップの企画運営をしてきた教育NPOであった。https://www.npo-homepage.go.jp/npoportal/detail/013001193

3) 「社会構成主義学習論」とは、その知識観を学校教育の文脈に翻訳すれば、教育内容の意味は、所与の知識として教科書の中や教師の頭に存在するものではなく、教師と子ども、あるいは子どもどうしのコミュニケーションによって生成されるものであり、相互主体的な実践があって初めて生成され構成される（広石英記『ワークショップの学び論』日本教育方法学会紀要『教育方法学研究』第31巻、2005、p4))。

4) 苅宿俊文、ワークショップにおける試行誘引性と行動特性、『人間工学』第50巻特別号、2014、pp.92-83.

5) アーツ前橋（群馬県前橋市）　アーツ前橋は、前橋市中心市街地の商業施設を改修した公立美術館として2013年10月にオープン。開館以来「創造的であること creative」「みんなで共有すること share」「対話的であること dialogues」の3つをコンセプトに、展覧会だけでなく多くの地域アートプロジェクトを実施してきた。
https://www.artsmaebashi.jp/?page_id=147

6) アーティスト・イン・スクール（AIS)：アーツ前橋が実施している学校連携事業。アーティストやクリエイターが市内の小・中・高等学校へ出張し、学校の先生達とかかわりながらワークショップや授業を行う。https://www.artsmaebashi.jp/?p=18235

7) 住中浩史　アートを通じ、実社会の「中で、その場・その時・とシンクロしつつも、そこに自分の考える価値観・物語を付加していく活動を行っているアーティスト。
http://www.suminaka.net/art/

8) Bill VIOLA『ラフト／漂流』2004　異なる人種と社会的・経済的バックグラウンドの男女グループが、突然ホースから噴射された大量の水によって地面にたたき倒される作品。http://tokyoartbeat.com/articles/-/post_65

9) ブレストカード　イラストからアイデアを連想する「発想力」と他人のアイデアを膨らませる「乗っかり力」を駆使してアイデアをたくさん出すカードゲーム。
https://brainstorming.kayac.com

10) 鈴木健介、カーニバル化された社会、講談社、2005.空虚なサイバー空間の中で自分探しをする若者たちが依存するスマホと監視社会。その中で繰り返されるネット炎上は歴史

　や本質性を欠いた現代の祭りである。

11) 茂木一司代表編集『協同と表現のワークショップ』東信堂、2014、p.13.

義務教育の美術教育における映像表現の意義と可能性

The potential and significance of video expressionin compulsory art education

甲田 小知代

Sachiyo, Koda

1. はじめに

　筆者は公立中学校に美術科教員として勤務して30余年になった。その間、新潟県内の山間部や田園地帯など、自然豊かな環境に立地する学校や商業施設が立ち並ぶ新興住宅地に位置する学校等、小規模校から大規模校まで複数の中学校に勤務してきた。その過程で、それぞれの学校を取り巻く環境の違いにより、生徒の感性に一定の傾向があると感じている。他方、社会の様相に目を向けると科学的技術の発達により、子どもたちの生活が豊かになる反面、格差や環境の問題による様々な体験不足による想像力・コミュニケーション力等の低下など、問題を抱える生徒が少なくないことはどの学校でも共通している。こうした背景から、筆者は生徒の感性を育み、創造性や創造力、コミュニケーション能力等、これからの変化の激しい社会をたくましく生き抜く能力を身に付けさせたいと考え、これまでの授業や部活動の中で「社会との関わり」をテーマに実践を行ってきた。とりわけ「映像メディア」は人々の生活と密接に関連しており、非常に身近なツールである。メディア機器を使用した映像表現の授業は、美術に対する苦手意識が強い生徒にとって容易に取り組める題材であると考え、授業等に取り入れてきた。

2. 研究の背景と実践の経緯

　新型コロナウイルスによるパンデミックや紛争等による社会情勢の急激な変化、そして、急速に普及しつつある生成AIをはじめとするデジタル技術の発展は、我々を取り巻く生活環境を変化させ大きな影響を与えている。一方、学校現場に目を向けると、パンデミックの影響により学校のデジタル化の遅れが表面化し、「GIGAスクール構想」の前倒しによって、生徒の学びの環境も大きく変わることとなった。しかし、学校現場はICTに関わる知識や技術に関する人材といったハードとソフト共に不足するという、未だにに多くの課題を抱えている。

筆者が映像表現の実践を授業に取り入れたのは、約20年前である。当時と比較し、デジタル機器の技術革新は格段に進んだ。実践開始当初はデジタルカメラを利用し、校内のコンピュータ室でHP作成ソフトを利用して簡単なアニメーション制作を行った。その後、ビデオカメラとパソコンを使用して、クラスで1本の短編映画を制作する活動[1]や個人・グループによる動画制作等、授業や部活動において、様式や使用媒体等多岐にわたってきた。その間、社会は携帯電話がスマートフォンに移行し、パソコン他タブレット等の使用等、家庭におけるデジタル機器の普及や変化に伴い子どもたちのデジタル機器の使用状況も大きく変化してきた。特に現代の子どもたちはデジタルネイティブと呼ばれ、生まれた時からデジタル機器が存在しており、生徒のデジタル機器の活用能力は教師を超える者も少なくない。そうした中で、近年の生徒の様相から、先に述べた感性の違いの他、メディアリテラシー等のデジタル機器に対する能力格差が顕著になっていると感じる。また、変化の激しい現代社会に於いて、実践時点で育もうとしていた技能や知識は、新たな技術開発により、数年後には陳腐化することも予想される。そうしたことから、本論では映像メディア表現の技術的な側面を主眼とせず、これまでの映像表現による実践事例を基に、制作を通しての方法論や留意点、生徒の変容から、これからの学校教育における映像メディア表現の意義と可能性を検討する。

3．実践事例概要

　美術教育において作品制作の目的は描くことや創ることではない。映像表現も同様であり、この実践を通してどのような力を身につけさせたいか、あるいはどのような変容を期待するのか等が重要である。しかし、映像メディア表現では、機材の操作や知識等の技術的側面に意識が向かいがちである。そこで、ここでは実践手法や留意点等の点から5例について検討する。筆者がこれまでに勤務したうちの2校おいて、授業と部活動で実施したものである。なお、実践校については、A中学校及びB中学校と表記する。

(1)「学校を紹介するCM制作」　A中学校2年生　4〜5人×10グループの実践

　A中学校は新潟市郊外の田園地帯に所在する自然豊かな環境にある小規模校であり、地域とのつながりも強く、表現も実体験に基づくものが多い傾向にある。

　本事例は海外の中学校と交流実践を行うにあたり、学校や地域等の良さを PR する動画を少人数グループで制作した実践である。当時、3年生の授業において、クラス全員で映画制作を行う実践を行っていたため、その前段階に位置づけた内容である。

①**ねらい**

・メッセージを伝える相手を意識し、限られた時間内で何をどのように伝えるかを考える。

・画像や文字の色やデザイン等を意識して表現方法を工夫し、仲間と協働して活動する。

・テレビ等の企業CMは15秒単位であり、時間や法律、モラル等の制限がある。普段、毎日のように目にする CM について関心を持ち、相手から発信される情報を無自覚に受け入れることがないよう批判的な視点でメディアを見ることができる。

②**概要**

・使用機器：Windows ムービーメーカー、デジタルカメラ

　ドイツとの交流をきっかけに、小グループを編成して制作を行った。主題が学校や地域の良さを紹介するということから、学校生活や地域の自然・祭等をテーマに内容を決定した。その後、どのような流れにするか、使用する画像、BGM、言葉等を検討した。収集した画像はWindows アクセサリーであるムービーメーカーを使用して編集を行い、ドイツの人にも分かりやすく伝えるために英語の字幕をつけて制作をした。学校が新潟市郊外の田園地帯に位置することから、生徒は幼い頃から自然や地域の人との関わりが強く、作品のモチーフや色使いは自身の生活体験から着想を得て表現する生徒が多かった。メディア表現についても例外ではなく、デジタルカメラを手に外に出て田んぼや校庭の松の木等を撮影したり、給食（**写真1**）や部活動（**写真2**）の様子を撮影したりしていた。また、地域の祭りや季節の風景写真等、時期や日程が合わず撮影ができないものについては、地域教育コーデネーターに依頼して地域の方から提供を受けたり、教師が撮影した記録写真（**写真3**）を使用したりした。

写真1　給食の様子

写真2　剣道部の様子

写真3　学校付近の桜並木

③留意事項

　メディアの表現に関わり、CM制作のポイントや情報を発信する側と受け手側の意識に相違があることを伝え、どのように相手に伝わるか客観的に考えさせるようにした。特に本実践はドイツの学校と交流することから、言葉や文化が違う相手に何をどのように伝えるか、日本との違い等も意識するよう促した。また、著作権や肖像権などの法律及び基礎的なメディアリテラシーについて触れ、生活と関連するメディアの知識について意識させるようにした。

(2)「クレイアニメーションを作ろう」　A中学校特別支援学級の実践

　特別支援学級では、発達や情緒等、様々な特性を持った生徒が在籍している。そのような生徒たちへの表現活動の実践では、多くの発見や成長を見取ることが可能である。本事例は、特別支援学級の美術の時間において、生徒の特性に合わせて個人制作とグループによる協同制作を行ったものである。

①ねらい

・様々な特性のある生徒が仲間と協力して主体的に制作に取り組むことにより、生徒の表現意欲を高め、生活や学習における困難な状況の改善につなげる。

②概要

・使用機器：WEBカメラ、粘土アニメ制作ソフト『CLAYTOWN』

　生徒の特性に応じて個人やグループ活動で、ストーリーを考え、背景を描き、粘土を使って創りたいものを制作した。その後、WEBカメラと連動したクレイアニメ制作ソフトを利用し、自分たちが創ったモチーフを少しずつ動かしながら撮影を行い、短編アニメーションを制作した。個人で制作した生徒は、花をモチーフにしたストーリーを考えた。砂に蒔いた種が、やがて芽を出すもの

の人間の足により踏み潰されてしまう。しかし、再び立ち上がり、やがて小さな黄色の花を咲かせるという内容である。色や形にこだわりながら花びら一枚一枚まで黙々と丁寧に作り込んでいた(**写真4**)。生徒の特性や生活の様子から、完成したアニメーション作品は自己を投影したようなものになっていた。また、グループで制作した生徒たちは、幼い頃から夢中になっていた昆虫をモチーフにして作品を制作した。異学年の活動であるため、上級生の生徒がリーダーとなり下級生と協力しながらストーリーを考え、背景を描き、粘土を使用してカブトムシなどをモチーフにしてキャラクター（**写真5**）を制作した。その後、役割分担を行い、パソコンとWEBカメラを使用してアニメーション撮影(**写真6**) を行った。生徒たちは自分なりに色や形を工夫し、細部までこだわって制作を行っていた。手先を使うことが困難な生徒もいたが、これまで自身が見たり触ったりした木や昆虫の特徴を思い浮かべながら、仲間と楽しそうに表現していた。

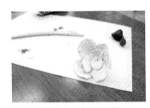  

写真4　主題の花　　　　写真5　背景とキャラクター　　　写真6　撮影の様子

③留意事項

　生徒の特性に合わせて、用具や粘土等、使用教材を工夫し、生徒の興味関心を引き出し、生徒が主体的に制作に取り組めるよう支援を行った。

(3)「全校アニメーションプロジェクト」　Ｂ中学校全校生徒の実践

　2020年4月中旬、新型コロナウイルスの影響による一斉休校とその後の分散登時の事例である。当時、筆者は1年間の自己啓発休業から復帰した直後の時期であり、全校生徒約600人超、全19クラスの授業を担当していた。当時の3年生が1年生の時に4クラスの授業を担当していたため、一部の生徒は把握していたが、その他は全くの初対面であり、また、全てのクラスの授業開きも終わってない時

期であった。そこで、全校生徒を対象に絵画の課題を課し、それらをアニメーショ
ンにするという企画を試みた事例である。

①ねらい
- ・休校と分散登校により学校生活が制限された中で、生徒の作品をつなぎ、アニメーション化することで、作品を通して他者とのつながる場面を設定する。
- ・自分や他者の作品を鑑賞することで、感性を刺激し、作品の良さや自己と他者との違いを発見し、表現意欲の向上につなげる。
- ・課題を通して、生徒1人1人の実態把握の一助とする。

②概要
- ・使用機器：スキャナー、デジタルカメラ、プレゼンテーションソフト『PowerPoint』

事前情報による生徒の実態を踏まえ、テーマは1年生「笑顔」、2年生「花」、3年生「太陽」に設定し、休校中の課題としてB6サイズの画用紙に任意の画材で自由に描くよう指示した。急な決定だったため、生徒に直接指示を出せず、指導する時間も取れなかったため、記載した文書を担任から配布してもらうよう依頼した。1年生は自身を投影した笑顔（写真7）や制限下により外で遊ぶこともできないことによる願望（写真8）、動物や植物の笑顔等、楽しく笑っている作品が多く見られた。2年生は季節を感じる桜やチューリップが多く見られた。色鉛筆による表現（写真9）や絵の具で着彩した作品（写真10）などが多く、中には紙で制作した立体的な作品もあった。3年生の太陽は写実表現を意識したもの（写真11）が多かったが、想像力を働かせて太陽から連想するイメージを組み合わせた作品（写真12）もあった。また、全学年共通の課題プリントを配布したことから、全学年のテーマを1つのイメージにまとめた作品（写真13）もあった。作品の完成度は生徒によって差があるものの、それぞれが捉えたテーマが表現されており、当時の生活や心情が作品に表れていた。その後、クラスを半分に分けた分散登校になったため、授業の中でそれぞれの絵を配置するための「背景」（写真14、15）、もしくは「前向きなる言葉」（写真16、17）を選択して描いた。

写真７　私の笑顔

写真８　屋外でサッカーがしたい自分

写真９　春の花

写真10　春の花

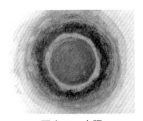

写真11　太陽

写真12　太陽のイメージ

写真13　笑顔・花・太陽

写真14　色鉛筆で描いた背景

写真15　絵の具で描いた背景

写真16　絵の具で表現した言葉

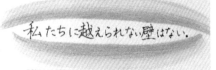

写真17　色鉛筆で表現した言葉

　生徒が「季節や時間」等を記載した作品を提出し筆者が画像化したものを
パソコンに取り込み、それを基に季節や時間の流れを意識した流れを構成し、
PowerPoint を使用してスライドショー形式でアニメーション化（写真18、19）
した。それらを途中経過および最終完成版として２回に分けて鑑賞を行った。
当該校は以前から文化祭を実施しておらず、他学年や他クラスの作品を鑑賞す
る機会がないことから、多くの作品を鑑賞する初めての機会となった。

| 写真18　背景と合成した画像 | 写真19　背景と言葉を合成した画像 |

最終鑑賞会における生徒のワークシートには，以下のような既述あった。

・「動画にすると四季の流れが静止画よりもよく分かった。全員の作品がBGM
と一緒になって動画になったことでより良く感じた。」

・個々の（自分の作品も含め）作品が合わせることで、1人ではどれだけ真剣に
取り組んでも創ることができない味のある作品ができたのだろうと感じた。
静止画ではバラバラだったものが動画になり、BGMも加わることで全校作
品のつながりが感じられて面白いと思った。

・全体を通して見ると、他の作品と一緒に出すことで、また、新たなイメージ
が加わりとても感動し、心に響く作品になったと思いました。

・普段の授業ではクラスの人の鑑賞をしますが、今回は他のクラスや他学年の
作品を見ることができて、「ここはこうやって表現できるんだな」など、他の
人の作品から沢山学ぶことができて参考になった。見ていてすごく楽しかっ
たです」

その他、行動が制限され人と人との距離を取ることが推奨された時期だっ
たため、明るい色や形、言葉に触れることで、気持ちが前向きになった、人と人
とのつながりを意識できたなど、表現以外の効果についての記載も多く見ら
れた。

③留意事項

・複数の作品を1つの画面に合成してアニメーション化するすることを想定
していたため、各学年のモチーフを描く際に、背景は描かずにモチーフのみ
を表現すること、背景をトリミングしやすくするために、できるだけ濃い目
に着彩にするよう指示した。

・絵を描くことが苦手な生徒のために作品サイズを小さくし、表現方法と使用

画材は自由にした。また「背景」と「言葉」の表現について選択させるようにした。

・参加した生徒の作品すべてがスライドショーに収まっているか漏れ落ちがないよう、当該学年の対象部分のみについて中間鑑賞会を行い、自分の作品があるかどうか確認させた。また、完成作品にはBGMをつけ、アニメーションでテンポよく作品を提示できるようにした。

(4)「アニメーション制作」B中学校　美術部での実践（個人・グループ）

　美術部は女子生徒の入部が多いが、少数ながらも男子生徒が入部する。この実践は、新入部員が描いたキャラクターの作品から着想を得て、男子の小グループでクレイアニメを制作したことを機に、発案した生徒が手描きのアニメーションを制作したり、写真とイラストを合成した作品を制作したりするなど、個人の手描きのイラストを基に表現の幅を広げた事例である。

①ねらい

・生徒の主体的な活動を支援し、個々の感性を刺激し、良さや能力を引き出す。
・個人制作や共同制作などの活動を通して表現活動の楽しさを味わい、他者との違いに気づくことで自己肯定感を高める。

②概要

・使用機器：HUE『ANIMATION STUDIO』、『Flipa Clip』、プレゼンテーションソフト『PowerPoint』

　部活動の体験入部の時点で、架空のキャラクターのイラスト（写真20）を描いていた生徒がいた。小学校の頃からオリジナルキャラクターを描いているということだったので、しばらくは本人が描きたいイラストを描かせることにした。それらの作品はストーリー性が感じられるもの（写真21）が多かったため、それを基にクレイアニメで表現したらどうかと提案したところ、描いた生徒本人とともに他の仲間も賛同し、クレイアニメの作品を制作することになった。その後、キャラクターを設定（写真22）し、グループでストーリーを考え，粘土でキャラクターを制作（写真23）したり、背景を描いたりして撮影（写真24）に移った。撮影はパソコンとアニメーション制作ソフト『ANIMATION STUDIO』を使用した。ソフトとカメラがセットになっており、カメラワーク

を自由に設定できることが利点である。仲間と協力して活動することにより、自らクレイアニメ用の粘土を準備したり、制作に対して意欲が乏しく欠席が多かった生徒が編集を担当したりするなど、前向きな変容が見られた。

写真20　　　　　　　　写真21　　　　　　　　写真22

写真23　　　　　　　　写真24

　グループで本作品を制作後、意欲が高まり続編も制作した。その後、発案した生徒は、タブレットのアニメーション制作アプリである『Flipa Clip』を使用し手描きアニメの制作（**写真25**）に挑戦したり、自身のイラストと風景画像を合成した作品（**写真26**）を制作したりして表現の幅を広げ、積極的にコンクールに応募していた。この生徒が2年半の間に描いたキャラクターは相当数になるため、筆者が作品を集約したデジタル作品にすることを提案し、『PowerPoint』を利用してデジタル図鑑（**写真27**）と称した作品を制作中である。

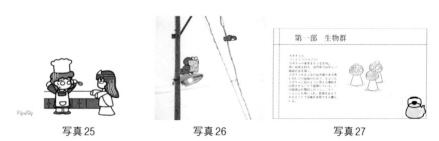

写真25　　　　　　　　写真26　　　　　　　　写真27

③留意事項

　部活動での活動のため、生徒自身が取り組みたい内容を最大限に生かすよう支援するとともに、タブレット導入とともに授業では使用しなくなったパソコンなどを使用し、さまざまなデジタル機器で制作できるようにした。また、写真との合成等、著作権や肖像権などの知識等も折りに触れて指導した。

(5)「COOL JAPAN」、「美しいもの」　B中学校　3学年の個人制作として実施

　授業における個人制作は細部までこだわって制作時間が大幅に超過する生徒がいる一方で、制作に飽きたり、短時間で完成したりして時間を持て余す生徒もおり、進度に差が出ることが多い。そこで、時間を持て余した生徒にタブレットを使用して自己の作品PR動画を制作する試験的な取り組みである。

①ねらい

・我が国や身近な地域の文化や歴史、風景等の美しさや魅力に関心をもち、色や形、用具等の使い方を工夫しながら絵画で表現する。
・描いた作品を使用した動画作品を制作することにより、作品への新たな気づきや制作に対する意欲喚起につなげる。

②概要

・使用機器：タブレット、動画制作アプリ『iMovie』

　筆者が継続して行っているフィンランドにおける美術教育の研究の一環として、現地のLahti市に所在する小中一貫校であるKärpäsen koulu（カルパセン総合学校）²⁾の中学校（7年生〜9年生）と交流活動を行っている。本事例は、日本や地域における魅力的なものや美しいものをテーマに絵画表現を行い、交流校に紹介するという実践である。新型コロナウイルスによるパンデミックの影響で、学校生活が制限された時期において、2年連続で3学年の後期に実施した。1年次は『Cool Japan』、2年次は『美しいもの』をテーマとして絵画制作を行った。前者の課題では風景（写真28）や椿（写真29）、和食等、日本のイメージを基に再現を重視して表現する生徒が多かった。制作に時間がかかった生徒が多く、動画まで制作した生徒は少数であったが、自分の作品についての解説等を付した動画を制作することで、他の生徒への刺激にもなった。一方、後者の実践では実際の風景や文化等をテーマに、自分なりのイメージを組み合わせ

た作品が多く見られた。我が国の文化を紹介するということから、新潟県の錦鯉（写真30）や厳島神社から着想を得て神話を組み合わせたて表現した作品（写真31）など複合的なイメージが多かった。この2年間は学校生活が少しずつ再開された時期と重なる。しかし、修学旅行は再開されたものの、ともに県内の日帰り旅行の実施であった。そのため、生徒の表現された内容には実際の体験から得られたものよりも、実現しえなかった関西方面の修学旅行へのあこがれや書籍やインターネット等の画像から得る情報によって、テーマを決定する者が大半であった。

| 写真28 | 写真29 | 写真30 | 写真31 |

③留意事項

　できるだけ生徒自身の内面から湧き出るテーマを大切にしたいと考え、タブレット使用は必要最小限にし、インターネットの画像を安易に再現することに終始しないよう支援した。

　以上、これまでの実践の中から5例を挙げて概説してきた。これらの実践を基に、次章では「感性」の視点から、義務教育における美術教育における映像表現の可能性と意義について考察する。

4．考察

　これまで授業や部活動の中で、映像表現の実践を行ってきた第一義的理由は、絵を描いたりものを創ったりすることが苦手な生徒にも興味関心をもって制作に取り組める題材であるということであった。当初はメディアが身近な存在である一方で、特に義務教育に在籍している生徒にとっては、メディアは情報を得る行為が主であり、制作したり発信したりする行為はごく限られた生徒のみであると

いう実態があると考えていたからである。³⁾ しかし、近年はスマートフォンの普及や学校でのタブレット配布の影響により、生徒を取り巻くメディアの状況が大きく変わったことにより、小学校段階から自主的にメディア表現を行っているという生徒も見受けられるようになった。また、授業でタブレットを使用する場面が増えた反面、メディアに関する苦手意識を持つ生徒も見られ、メディア機器の使用に関する生徒の知識・技能にも格差が拡大していると感じる。また、インターネット上の短い動画配信等の影響により、日々流される動画や情報を毎日のように見続けている弊害もあり、学校でも常にタブレットを手放せないような生徒も増加傾向にある。そのようなことから、かつてはメディア表現自体の実践が苦手意識の克服につながるきっかけとして位置づけてきたが、近年は、描画や制作と同様にその指導法や手法が重要となると考えている。それらを踏まえた上で、義務教育の美術教育におけるメディア表現の意義と可能性について、以下の３点が導き出された。

(1) 生徒による表現の見取り

　従来の描画や制作表現と同様に、メディアによる作品の中から生徒の表現の違いや思いを見取ることができる。例えば、本稿のＡ中学校におけるCMづくりの実践では、地域の美しさや良さを相手に伝える手法として写真を使用した。構図や光、色などを考えて撮影したり、それらをつなげて動画として表現したりした作品からは、生徒の感性や表現意図を見取ることができる。また、Ａ中学校の特別支援学級やＢ中学校での部活動における粘土を使用したクレイアニメーションの手法による実践は、粘土を利用した立体作品の制作であり、素材の可塑性があることから立体としてのものの見方や捉えることに適している。特にクレイアニメ専用の粘土は色数も豊富で、形のみでなく、色の工夫も自由に行うことができる。

　学校規模や環境、実践の時期、生徒の実態も大きく異なるが、描画や制作と同様にメディア表現にも学校の様相の違いが表出する。例えば、Ａ中学校の実践においては設定したテーマ性も関連するが、身近な自然や風土、個人の体験から着想する生徒が多かった。Ｂ中学校の生徒は、新興住宅街にする環境に加え大規模校で生徒数も多いことから個人の体験格差があることは否めない。そのためか作

品の傾向として、自身の直接的な体験から着想することが困難な生徒が多く、イ
ンターネットや書籍等、参考とするものがないと何を表現していいのか迷う生徒
も多い。しかし、そういった情報を得る行為もその生徒の体験となる。それがプラ
スに働いた様子が実践事例 (4) B 中学校のクレイアニメに見ることができる。
この生徒のイメージの基は書籍等から得た知識や家族との対話等によるもので
あるが、それらを自身の表現に生かしながら、想像力を働かせて毎日のように新
しい作品を描き続けていた。それを基に主体的に表現の幅を広げていったので
ある。

(2) 生徒の意欲喚起と表現活動の広がり

　メディア表現の実践は、制作が苦手な生徒の意欲喚起になるだけでなく、描画
や彫塑等の従来の表現手法や共同制作と関連させることで、新たな表現活動の幅
を広げることができる媒体となる。また、制作のみでなく、実践事例 (3) の『全校
アニメーションプロジェクト』のように鑑賞活動にも有効であった。特に B 中学
校のように全校生徒約 600 人超の大規模校では人間関係が希薄になりがちであ
る。この実践を行った 2020 年は、全校一斉休校やその後の諸行事等の中止や縮小
により生徒たちは抑圧と不安の日々を過ごしていた。そんな先が見えない不安な
時期に、生徒たちの描いた作品を動画形式でつないで鑑賞する活動を通して、表
現することの喜びや人と人とのつながり、そして、自他の違いについて作品を通
して感じることできたことは有益であった。また、A 中学校で実施した「CM 制
作」の実践は、次年度のクラスで映画を制作する実践につなぐことができた。前
年度にメディア表現の基礎的な内容を既習することで、次年度におけるより高度
な表現活動を可能とし、表現の幅を広げることにつながったと言える。

(3) メディア表現の意義と課題

　メディア表現の実践を通しての意義や可能性として、以下の 5 点が挙げられる
と考えている。

①制作過程や表現方法を俯瞰して見るメタ認知機能

　映像表現の活動を通して，客観的かつ俯瞰的なものの見方をしたり，相手に
どのように伝わるかという視点から考えたりすることで，メタ認知機能として

の効果も期待できる。

②鑑賞手法の拡張（時間、場所の制限）

本物の作品を観ることが最良であることが大前提であるとして、時に物理的に困難な場面もある。そのような時にも鑑賞活動の手法として効果的である。

③メディアリテラシーの必要性

急速に普及したメディアのリテラシーについて、ともすると操作技能は生徒のほうがはるかに優れている場合もある。しかし、望ましい使用に関するメディアリテラシーが必須である。

④他者との関わり

タブレットが全生徒に配布されメディア表現に関しても個人制作の場面が増えてきたが、個人が自由に情報を発信できるようになった昨今において、他者を意識した視点が重要である。

⑤表現の汎用性と他分野との関連

メディア表現は、汎用性が高くメディアのみのデジタル表現だけでなく、アナログ的な従来の表現手法と合わせることも可能であり、従来の表現活動を得意とする生徒にも有効であると考える。

以上のように、メディア表現の実践に意義や可能性が期待できる反面、課題もある。特にメディア技術の変化のスピードが速く、それに合わせて教師側も知識を更新していく必要がある。筆者の実践で使用したメディア媒体は、すでに廃盤になっているものもある。また、生徒一人一人にタブレットが配布されたことにより、義務教育における授業研究ではタブレット使用が必須となり、ともすると手段としてのメディアの活用が目的化してしまうこともある。さらに、教師の知識・技能を生徒が凌駕する場面もあることから、想定外のトラブルや授業における目的外使用等、学校現場では生徒指導上の大きな問題も抱えている。実践を通して、何を目的として生徒にどのような力を身に着けさせたいかなど、教師側が目的意識をもって的確に授業に取り入れる必要を感じている。

5．おわりに

最近、授業の中で、以前よりも美術に対して苦手意識がある生徒も楽しんで制作に取り組む様子が多く見られようになった。特に、学校生活で困難を抱える生

徒も美術の授業において意欲的に取り組む姿が見られる。複合的な要因があるものの、その1つとしてメディアによる視覚情報過多に起因する心身の疲労があるのではないかと推察している。無心になって表現する活動を通して、賞賛され自身を承認してもらえることが意欲向上の一助となっていると考える。メディア表現の新しい分野の可能性も視野に入れつつ、子どもたちの創造力や感性を大切にし、描いたり創ったりする題材とバランスを図りながら今後の可能性を探っていきたいと考えている。

註

1) 甲田小知代「美術教育における映像表現の可能性と意義に関する一考察 ─中学校美術授業における映画制作の実践を中心に─」、新潟大学現代社会文化研究科研究紀要『SCREEN LITERACY -Education through Visual Media Expression-』Vol.1、2020年3月31日、pp.33-42

2) フィンランドのラハティ市に所在する公立小中一貫校。中学校にあたる課程に美術コースがある。

3) 実践当初、中学校では、トラブル回避のために携帯電話やスマートフォンを可能な限り持たせないという指導を行っていた。そのため、高等学校入学を機に機器を購入するという生徒が大半であり、機器の所持に関するアンケートでも中学校時点で所持している生徒は少数であった。

参考文献

新田 晴彦 『アカデミー賞に学ぶ映画の書き方』、スクリーン・プレイ 1996

阿部 隆、水城田 志郎、山本 和信、沢 彰記、山口 良介 『ショートムービーを作ろう！─パソコンで気軽に始めるビデオ編集』、ユーリード出版 2003

西村 雄一郎 『一人でもできる映画の撮り方』、洋泉社 2003

益子 浩司 『本物の表現力をそだてる映像撮影術』、玄光社 2004

益子 広司 『映像カメラマンのための構図完全マスター』 玄光社 2005

ウォーレン・バックランド、前田 茂／要 真理子訳『フィルム・スタディーズ入門』 晃洋書房 2007

森 治美 『ドラマ脚本の書き方』著 新水社 2008

板屋 緑＋篠原規行監修 『映像表現のプロセス』 武蔵野美術大学出版局 2010

高崎 卓馬 『表現の技術─グッとくる映像にはルールがある』 電通 2012

豊かな感性を育む映像メディア表現教育の試み：
高等学校の部活動におけるアニメーション制作の指導実践を通して

The Attempt of the Art and Design Education Departments using Digital
Technologies to Cultivate Richness and Sensibility:
Through Teaching Animation in High School Club Activities

神戸 由美子

Yumiko, Kambe

1. はじめに

　本報告は、高等学校の部活動におけるアニメーション制作の指導を通して、映像メディア表現における豊かな感性の育成とは何か、そして映像メディア表現が生徒の豊かな感性の育成にどのように寄与するのかを考察することを目的とする。

　まず、高等学校芸術（美術）科の学習指導要領を調査し、美術科における映像メディア表現の内容と感性の取扱いについて分析した。次に、学習指導要領の調査・分析を基に、映像メディア表現教育がもたらす豊かな感性の育成についての考察と、部活動における指導内容の位置づけを行った。指導実践後に生徒に聞き取り調査を行い、アニメーション制作の中で感性の育成に繋がった場面や平面作品制作との違い、さらには日常の制作が表現に与えた影響などをまとめ、映像メディア表現がもたらす感性の育成について考察する。

2. 高等学校芸術（美術）科における映像メディア表現教育

　現行の高等学校学習指導要領で映像メディア表現を取り扱うのは、各学科に共通する各教科・科目では美術Ⅰ、Ⅱ、Ⅲの３科目、主として専門教科において開設される各教科・科目では情報メディアデザインと映像表現の２科目である。

　高等学校の映像メディア表現は、自己の内面や世界観を表現する内容と、コミュニケーションを強く意識する内容の大きく２点に分かれていることが特徴である。例えば、主題の生成について、美術Ⅰ～Ⅲでは、「感じ取ったことや考えたこと」、「自然や自己」などから主題を生成するとしており、自己の内面や感動を基に作品の構想をすることが求められている。加えて、「目的や機能などを基に」、

「人と社会のつながりなどを深く見つめ」と、相手に配慮したデザインや伝達を行うことの二点が重要視されている。[1]

　専門科目では、映像表現では、自己の内面や様々な事象を独自の視点で捉えて表現するなど、自らの思いや構想を視聴者に伝える媒体として映像を捉え指導することとしている。一方、情報メディアデザインでは、情報を取捨選択して構造化することや計画的な画面構成を行うなど、情報の受け手を重視した効果的で分かりやすい表現の実現に向けた指導を行うことがわかる。

3．学習指導要領から見える感性の育成
(1) 高等学校学習指導要領における感性の取扱い

　本項では、高等学校の映像メディア表現教育を通して育成する感性とは何かを探る手掛かりとして、高等学校学習指導要領芸術（美術）科における感性の取扱いについて確認する。

　学習指導要領では、第7節芸術の目標で、「生涯にわたり芸術を愛好する心情を育むとともに、感性を高め、心豊かな生活や社会を創造していく態度を養い、豊かな情操を培う。」[2]と感性という言葉が表れている。これにより、美術科のみならず芸術科全体で感性を高めていくことを目指していることがわかる。

　美術では、特に美術Ⅰで感性についての記述が多い。まず、目標で、「主体的に美術の幅広い創造活動に取り組み、生涯にわたり美術を愛好する心情を育むとともに、感性を高め、美術文化に親しみ、心豊かな生活や社会を創造していく態度を養う。」[3]と感性についての記述があるが、学習指導要領解説でより具体的な説明がされている。

　学習指導要領解説では、感性とは「様々な対象や事象からよさや美しさなどの価値や心情などを感じ取る力」のことであり、高等学校段階での美術科で育成する感性とは、「美術の創造活動を通して、自然や美術作品など対象の美しさや情趣、人間の感情や作者の心情などを感じ取る力」であるとしている。[4]また、感性は、「知性と一体化して人間性や創造性の根幹をなすもの」[5]であるとしており、宮脇[6]が「感性による教育」で示した知性と感性は対立するものではなく、教育では分離させずに相互におりなすように進むことが妥当であるという考察と重なる。

　以上のことから、感性とは創造活動の源泉となるものであり、創造的知性を伴

うことで豊かな表現につながることがわかる。次項では、本項で確認した内容を基に、映像メディア表現教育における感性の育成とは何かを考察する。

(2) 高等学校芸術（美術）科の映像メディア表現教育における感性の育成

　高等学校芸術（美術）科の映像メディア表現の内容は、自己の内面や世界観を表現するものと、コミュニケーションを意識する内容の大きく2点に分かれているが、いずれの表現でもよさや美しさ、人間の感情や心情を感じ取る力である感性は制作の重要な鍵となる。

　例えば、映像制作において自己の内面や世界観を映像としてまとめるためには、感性豊かに様々な対象や事象から感じたものを作品に反映させることが必要である。また、ウェブデザイン・グラフィックデザインなど機能や役割を重視する題材では、情報の受け手の心情を感じ取りデザインとして具現化させる力が必須である。

　また、知性について、多様な表現手法をもつ映像メディア表現では、知性は表したい内容に沿った技術を適切に選択できる力となる。例えば、映像制作の表現手法は、実写映像やアニメーション、ストップモーション・アニメーション、3DCG等多岐にわたる。また、ウェブデザイン・グラフィックデザインでは、色彩や形、情報デザインに加えて、HTML や JavaScript 等の言語に関する知識も求められる。映像メディア表現では、教師は感性と知性の両方をバランスよく育成することを意識した指導を行うことが重要である。

4．北海道札幌国際情報高等学校での試み

(1) 本校の概要

　北海道札幌国際情報高等学校は、1995 年に開校し、現在普通科・国際文化科・理数工学科・グローバルビジネス科の4学科からなる。課題研究や国際理解教育に力を入れるとともに、工業・商業（情報）での専門科目も数多く開設されており、学科の特色を活かした多面的な教育活動が行われている。

　芸術科は音楽・美術・書道の3科目が開設されており、美術は必履修科目の美術Ⅰと選択科目の美術Ⅱからなる。現在美術Ⅰ・Ⅱで取り上げている内容は絵画とデザインが主で、映像メディア表現の題材は行っていない。GIGA スクー

ル構想において高等学校に BYOD（Bring Your Own Device）が導入された現在、授業でタブレット端末を活用する動きが広がっている。機種選定は学校推奨（Chromebook）があるが、一定のスペックであれば選定は各家庭・生徒に委ねられており、必ずしも映像メディア表現に適した端末を持参するとは限らないことと、統一したソフトウェア・アプリでの技術指導が難しいからである。

　授業の代わりに映像メディア表現を実践する場となっているのが部活動である。北海道札幌国際情報高等学校美術部では、毎年複数の公募展への出品を行っている。そのうち、映像メディア表現での出品が可能なのが高等学校文化連盟美術・工芸部門である。次節以降では高等学校文化連盟美術・工芸部門における映像メディアの概要と本校美術部における映像メディア表現の指導内容について説明する。

(2) 高等学校文化連盟美術・工芸部門について

　高等学校文化連盟美術・工芸部門は現在、平面・立体・映像メディアの三部門で構成される。映像メディアの規格を見ると、スクリーン展示と空間展示の2つに分かれている。

　スクリーン展示は「3分以内のノン・インタラクティブな作品」で、「一般のDVD プレーヤーやコンピュータ上で再生ができる汎用性のある動画形式」であること、空間展示は「機材等も含め、床面 100cm × 100cm、高さ 200cm（仮想）の直方体から外側にはみ出し厳禁とする。」と規定されている。[7] また、共通の規定として、第三者の著作権侵害や音楽の無断使用等にならないよう留意することや、全国高等学校総合文化祭への出品点数は各都道府県1点以内とし、映像メディアで出品する場合は、平面または立体作品から1点減じることとしている。

　スクリーン展示と空間展示の違いはインタラクティブの有無である。インタラクティブ（interactive）とは「相互に作用するさま」「情報の送り手と受け手が相互に情報をやりとりできる状態」[8] を意味し、美術では鑑賞者の行為により作品に変化が起こるメディアアート、デザインではユーザーの操作に応答し、目的のページに辿り着き必要な情報を得るように設計するウェブデザイン等が該当する。このことから、空間展示は鑑賞者の動作や行為が作品に大きな影響を与える場面があることを考慮する必要があることがわかる。

　一方、スクリーン展示は作品にインタラクティブ性を持たせないことが明記さ

れており、固定した動画作品として実写映像やアニメーションが該当する。

　北海道では、2022 年の第 56 回全道高等学校美術展・研究大会から映像メディアの審査が始まった。それまでは賛助出品という形で、試験的に映像メディアの作品を募り上映していたが、2022 年から正式に審査の対象となり、スクリーン展示に 5 点の出品があった。

　2023 年の第 57 回大会では、出品数は 9 点（スクリーン展示 8 点、空間展示 1 点）と前年に比べ増加した。2022 年は出品者の多くが札幌市とその近郊の高校からであったのに対し、2023 年は道内各地からの出品があった。このことは高校生の映像メディア表現の興味・関心が高く、この分野の可能性が示されたといえる。

(3) 指導内容の位置付け

　北海道高等学校文化連盟美術・工芸部門において映像メディアが初めて審査の対象となった 2022 年、本校で出品を希望する生徒は 2 名であった。どちらも映像制作は初めてで、スクリーン展示での出品を希望したため、指導内容は、専門科目「映像表現」の学習指導要領をベースとした。

　指導のベースを学習指導要領とした理由は、第一に主題の生成や作品全体の構想と、それを実現するための知識・技能をバランスよく指導することができるからである。映像は、現在急速な技術革新により、高度で発展的な表現が可能になっている。しかし、映像表現の指導内容を見ると、(1) 機器、用具、材料の知識及び使用技術、(2) 企画、構成、演出、(3) 編集、合成、加工、(4) 鑑賞の 4 項目を指導し、さらに、「〔指導項目〕の (1)、(2) 及び (3) については、相互に関連付けて扱うようにする」[9] となっている。技術は表したい内容を実現するための手段と位置付けられており、このことから、初めて映像制作をする高校生に向けた指導として適したものではないかと考え、専門科目「映像表現」の内容をベースとした指導を行うこととした。

　指導の順序は、神戸・五十嵐 [10] の「単元のコースツリー（映像表現）」（図 1 参照）を基に設定した。単元のコースツリーは、学習指導要領の指導内容を導入・基礎・発展とレベル別に示すことにより、授業の進め方を具体化したものである。単元のコースツリーを取り入れることによって企画・構成・演出と制作に必要な技術の両面について順序立てた指導を行うことが可能となり、生徒が映像制作の一連

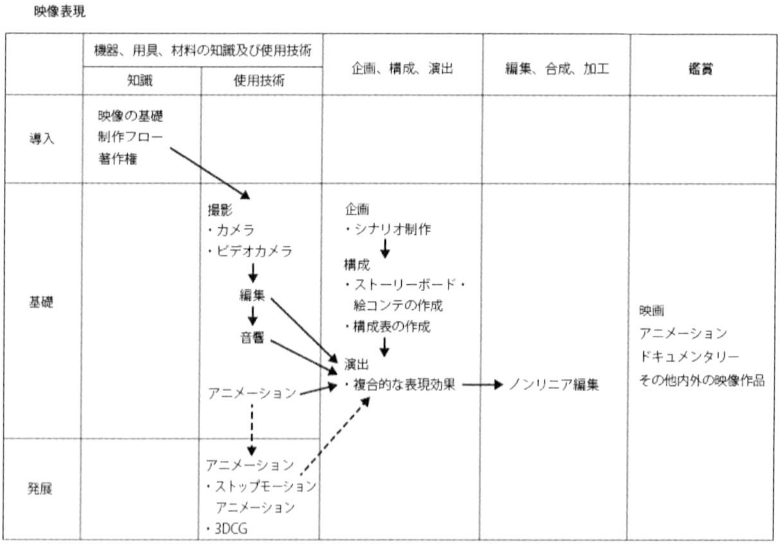

映像表現

	機器、用具、材料の知識及び使用技術		企画、構成、演出	編集、合成、加工	鑑賞
	知識	使用技術			
導入	映像の基礎 制作フロー 著作権				
基礎		撮影 ・カメラ ・ビデオカメラ 編集 音響 アニメーション	企画 ・シナリオ制作 構成 ・ストーリーボード・ 　絵コンテの作成 ・構成表の作成 演出 ・複合的な表現効果	ノンリニア編集	映画 アニメーション ドキュメンタリー その他内外の映像作品
発展		アニメーション ・ストップモーション 　アニメーション ・3DCG			

図1　単元のコースツリー（映像表現）
（出典：情報処理学会『情報教育シンポジウム論文集』、2017）

の流れを理解すると考えた。また、制作の中で企画・構成・演出の場面を作ることは、自己の内面や世界観を見つめるという豊かな感性の育成に繋がる。さらに、導入での指導を通して、著作権など公募展への出品にあたり配慮しなくてはならない内容も身につけることができると考えた。

　第二に、学習指導要領を指導のベースとした背景として、スマートフォンの急速な普及に伴う動画編集アプリ・動画配信用プラットフォームの拡大が挙げられる。これにより、スマートフォン上での動画制作・配信が可能になり、現在大量の動画がインターネット上に投稿され、視聴できるようになっている。

　映像と動画の異なる点は作者の表現意図であると考える。いくつかの映像制作会社では映像と動画の区別として、動画は必要な情報を効率よく伝達するため短時間で多くの情報を入れ、映像では明確な意図を持って長時間のストーリーを組み立て、作品としてまとめメッセージを伝えていくものとしている。[11)][12)][13)] また、SNS上の動画を見ると、身近な風景を撮影したり、歌やダンスを再現したものが数多く投稿されている。投稿者の楽しさや微笑ましさは感じられるが、自己の内面や世界観を見つめ、ストーリーや意図にあった表現方法を検討するといった、

学習指導要領の「企画、構成、演出」の部分が不十分であるといえる。

　生徒の表現意図や感性が感じられる作品にするために、企画、構成、演出は指導の軸になるといえる。シナリオ制作やストーリーボードの作成を通して表現意図について十分に検討し、作品の方向性を決定する指導を行うこととした。

５. 映像メディア表現がもたらす豊かな感性の育成

(1) 聞き取り調査の目的と概要

　生徒が映像メディアの制作を通して得たものを確認し、前章で示した指導内容が豊かな感性の育成に繋がっているかどうかを検討するため、聞き取り調査を実施した。

　調査方法は、2023 年 9 月 29 日（金）、高等学校文化連盟美術・工芸部門の映像メディアで出品した生徒２名に、北海道札幌国際情報高等学校美術教室で個別に行った。

　生徒の属性は、２名とも学年は３年、学科はグローバルビジネス科、性別は女性である。また、映像制作の経験についても、２名とも 2022 年の大会をきっかけとして始め、現在までに２本の映像作品を制作している。

　聞き取り調査の質問項目は表１のとおりである。聞き取り調査で得られた内容の要旨については表２にまとめた。

表１　聞き取り調査での質問項目

(1)　映像制作の動機について 　　①　平面・立体・映像メディアの三部門から映像メディアを希望した理由は何か。 　　②　スクリーン展示（アニメーション）での制作を希望した理由について。
(2)　映像制作を通して得られた成果 　　・作品で自分の思いや考えが最も表現できた箇所とその理由。
(3)　作品の方向性を決定するプロセスについて 　　・イメージの生成に最も重要な役割を果たしたプロセスはどこか。
(4)　技術について 　　①　公募展以外の作品制作でソフトウェアは使用しているか。 　　②　絵画・デッサン等、映像メディア以外での作品制作はしているか。 　　③　①、②での制作がアニメーション制作にどのような影響を与えたか。また、アニメーション制作に活かされた場面はあったか。
(5)　平面作品制作（油彩画）との違いはどこか
(6)　アニメーション制作の経験を今後にどう生かすか
(7)　高等学校文化連盟美術・工芸部門　映像メディアへの期待

表2　聞き取り調査の要旨

	A	B
属性	3年・グローバルビジネス科・女性	3年・グローバルビジネス科・女性
(1)動機 ①映像メディア表現を希望した理由 ②スクリーン展示を希望した理由	①　もともと情報系の美術をやりたかった。 美術部に入部したのもアニメーションの指導が受けられるから。 ②　スクリーン展示（アニメーション）を選択した理由は、カメラで1枚ずつ撮影して、ストップモーションにした方が魅力が伝わると思ったから。	1年の時に油彩画制作を経験することで、基礎を身につけ選択肢を広げた。 アニメーションに前から魅力を感じており、好きな絵を描くことを活かせるから。また、1人で制作すること自体が衝撃に挑戦したかった。 これまでは見る側で、大好きな作品もたくさんある。大好きなものに近づきたかった。
(2)成果	一作目は、キャラクターが高いところから降りるシーンが最も表現できた箇所である。 自然に見せたいと考え、紐にマスキングテープをつけて高さと角度調整を行った。こだわりを持って工夫した。 二作目は、キャラクターの可愛らしさとラストシーン（皆が駆け寄るシーン）の動きである。キャラクターそれぞれの動きの違いを見せることができた。	一作目は、初めてで思うようにいかない部分が多かったが、二作目で、ストーリー性をはっきり持って、相手に伝わるように表現できた。 自分の思いや考えが最も表現できた箇所は二作目のラストシーン。危機的状況の主人公が周囲に支えられて夢の第一歩を踏み出すことで、人と人との密接なつながりや関係を表現した。
(3)作品の方向性を決定するプロセス	絵コンテ制作 教師・部員との対話を通してイメージを膨らませる。 1人でやっていると煮詰まる。また、自分では理解できているつもりでも人が見るとわからない時があるため。 特に一作目では、当初何をやっていいかわからなかったが、教師や部員との対話を通してアイデアをまとめた。	絵コンテ制作 絵コンテ制作は下の手順で行った。 1．見える景色・頭の中での映像を思い浮かべる。自分が作りたいものを長い時間を費やして考える。 　　↓ 2．絵コンテに自分が一番魅力的に感じるイメージや場面を描き起こす。鍵となるシーンを基にストーリーを広げる。 　　↓ 3．場面ごとに文章にして物語にする。 　　↓ 4．全体の絵コンテを作成。 最高の素材を見つけ、1枚を描けば後は湧き上がる。複数の中から一番いいものを選択する。

(4)技術 ①ソフトウェアの使用状況 ②映像メディア以外での作品制作 ③アニメーション制作に与えた影響と活かされた場面	①	ibis Paint：アイデアの生成、フォントの手本に使用。	Clip Studio Paint Pro Adobe Illustrator：2年次の授業で使用。 Microsoft Word/PowerPoint
	②	1年では公募展に向けて油彩画を2点制作した。初めての油彩画では、1から指導してもらう。先輩からの指導もあった。二作目では自分なりのこだわりを持って描いた。大変であったがやり切った。 また、放課後、部活動や予備校で静物デッサンを行っている。	1年の時に公募展に向けた絵画制作を行った。最初は教師や先輩にアドバイスをもらいながら描いた。大きな作品（F50号）では指導を活かして細かい部分を描いた。 画材では木炭の描きやすさに感動。一気に描き、美術が2倍くらい好きになった。 その他、黒板アートやデッサンなど、色々な分野に触れることで深みにはまる。夢中でやっている。
	③	デッサンで得られた技術が絵コンテ制作で活きた。正しいものを描く力が身についた。 また、二作目のアニメーションでは、セットを組んで動かしたため、空間を理解する力が活かされた。	どれもが相互に結びついている。例えば色彩構成では色、油彩画制作では場面の切り取り方など、総合的に生きるのがアニメーションである。特にデッサンはたくさんやっていて良かった。イメージと描写力が噛み合う、スムーズさが違う。デッサンを続けていくことがアニメーションの動きを補強する。 二作目のアニメーションでは、木炭デッサンで取得した技術を応用。黒を入れて練り消しで消すという引き算の描き方で描いた。
(5)平面作品制作との違い		アニメーションは、自分自身に委ねられる。人によって表現方法が違うため、自分の表現したいものをどう表現するか、その人自身に委ねられる。アニメーションでは可愛らしい、親しみやすい、生きているような動きを表現した。絵画（油彩画）では、工程が多く、自分の表現したいものをキャンバスに収めるのが大変だった。また、具象絵画であったため、独自の表現を発揮できなかった。	絵画（油彩画）は一定のプロセスがあり、決まりごとがある。また、一枚の絵をどれだけ魅力的にするかが問われる。アニメーションは、時間軸があって枚数が重なる。色々な要素（音・視覚・編集等）が複合的に絡み合うため、時間をどう使うかがポイントである。魅力を伝える手段が多いため、どう噛み合わせて魅力的な所に落とすかが重要である。

(6)今後について	将来は映像を活用したデザイナーになりたい。 例えば、デジタルデバイドの解消のために映像を活用するなど、見る人にとってわかりやすい映像を作り、問題解決に繋げる。また、専門用語を知らない人でも内容を理解するように、可愛らしいキャラクターなどを用いて親しんで見てもらうようにする。	現在は、自分が魅力的に感じたものを自己表現のために作っているが、今後は社会に出る上で、アニメーションの良さを活かして人々にどのように貢献していくかを考えたい。 アニメーションの可能性を広げていきたい。例えば平らなスクリーンに上映するだけではなく、街の中、施設の中に映像を溶け込ませる。いい影響を与えていく。
(7)高等学校文化連盟美術・工芸部門映像メディアへの期待	1年目は出品数も少なく、手探りという感想。 2年目は出品数が増加した。挑戦する人が増えるということは、色々な映像が見られるという期待である。	賛助出品では隅の方でこじんまりとしていた。 審査が始まるようになって、作品数も増え、クオリティが高くなっている。支部大会ではどれが選ばれるかドキドキした。 もっと色々な表現があり、もっと派手に展開してもいい。周囲に芸術への興味を掻き立てる。映像を1つのキーとしてどんどん盛り上げていくとよい。

(2) 考察

　聞き取り調査からわかったことは、映像メディア表現は生徒の表現意欲を刺激し、感性を高めるとともに、高等学校における美術の多様性を広げていく可能性を持った分野ということである。

　映像メディア部門での出品を選んだ背景として、2人とも以前から映像メディア表現、特にアニメーションへの興味・関心を抱いていたことがわかった。アニメーションの指導を受けることを目的として美術部に入部した生徒もいることから、絵画や立体作品に加えて映像メディア表現を指導することは、生徒が美術の多様な表現に触れる機会を増やし、裾野を広げることにつながるであろう。

　また、映像メディア表現は、特に主題の生成やストーリーの検討を通して豊かな感性を養うといえる。学習指導要領解説で感性とは、「様々な対象や事象からよさや美しさなどの価値や心情などを感じ取る力」[14]と定義されているが、生徒作品からは自身の興味・関心や日々の出来事を基にストーリーの着想を得ていることがわかる。

　例えば、A（3年・グローバルビジネス科・女性）は、将来はデザイナーとして

342

デジタルデバイドの解消に取り組みたいと考えている。デジタル化が進む現在、知識や操作の習得に困難を抱える人々に目を向け、マルウェアであるトロイの木馬をテーマとし、可愛らしく親しみやすいキャラクターを用いて映像化した。(図2、図3参照) また、B(3年・グローバルビジネス科・女性) は、進路選択に迷う主人公の心の揺らぎと友人の支えを描いており、自身の経験から着想を得て、アニメーション作品としてまとめた。

図2　生徒作品(「Trojan horse」)

図3　生徒作品(「Trojan horse」)

　作品の方向性を決定する重要な段階としては、どちらも絵コンテ制作をあげた。実際の指導では、企画、構成、演出を指導の軸として、表現意図について十分に検討するようにしたが、絵コンテ制作は表現意図を決定づける上で重要な場面であったといえる。

　絵コンテ制作で表現意図やストーリーを広げる手法はそれぞれ異なり、Bは、まず自分が一番魅力的に感じるイメージや場面を描き起こすことで鍵となる場面を作成し、それを基にストーリーを広げていく方法を取っている。一方Aは、教師・部員との対話を通してイメージを膨らませる手法を採っている。

　特にBは、二作目のアニメーションで、鍵となる場面として主人公が夢中で絵を描いているシーンを描いているが、本編には登場しない。(図4、図5参照) 本編では美術を進路とする前の困難と、その中での友人との関わりが描かれており、絵コンテ制作がストーリーの全体像を決定づけるとともに、前段階の試行錯誤の役割を果たしていることがわかる。

 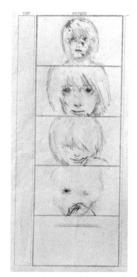

図4　絵コンテ（生徒作品）　　図5　絵コンテ（生徒作品）

　映像メディア表現における豊かな感性の育成には、主題の生成やストーリー制作が重要な場面となることがわかったが、同時に自身の思いや意図を表現するためには、様々な素材や技法に触れることが重要であることもわかった。特にデッサンの重要性は2人ともあげており、描写力がもたらす自然な動きや空間を把握する力は映像作品にリアリティをもたせる。また、Bは木炭デッサンで取得した技術をアニメーションに応用する（図6参照）など、多様な表現技法に取り組ませることが、映像メディアの豊かな表現に繋がることがわかった。

図6　生徒作品（「Identity」）

6．おわりに

　今回の指導実践では、企画、構成、演出を指導の軸にし、主題の生成や作品全体の構想を十分に検討しながら映像制作を行うようにした。このことは、生徒の内面や世界観、すなわち豊かな感性をもった表現につながり、映像メディア表現を学ぶ意義はここにあると考える。また、映像表現は表現技法が幅広く、かつ映像や音声・編集等複数の要素が絡み合うため、日頃から多様な表現に取り組ませ、応用させていくことが感性と知性が一致した豊かな表現になるといえる。

　映像メディア表現は生徒の豊かな感性を高めるとともに、美術の多様性や裾野を広げていく可能性を秘めている。デジタル化に柔軟に対応する姿勢をもつとともに、ソフトウェアの使用方法等の技術的指導のみに注力するのではなく、生徒の内面や世界観を掘り起こす指導を行うことで感性豊かな作品の制作につなげていきたい。

註

1）文部科学省、『高等学校学習指導要領（平成30年3月告示）』、2018、p.147-152

2）同上、p.141

3）同上、p.147

4）文部科学省、『高等学校学習指導要領（平成30年告示）解説　芸術（音楽　美術　工芸　書道）編　音楽編　美術編』、2018、p.107

5）同上、p.107

6）宮脇理、『感性による教育―学校教育の再生』、国土社、1988、p.137-186

7）『第47回全国高等学校総合文化祭　美術・工芸部門参加要領』、2023、p.2

8）『大辞林 第四版』、松村　明、三省堂編修所編、株式会社三省堂、2019、p.211

9）文部科学省、『高等学校学習指導要領（平成30年3月告示）』、p.458

10）神戸由美子、五十嵐浩也、「高等学校芸術（美術）科・映像メディア表現教育の体系的なカリキュラム構築　―ナンバリングとコースツリーを取り入れた指導計画の提案―」、『情報教育シンポジウム論文集』、情報処理学会、2017、p.8-15

11）ライズビデオエイティ、「動画制作と映像制作の違いを解説！」、（https://risevideo.co.jp/column/動画制作と映像制作の違いとは/）、2019

12）VideoBRAIN、「動画制作と映像制作の違いについて徹底解説」、（https://video-b.com/blog/vp/di-010277/）、2020

13）株式会社インディゴ、「映像と動画の違いは？意外と知らない意味や区別する指標とは」、（https://www.indigo-studio.jp/2022/03/28/video-difference/）、2022

14）文部科学省、『高等学校学習指導要領（平成30年告示）解説　芸術（音楽　美術　工芸　書道）編　音楽編　美術編』、p.107

対話と協力から生まれた映像表現

Visual Expressions that came from Conversation Cooperation

鈴木 雅之

Masayuki, Suzuki

1．はじめに

　本発表は2016年宮城県仙台二華中学校・高等学校の高校2年生美術部員17名が制作した映像作品「アルクアラウンド Ver NIKA」を通して高校美術科における映像教育の有効性と方法を探るものである。生まれてまもなくの頃からYouTube 等に触れているいわゆる映像ネイティブの世代は、どのように美術教育における映像教育に取り組んでいったのか、活動の流れを振り返り考察していきたい。

2．楽しむ映像から伝える映像への転換

(1) アルクアラウンドMV

　以前であれば映像作品は専用のビデオカメラで撮影するものであったがデジタルカメラの進化により、コンパクトデジタルカメラにも映像撮影が可能となった。本発表で紹介する「アルクアラウンド Ver NIKA」も CANON の「IXY DIGITAL 10」で撮影している。手のひらサイズの機器で手軽な撮影が可能であり、生徒達は日常的にスナップとして映像を撮影していた。

　「アルクアラウンド Ver NIKA」の参考とした作品はサカナクションの2010年に発表された「アルクアラウンド」の MV である。MV は、監督を関和亮 氏 が務めており、夜更けの幕張メッセで一発撮りで撮影され、歩き進むことによって歩幅に合わせ次々と現れる歌詞を視覚化した特徴的な内容となっている。生徒達はこの歌詞を視覚化するエッセンスをリスペクトし、独自の視覚化方法を考え、映像を創り上げていくことになる。

(2) 映像づくりへの挑戦、挫折、再挑戦

　2014年当時は様々なメディアでこのアルクアラウンドのビデオクリップが紹

介され話題となっていた。二華中学校・高等学校の美術部顧問を務めていた私も刺激を受け、「このMVを真似したい」と思い、当時の高校1年生部員達にMVを紹介し、音楽室から譜面台を借り、文字の切り抜きを貼り付け同じように撮影を行おうとした。しかし、予想以上に難しく、ワンカット撮影にまず失敗し、同様に歌詞の出現方法を映像で表現することもまた上手くいかず、失敗の連続で開始から3日目であきらめることとなった。

　それから2年の月日が流れ、当時の高校1年生は3年生となり、一貫校の中学3年生が高校2年生となった。

　高校2年生の美術部員は部員数の多い二華高校の部員の中でも最も多い人数総勢17名の部員であった。6月、高校生徒会から、7月下旬に行われる高等学校オープンスクールのオープニングを任されることが伝えられた。およそ1000名の来場が見込まれるオープンスクールの来場者に、美術部の活動を印象づけるチャンスである。当初はスライドショーで評判の高い地区展等に出品している部員達の油絵を紹介する案が出されたが、そこで部員の一人である高校2年生が、「アルクアラウンドをリスペクトした映像上映をやりたい」と言ってきた。彼女も2年前に先輩達が挑戦し、そのコピーに失敗したことは知っていた。そこを踏まえ、「コピーではなくオリジナルを作ろう、曲はアルクアラウンドを使いながら内容は自分達でできることをやればいい」と説明した。17名の高校2年生がアイディアを一つずつ出すだけで歌詞の出現方法も17通りできる。皆で力を合わせよう」そんな言葉から2週間の期間での挑戦が始まった。

　原作のアルクアラウンドのMVの文字を出現させるギミックは大きく8つに分けられた。
①バーに歌詞を貼り付け動かす
②2つに分かれた文字がある視点から見ると一つの文字となる
③スケッチブックにパラパラ文字
④PC上に文字を出現
⑤水槽に文字を沈める
⑥文字の間を歩き抜ける
⑦ベルト上を文字が流れる
⑧早足で文字の間を歩き一瞬だけ文字が出現する

　この出現方法の再現可能な部分は行い、難しい部分についてはオリジナルの方法を考えることにして、部員一人一人がアイディアを出していった。オリジナルの MV では夜の幕張メッセを一周しているが、作品では二華の校舎の1階エントランスホールから6階美術室に上がりまた、下りてくるという構成にすることにした。アイディアは一人一人が意見を出すことであっという間に集まり、オリジナルの倍以上の17のギミックが出された。一度はあきらめかけていた映像作品の完成が可能なような気がしてきて雰囲気は一気に高まってきた。しかし、期間は短い、計画を考えている時間はなく一番制作時間を取ることができる海の日を含む7月の3連休は明日に迫っていた。部員達で確認し明日からすぐに撮影に入ることを決めた。17のギミックは以下の通りである。(355ページよりギミックごとのシーンの写真あり)

①階段の一段一段の側面に字を書き、真横から見ると一つの面に見える

②開いていたロッカーを閉じると文字が見える

③手のひらに文字を書く

④自分が書いた油絵と同じポーズを取りそこに文字を貼り付ける

⑤昇降式2段のホワイトボードに文字を配置し動かして出現

⑥発泡スチロールで作った文字を水で流して容器に入れる

⑦画用紙にクレヨンで描いた文字を水をつけて出現させる

⑧スケッチブックにパラパラ文字

⑨水槽に文字を沈める

⑩外に向いた窓に文字を貼り付け

⑪2枚の窓を動かし文字を構成

⑫マスキングテープを剥がして文字を出現

⑬容器に水を流し文字を回転させる

⑭エレベーターの扉が開くと文字を持った人物が出現

⑮エントランスホールの床に文字を貼り付け

⑯ホール7階吹き抜けから1階に文字の書いた風船を落とす

⑰風船の落ちた先に最後の文字が出現

(3) 絵コンテを用いず、会話を通して創り上げる台本

　生徒達はワークシートも絵コンテも作成せず歌詞をプリントした用紙一枚に書き込みしながら撮影をしていった。普段から動画の撮影には慣れていたこと、計画して絵コンテを作っても撮影時に変更の場合が多いこと、何よりも締め切りまで時間がないことから、計画書は作らず準備物を制作し、即撮影を続けていった。

　ワークシートなどを用いた細かな計画が必要なものとも考えたが、生徒達は随時話し合い方向性を決め撮影しスピーディに制作を進めていった。思考の共有は常に対話で行っており、非常に短時間でアルクアラウンド MV の特徴である歌詞を視覚化した特徴的な表現をオリジナルの方法に焼き直し、表現していった。通常の美術の授業でも多くの美術教師は題材に応じたワークシートを用いる場合が多い。ワークシートを使用することにより生徒が考えやすく、思考を整理しやすいよい部分は確かにあるが、結果表現の幅を狭めている面があることも否めない。結果今回の MV 制作においてワークシート、絵コンテ等を使わない制作は非常にスピード感を持った上でかつ、多様な特徴的表現を行うことができた。紙に描いていた計画を直接言葉にし、会話することでスピードと共に思考の自由度と達成感がプラスされたように感じる。最終撮影である最後のシーンの 7 階吹き抜けからたくさんの風船を落とすシーンは、オリジナルの MV の表現をも超える印象的なシーンとすることができた。

　映像作品の体温と表現していいのだろうか、シーンの撮影方法やカメラの角度など、議論する場面、時に対立する場面がなかったわけではないが、「オープンスクールで上映し、来場者に喜んでもらう」という共通の目標があるため、熱気が

図1　印刷した歌詞への書き込み

図2　発泡スチロールの文字

図3　撮影用の切り出した文字の準備

図4　大量の作成文字貼り付け前

あり、達成感のある場面が続いたのが生徒達の活動を通じて伝わってきた。また、撮影した映像をすぐに再生し鑑賞、対話、修正することにより17名の部員がそれぞれを励まし、支えたことで生徒の気持ちも達成感から集団の高揚感へと変わってきた。顧問であった自分も映像表現に関しては全くの素人であったが、部員と同じような気持ちで高揚してきたことを覚えている。後述にある当時の部長の感想にその気持ちが良く表れている。

(4) 完成した作品とその後の広がり

　完成した作品は初めに二華中学校・高等学校のオープンスクールで公開し、その後、せんだいメディアテークで開催した美術部大規模展覧会「二つ展2016」の映像コーナー広く一般に公開した。オープンスクールの来場者は保護者生徒合わせて約1000名、二つ展2016の来場者は1746名、合わせて2700名以上の参加者がアルクアラウンド Ver NIKA の MV を見てもらうこととなった。普段美術部員として絵画作品を見てもらうことは何回かあった彼女たちだが、広い会場で観客と一体となって映像作品を鑑賞し、割れんばかりの拍手を受けることは経験がなく、喝采を受ける彼女たちの姿は輝かしいものがあり、本人達にとっても大きな自信となった。

　その後彼女たちはアルクアラウンド Ver NIKA の記録も含めた二つ展2016のまとめのパンフレットを制作し宮城県内の全中学校、高等学校に配布を行った。

図5 図6　上映した展覧会後の生徒が制作した記録パンフレット

さらに 2017 年に開催された美術による学び研究会山形大会・第 11 回美術鑑賞教育フォーラム「映像表現の鑑賞と可能性 (Father and Daughter) の授業をめぐって」においてオープニングを飾り上映され、全国から集まった美術教育関係者の知るところとなった。さらに 1 月 27 日 (土) 新潟で開催された「GCL 国際ジュニア映画祭」においても上映され、県外の中学生にも、作品の良さが伝わっていった。

その後も東北芸術工科大学、東北生活文化大学で毎年行っている特別講義、宮城県総合教育センターで行った美術科の実技研修会においても上映を行い、毎年鑑賞者の数を増やし続けている。鑑賞した美術教師からの追実践の報告も何回か受けており、2023 年の現在も鑑賞者を増やし広がりを見せている。鑑賞した大学生の感想を 2 点紹介する。

「アルクアラウンド Ver NIKA は映像のアイディアも凄く素敵だったが、それ以上に高校生という一番人生で輝くであろう時代に協力して何かに没頭していることが素晴らしいと感動した」

「アルクアラウンド Ver NIKA の作品には生徒の自主性が詰め込まれていて、きっと制作している段階で、たくさんの会話や言葉を交わしていたのかなと感じた」

　2人とも完成した作品を鑑賞したのみで、制作の現場写真や過程の説明は一切行っていないのだが、映像作品に感動すると同時にそこにいる生徒達に感動していることが印象的である。「協力」「会話」「対話」「皆で没頭」など集団で行う制作の風景がより鑑賞者を感動させているように感じた。

　映像作品は一人で制作することも可能ではあるが、映画のように撮影者、演者、裏方など役割を分担し制作することでより効率的に素晴らしい作品を制作することができる。アルクアラウンド Ver NIKA を制作した生徒達の姿はまさに「主体的・対話的で深い学び」であり、鑑賞者も映像と同様にその姿に感動をしている。美術教育において映像作品を取り扱うことについて、その効果は様々な面があるが、「対話」「協力」というキーワードも今後重要になってくるものと考える。

3. 動画の利用範囲、著作権について

　2018年5月の著作権法改正により、授業目的公衆送信補償金制度が設立されこの制度により、非営利の教育機関が授業の過程で著作物を教材に利用する場合、著作権者の許諾を得ることなく、活用することができるようになった。中学校、高等学校の文化祭も授業の一環にあたり、同様となっている。今回の例と同様に文化祭だけでなく今後は映像作品を美術の授業で制作し、その中でアーティストの MV を使用する場面もあるが、授業内（文化祭内等）であれば、現在の所問題はない、ただし、教育者としてはこの中にいかに生徒の創造性を生かしていけるかが大事であり、リスペクトの上のオリジナルが必要になってくると私は考える。

　また、今後の動きにおいて、現在も急速に発展している YouTube 等の SNS での発表に関しても、この行為が原曲に対しても宣伝にもなる行為になっている部分もあるので、世間の動向としては使用許可の範囲は広がってきている。営利が絡んでこなければ、この動きは今後さらに広がっていく可能性も高いといえる。動向を見守っていきたい。

図7　JASRAC サイトより

4．おわりに

　映像表現と絵画表現の違いは何であろうと考えると、美術の作品としての本質は大きく変わらないものと感じる。今回の映像作品制作を通して強く感じたことは行為のダイレクト感であった。普段絵を描いているときは長い時間をかけて風景や人物を描いていた部員達であったが、撮影では録画ボタンを押すことで一瞬にしてそこの場面を撮影し、再生して確認することができる。もちろんそこから調整や撮り直し、編集など長い時間がかかることに変わりはないのだが、スモールステップで獲得する達成感が生徒にも部員達にも大きな喜びになったと感じている。また、作られた作品を発表する場面を多く設定できることも完成した達成感とは別に、完成後の達成感として引き続き得られることも映像作品の魅力であろう。

　アルクアラウンド Ver NIKA 制作時の美術部部長の、引退時の感想を紹介する。

「（前略）特に初めの方は，やるだけやってみて思い出にしようというくらいの気持ちでした。しかしそれが，やることなすこととんでもなく高いレベルで成功してしまうのだから驚かずにはいられません。みんなのセンスや技術や頑張りや熱意のおかげでそれらが形になっていって，完成していく様を見ていると，本当に「私たちは天才かもしれない！」と思うようになりました。今では私たちは自己愛の塊になっています。自分たち大好き，みんな大好き，です。（後略）」

　私たち教育者が目指すべき生徒の自己肯定感の育成が、この映像表現の活動の中でまさに実現できていたことが生徒の感想からも読み取ることができる。

　学習指導案の言葉の中によく「予想される生徒の反応」という表現があるが、美術においては予想以上の生徒の反応が多く起こり、特に映像表現をはじめ、集団で制作を行う映像表現においては生徒の反応や行動はいい意味で予測困難であり、想像を超えた創造が起きている。アルクアラウンド Ver NIKA が制作された 2016 から早 8 年が過ぎ、スマートフォン、タブレット端末におけるビデオ、カメラ機能は飛躍的な進歩を遂げ、映像表現を行う上での環境整備は整ってきている。しかしその中でも、より高度な表現を映像表現を追求すると共に、私たち美術教育者は生徒の協力、対話を追求していくことが何よりも大切なことと考える。

図8　階段の一段一段の側面に字を書き。

図9　ロッカーを閉じると文字が見える

図10　手のひらに文字を書く

図11　自分が書いた油絵と同じポーズを取る

図12　ホワイトボードを動かして出現

図13　文字を水で流して容器に入れる

図14　クレヨンで描いた文字を出現させる

図15　スケッチブックにパラパラ文字

図16　水槽に文字を沈める

図17　外に向いた窓に文字を貼り付け

図18　2枚の窓を動かし文字を構成

図19　マスキングテープを剥がして出現

図20　水を流し文字を回転させる

図21　エレベーターの扉が開くとが出現

図22　エントランス床の文字を歩く

図23　7階吹き抜けから文字の風船を落とす

映像制作による文化祭ルポ
〜福島県立福島高等学校の取り組み

Reportage of the school festival through video production:
Fukushima Highschool initiatives

中原　勝

Masaru, Nakahara

1．コロナ初期段階の中で

　2020 年 3 月、クルーズ船の報道から始まった新型コロナウイルス感染症による社会への影響が広がりつつある中、文化祭実行委員（当時 2 年生）が動き始めていた。福島県立福島高等学校の文化祭「梅苑祭」は毎年公開で先輩から後輩へ運営のノウハウが受け継がれる部活動のような委員会である。

　「これ、できないですよね」と最初に実行委員長は当時顧問だった私に言った。それは 3 月に実施するはずだった話し合いのための合宿のことであったが、すぐに文化祭の開催そのものについて議論しなければならなくなった。4 月になり、全国一斉休校措置がとられた後、久々に登校してきた実行委員たちはすぐさま話し合いの場を設けた。20 人ほどの生徒がお互い距離を取りながら、がらんとした体育館の床に広すぎる輪を作り（写真 1）、その後日常となるマスク姿で話し合った光景は忘れられない。文化祭は開催できないのかという重い空気が立ち込めていた。

写真 1　休校明け最初の話し合い

話し合いは、その後も何度も開かれた。生徒アンケートも実施され、多くの生徒が文化祭の開催を希望していた。実行委員はそれに応えるべく様々な可能性を探っていった（**写真2**）。その中で「映像制作による文化祭」というプランが生まれた。感染対策を行いながら何とか文化祭を開催するにはこの方法しかないと思われた。しかし実行委員会はなかなか決断できなかった。依然「いつもの文化祭」を求める気持ちは大きかったし、この社会の状況において文化祭の開催は許されるのかという迷いもあった。しかし、最大の不安は、今までやったことのない「映像制作による文化祭」で生徒たちは楽しめるのか、実行委員として楽しめる文化祭を提供できるのかということであった。結果、「映像制作による文化祭」プランと、いつもの文化祭を学年ごとに日程を分散して行うプランの2案を職員会議に提出した。これを元に学校が話し合い、「映像制作による文化祭」の開催がひとまず承認された。

　当時を回想すると、世の中ではマスクの買い占めが起こり入手困難になった。感染者への差別、自粛要請、自粛に従わない者へのバッシング、クラスターが発生すれば犯人捜しが始まった。このような中で文化祭の開催を決断するというのは並大抵のことではない。実行委員が話し合いの後「怖いんです。」と涙したこともあった。現在、3年が経過して当時を振り返っても「恐怖があった」と生徒たちは話す。実行委員の生徒たちは決して文化祭を行いたいというわがままを主張しただけではなかった。それでも文化祭は必要だと判断したのである。

写真2　話し合う実行委員。黒板には「自分の命・生活・受験」などの言葉が見える

2. 開催を躊躇させるもの、それを乗り越えるために

　紆余曲折と苦悩を経て、開催はひとまず承認された「映像制作による文化祭」だが、「それってできるんですか？」と実行委員の生徒に聞かれたことがあった。生徒の力で参加者が楽しめる作品はできるのかという疑問に、私は一定の確信を持って「できる」と答えた。くだらない、見るに堪えない作品が多数を占めてしまい、上映の時間が苦痛となる文化祭など想像するだけで辛い。心配になるのも無理はない。しかし、そんな心配は全く無用であると私は考えていたし、事実そうであった。提出された映像作品には生き生きとした生徒の姿が見られたし、10分間の映像を編集し完成させるためには作り手自身が面白いと感じていることが必要不可欠であるので、少なくとも作り手が面白くないと感じている作品が出来上がってくることはない。シナリオ・ロケ・音楽・編集など色々な活動の合わせ技であるという点も非常に大きい。どれもダメという作品はあり得ない。しかもクラス約40人の目を通して審議された作品が出てくることを考えると、作品の質は一定以上保たれる。

　とはいえ、作品の質を高めようという生徒の意欲を喚起するためいくつかの工夫を試みた。

　一つは外部審査員の導入である。映像メディア表現の分野に造詣の深い新潟大学教授柳沼宏寿氏と地元で映画館を営むフォーラム福島支配人阿部泰宏氏のお二人に協力を依頼した。お二人からのそれぞれ独自の視点による素晴らしい講評は後述するが、これを引き受けていただけたことが生徒にとっては大きかった。本来の一般公開の文化祭に存在すべき、少しよそゆきのかしこまった雰囲気、ぴりっとした緊張感をもたらした。

　もう一つ行ったのは、鑑賞を促すことである。作品を制作することと鑑賞することは両輪のような関係で、制作することで鑑賞する力が上がり、鑑賞する力が上がれば制作する力も上がる。動画配信サイトで見られる様々なお勧め動画を知らせる掲示物を作成し、ＱＲコードから気軽に鑑賞できるようにした。短いドラマ、ストップモーション、スポーツ要素のあるもの、アニメーション、クラウドソーシング、ドキュメンタリー、ミュージックビデオとできるだけ様々な手法で作られたものを鑑賞するよう勧めた。具体的なノウハウを得られるのが鑑賞の効果でもある。

生徒たちが作品を作り始めたら、そこからはもう止められない。作り始める前に重要なメッセージは発信しておく必要がある。それは教師からの価値観の提示であり、自由な活動である文化祭にはそぐわない面もあるのかもしれないが、問いかけるのが教師の役割である。その問いかけにどう応えるのかは生徒に託せばよい。

　発信したメッセージは「多くの生徒が才能を発揮できるようにしよう」ということ。映像作品が出来上がるまでにクラスメートにどんな活躍の場を与えられるか。監督・脚本・撮影・演技・音声・スポーツ要素・美術要素・音楽要素といった創造性に直接作用するものから、タイムスケジュール管理・撮影交渉などのマネジメント的なものまで示し、完成作品のイメージから仕事を割り振るという考え方だけではなく、クラスのタレントを生かす仕事の割り振りから作品を考えることも可能であるということを強調した。これも文化祭としての活動を意識したものであった。特に編集の仕事は、「最終的に全てをコントロールし、仕事量大だがやりがいも大」と呼びかけた。編集者が単なる作業者となってしまっては作品制作そのものが作業的になりかねない。この「編集」という仕事の特殊性は映像メディア表現の特長に強く結び付いているように思う。

3. 実現のための設備・機材と技術について

　映像制作による文化祭のプランが職員会議を通過した後、実施に向けて具体的な問題が持ち上がった。まずは上映のためのハード面について述べる。2020年度の後半、福島高校は県のＩＣＴ指導力向上開発校に指定された。これにより全教室にプロジェクターが設置され、スクリーンも配備されたのだが、この文化祭の時点ではまだそのような設備はなかった。上映に使用するＰＣも数が足りず、開催までにプロジェクター、スクリーン、ＰＣをかき集める必要があった。助けられたのは、当時個人的にプロジェクターを使用して授業を行っていた教師がかなりいたことである。実に様々な用途で授業に導入しており、私物のプロジェクターを所有している教師も複数いた。それらをお借りした。また、福島大学の協力を得て上映用のＰＣも借りることができた。実行委員長が様々な人と交渉し、たどり着いた協力者であった。生徒みんなで作る文化祭というのは環境面についても言える。スピーカーはクラス内で持っている生徒が準備できるとよいと考え

写真 3　各教室でプロジェクターを使用し作品鑑賞

た。いくつかのクラスで素晴らしいスピーカーの準備があった。ハード面では苦労はあったものの準備の問題はほぼクリアできた。（とはいえ、この企画を今の2023 年に行うとすれば、全く問題なく、明日にでも始められる。ギガスクール構想により状況は変わった。）

　次に撮影・編集のためのハード面についてであるが、これは学校からは何の手も差し伸べていない。2020 年の時点で生徒たちの手に普及しているスマートフォンは 10 分間の映像作品を撮影・編集する性能を十分持っていた。よほど特別な機能を求めない限りこれで十分で、ソフト（アプリ）面でもカバーされている。おそらく作品を作るだけなら 10 年前でも可能だったであろうが、データの受け渡しなどが生徒間で容易になったのは最近である。このデータ転送の壁が低くなったことは共同制作をする上では大きい。

　では、制作する生徒の技術面はどうであったか。映像編集者もしくはクラス企画長を想定し、7 月に希望者対象で「映像編集基礎講座」を開いた。映像編集が得意な生徒 2 名（いずれも 2 年生）と私とで情報処理室で行った。音声・静止画像・動画を P C 上で扱うこと、ファイル形式や、スマートフォンとのデータのやり取り、無料の動画編集ソフトを紹介するなどしたが、出席者はそれほど多くなく、ほとんどが 1 年生だった。この状況から考えると本校においては動画編集の技術的ハードルはそれほど高くなく、クラス内で誰かはできるということだろう。完

成した動画の様子を見ると実に様々なソフトが使用されているようである。MP4ファイルで指定しているにも関わらず MOV ファイルが出されてくる状況を見ると、iPhone を使用している生徒が多いことが予想されるし、無料ソフトのロゴが入った映像も見られたことから、インターネットを駆使して動画編集にトライしている姿が想像された。そういった無料ソフトは機能が限定されるものの、操作が直感的で使いやすいものも多い。PC を使わずに全てスマートフォンで行ったというクラスもあった。結論としては、作品制作の上で技術的な問題は生徒がうまくクリアしたと言える。ただし、音声レベルの問題は生じた。小さい音で作られた作品、大きい音で作られた作品とまちまちで、上映する際には無視できない問題となり、提出後に調整する必要が生じた。その他では技術的な面で心配した点は、ほとんどが文字通り心配に過ぎなかった。

4．出来上がった作品群

　この文化祭では、全22クラスからの作品の提出があり、更に有志団体２つ、教員の作品が加わり25作品が集まった。これにオープニングムービー、エンディングムービーを加えると27作品ということになる。後者２つは省くとして、単純には分けられないのだが、その作品の傾向をまとめると

　ドラマ（16）、ドキュメンタリー（2）、ミュージックビデオ（2）、パフォーマンス（2）、バラエティ（1）、コント（1）、ストップモーション（1）

　制限時間10分をフルに使って１本のドラマに仕立ててきたクラスは意外に少なかった（16作品中６作品）。共同制作では、多数の意見が出た時に集約しきれず苦し紛れにＣＭを挟んだり（好きにＣＭを作る班に分ける）、オムニバス形式にしたりということが起きやすい。一本の一貫した脚本で勝負する強さを制作に入る前に強調すべきかもしれない。ドラマの内容はコントドラマのようなものが最も多い。笑わせたい、ウケたいという傾向は強い。クラス全員で何かを共同制作しそのプロセスを映像化するドキュメンタリーはまとめやすい。

　また、何らかの模倣を起点とした作品制作が多かった。バラエティー番組の模倣、ドラマ・アニメ作品のパロディ、有名楽曲のミュージックビデオ、ゲームソフトの世界観など。まだ経験の浅い高校生にとって、土台となる文化的な体験が少ない中で自分が影響を受けたアーティストの作品やテレビ番組などが、直接的

に出てきてしまう傾向がある。これらは生徒たちの価値観に強く結びついているため、簡単には切り離せない。

　大賞に輝いたクラスは有名テレビドラマ「世にも奇妙な物語」を高校生の視点に落とし込んだ作品であった。元となったドラマ映像の効果音の入れ方、画の作り方、ストーリーの構成などがもたらす効果を分析し、忠実にトレースするような作りで、映像リテラシーの観点からは大いに得るものがあったと思われる。監督の生徒が厳しく演技指導したようで、一つのイメージに向かってみんなが協力していった様子がうかがわれる。このクラスでは、文化祭終了後もロケ中の写真がたくさん並べて教室に貼られていた。

　次点に輝いた作品は、古典の授業で学ぶ和歌の世界を、現代の高校生が生活の中で感じている「陰キャ・陽キャ」という価値観になぞらえて展開させる作品であった。タイトルは「陰陽歌合せの乱！」。数少ない一本のオリジナルの脚本で勝負した作品であったが、そのストーリーを面白おかしく、そして分かりやすく表現する工夫が、初々しく生き生きした演技とともに散りばめられた作品であった。

　既存のものを何も借りずにオリジナルの作品を作ることは非常に難しいが、例え何かを借りたとしても、そのまま再現するのではなく新しい高校生ならではの視点が加わってほしいものである。また鑑賞する側は、制作した生徒たちがどのような考えでどのような表現をしたのか、注意深く細部に目を配ることが重要である。元ネタとは違う部分、あるいは元ネタのどこに着目し、どこを抽出したのかなど。

　映像を使ったエンターテイメントがあふれた現代で、我々の鑑賞のレベルは自然と高くなっている。教育の現場でその感覚をそのまま生徒作品に向けるべきではない。生徒が何をしようとしたのかという、作り手の立場に立って受容的に見るべきである。また、作品の制作のプロセスを推察し、どのような活動の展開があったのかを想像しながら見ることが重要であり、それが学校の中での活動としてどのような意味があるのかを考える必要がある。この視点を持つために、教師が自らも協力して映像作品を作ることを強く薦めたい。映像作品の中で、意図せず映りこんでしまった校内の日常風景やキャスト同士の心模様など、その制作意図からは外れたところにも、生徒たちの「今」が理解できるかけがえのないものを発見できるようになる。

5. 貴重な審査員講評

　審査員のお二人からは示唆に富んだ、ボリュームのある講評をいただいた。その一部を紹介したい。

　新潟大学教授柳沼宏寿氏は、作品制作のプロセス内での生徒の狙い・そこで起こったであろう内面的なゆらぎを受動的に考察いただきながら「短時間でこれだけレベルの高い作品群が誕生したことは驚異的だ。ピンチはチャンス。コロナがなければ今回の素晴らしい取り組みはなされなかった。福高の諸君は価値ある文化を確実に創り上げた。」としつつも、「海外の若者の多くは、おそらく自分のためにではなく誰かに向けて製作しているのではないだろうか。グローバル化が進む中で、国境を超えたコミュニケーションのツールとして映像メディアを利用しているように感じる」と、映像メディアの特質に言及し「世の中の問題を掘り下げる文化的な視点を持つ」ことを呼びかけた。

　フォーラム福島支配人阿部泰宏氏は、「映画・映像は集団作業でないと作れない一方で、ひとりひとりの主張を民主的に、寛容に取り入れていたら、まったく作品にならない」という共同制作の問題点に触れながら、「作文にしろ、映像作品にしろ、今後何かの形で表現をすることがあれば、自分をもう少しさらけだすというか、告白する大胆さやてらいをふりはらった自己表出はやはり大事ではないかと思います。それが人を動かし、議論を生み、気づかない自分に気づかされる契機にもなろうかと思います。」という表現する上での根源的な部分に踏み込んで問いかけた。お忙しい中時間を割いて作品を鑑賞し、当日駆けつけて下さったお二人には感謝申し上げたい。この講評が次年度の作品制作に多大なよい影響をもたらしたと考えている。

6. 撮ること・撮られること、見ること・見られること

　カメラを向けられて、それを意識しないでいられる人間は稀であろう。カメラを向けられるというのは通常にはないことである。街角でニュース映像を撮っているカメラに、たまたま居合わせた場所で映りこんでしまいそうな時、私たちはそれを意識せずにはいられない。前を走っている車に「録画中」と目立つステッカーが貼ってある時、私たちは少し複雑な心境になるのではないだろうか。しかし、映像作品を作る時、撮影者のカメラが自分に向けられたときの心理は全く違

う。おそらくそれは向けられている眼差しの種類が違うからなのだろう。

　作品を作ろうというシチュエーションは魔法のような力を持っており、そこに少しだけ非日常が生まれる。非日常が生まれると、日頃の価値観とは違った新しい価値観で自分が評価されるのではないかという期待が生まれ、かえって本来の自分自身が解放されることになったりする。演じているのだがむしろそれが本当の自分であるような不思議な感覚が生まれる。カメラに撮られる時、やはり最初に意識するのは同じ作品を作る仲間としての撮影者、監督、キャスト、編集者・・数々の仕事に関わってくれているクラスメートだろう。撮る側はどうだろうか。自分が撮った映像を友達に見てもらう、これは視点の提示である。撮影者もまた映像を通して見られているのであり、同様に編集者にもそれは言える。撮ること・撮られることは、そのまま見ること・見られることを意味し、その関係がクラスの人間関係を育むことになる。撮ること・撮られること、見ること・見られること、そして見せることが認められることにつながっていく。その相互作用が強い自己肯定感を生み出す。これは、演劇が持つ効果にとても近い。しかし映像作品制作はやり直しながら作りこんでいくことができる。演技そのものだけでなく、それにカメラワークが相乗効果をもたらすように、様々な制作者（生徒）の視点が影響し合い積み重なっていく。演劇にあるむき出しでの勝負感がやや緩和される。緩やかな関係の中で互いを見つめ合いながら作品が作り出され、生徒同士の新しい関係性が開かれていく。これこそ文化祭に生徒が求めるものであり、映像制作の活動の中にしっかりとそれはある。

写真4　生徒たちの撮影の様子（右の窓際が撮影者）

7. 生徒制作によるメイキング・ドキュメンタリーの存在

　2020 年コロナで社会が揺れていた時、文化祭開催の可能性を探るために実行委員は多くの教員に意見を聞いていた。その中で、養護教諭がこのような特別な状況だからこそ記録を取っておくべきであるとアドバイスをくださった。一人の委員の生徒が、記録映像を撮るという役割を担い、実行委員の話し合い、準備をする生徒たちの様子、当日の様子をひたすら記録した。そうしてドキュメンタリー作品が作られた。文化祭が終了し、秋も深まりかけた放課後、夜の校舎の壁に作品が映し出され、上映会が行われた。集まった生徒・教員約 50 名から暖かい拍手が送られた。

　このメイキング・ドキュメンタリーの存在価値は時間が経つにつれ高まっていると私には思える。当時のコロナ初期段階の異常とも言える社会の状況の中で、生徒たち、教師たちはどのようなことを感じていたのか、この記録映像がなければ薄まって消えてしまったかもしれない。この作品を生徒が制作したということの意味も大きい。活動する生徒たちのただ中で撮られたこの作品には生徒にしか撮れない生徒の自然な姿がある。「こうやって撮影してることで・・・やっぱりこの一か月休校期間があって、あまり仲良くなれなかったので・・・それを取り戻すというか、そういう形で絆を深められたらいいなと思うので、今やれることを全力で楽しめるようにしたいなと思ってます」と話す男子生徒が登場するが、少しはにかみながら言葉を探し、話す彼を捉えた映像はその言葉の重さをそのまま写しとっているように思える。

　付け加えると、その後全作品を収録したＤＶＤが作られ、審査員のお二人の講評を全文掲載したブックレットも収録された。作品として活動を振り返られることは、前進していく上で重要である。(**写真 1 から 4 はメイキングドキュメンタリーおよびエンディング映像より**)

8. 福島高校文化祭のその後

　映像制作による文化祭の後、福島高校の文化祭はどのような変化が見られただろうか。次の年、2021 年は「On Stage!」と銘打って、近くの文化センターの大ホールを借りた取り組みを行った。相変わらず感染対策には神経を使ったがそれについては割愛する(本当なら生徒たちの取り組みはコロナ情勢と切り離すことは難

しいのだが）。2020 年の文化祭の問題点は、自分たちの作品がどのように見られたのか分からないということだった。鑑賞している隣の教室からはなごやかな笑い声が聞こえてくるのだが、どの作品を鑑賞しているのか知りようもなかった。そこでこの年は文化センターの大ホールで、みんなで一緒に見ようということになり、そしてステージがあるのだからパフォーマンスも認めようということになった。映像＋パフォーマンスの文化祭は大変盛り上がった。拍手が会場に鳴り響き、時々笑い声やつっこみの声が上がる。ステージの合間には生徒運営のラジオがＳＮＳ経由で集まった投稿も取りあげながら流れていた。作品をみんなで見るということが作り手と鑑賞者の相互作用を生んでいたように思う。前年の講評の成果か、社会的なテーマや、日々の高校生活の中で感じている疑問などを扱った作品も現れた。生演奏あり踊りあり、映像のみもありというこの文化祭は、私の目からはある意味完成形のように映ったが、生徒たちが本当に求めているものとは違った。生徒が求める「文化祭」はあくまで学校に人を呼び込んで、クラスごと教室ごとに展開され、自由に校内を行き来できる文化祭だった。

　2022 年、コロナ騒動も以前よりは大分静かになってきた頃、実行委員の生徒たちは強い意志で「学校で開催したいんです」と言った。数々の難題をクリアし、何とか学校で開催することができたがコロナ前の規模には遠く及ばなかった。2023年、文化祭は学校を会場とし二日間の公開、一般入場はチケット制としたが、中・高生は自由に入場可となり、コロナ前の形に戻りつつある。クラス企画には縁日やお化け屋敷、アトラクション、演劇公演が並び、体育館では音楽演奏、クイズ大会、ダンスパフォーマンスなどが展開した。生徒たちが求めたものは、校内が自由な人々の笑顔で満たされる文化祭だったのだなと気づかされた。映像作品をメインに据えたクラス企画は残念ながらなかったが、演劇やパフォーマンスなどに映像を取り入れる動きはあった。閉祭式のエンディング映像は生徒からＳＮＳ経由で集められた写真のスライドショーで、唯一開祭式のオープニング映像だけが純粋な「映像制作」と呼べるものであった。

9. 最後に

　2023 年文化祭でクラスの出し物として純粋な映像作品は完全に消えたが、企画の中に映像技術は生かされるようになった。一方で開祭式・閉祭式ではオープニ

ングムービー、エンディングムービーが作られている。投影されると非常に盛り上がる。

　2023年オープニングムービーを担当することになった生徒は、以前からダンスユニットの映像づくりなどを行っていた生徒であった。2021年の映像＋ステージの文化祭でもダンスグループの映像を制作・発表していた。その生徒がプロデュース・撮影・編集を担った2023年オープニングムービー作りの流れを紹介したい。まずは映像に参加したい生徒を募った。その際に、あるテレビコマーシャルを提示し「こういう感じで作りたい」と示された。完成イメージの共有である。制作者が自ら選んだ曲、約4分30秒の中身を計画していった。校舎内にスタート地点からゴール地点までの経路をつくり、様々なポイントに出演者を配置、それぞれの役割が事前に伝えられ、カメラの動きと参加者の動きを説明するアニメーションまで作成していた。撮影当日はその経路に従って基本一発撮りで行われ、キャスト・スタッフ総勢80名ほどの中を、撮った映像を確認しながら進んで行くという手法を取った（**写真5**）。印象的だったのは撮影に集まった生徒たちの生き生きとした表情だった。授業が始まる前、人気のない早朝の校舎に集まった生徒たちの晴れやかな笑顔を見て「なぜこんなにも楽しそうなのか」と思わずにはいられなかった。しかし案の定撮影は後ろに後ろにずれこんで、登校す

写真5　2023年早朝のオープニング映像ロケ

る生徒で校舎内も混みあってきた。そのときこの撮影を横目で眺めながら興味深そうに、あるいは笑顔で通り過ぎていく生徒の表情に気づいた。その日は快晴、真っ青な空で朝の昇降口は早くも夏の熱気を帯び始めていた。撮影はぎりぎりまで行われたが、予定の分を撮りきることはできなかった。それでも、撮影者とスタッフ、キャストたちの表情は晴れやかだった。何か楽しいスポーツを精一杯やり切った後のような爽快さを漂わせていた。

　撮れなかった分は後日改めて撮影し編集作業に入る。編集作業は孤独である。撮れた素材を何度も見直しながらタイミングを計り、切り、合わせる。テロップを入れる・・・黙々とこなす長い作業であろう。

　開祭式が始まり、体育館で全校生徒の前で完成したオープニング映像が流された。生徒たちの目は釘付けである。マスク姿で歩き出した実行委員長がいつしかマスクを外し、活発な生徒たちの中に飛び込んでいく映像はコロナからの解放を思わせる内容であった。そして映像が終わると同時に盛大な拍手が起こり、実行委員長あいさつに引き継がれた。

メディア・リテラシーの学習に関する探索的検討
定時制高校におけるショートフィルムの鑑賞をもとに

An Exploratory Study of Media Literacy Learning
Based on the appreciation of short films in a part-time high school

片桐 彩

Aya, Katagiri

1. はじめに

　今日、ソーシャルメディアを通して、人気の動画アプリで作成された様々なショートフィルムを目にする機会が増えている。それらは、インスタントでインパクトのある動画発信の方法として人気を集めている。

　従来の高性能のアナログ機器（カメラなど）を使いこなしている表現者からは、モバイル機器による表現はチープなものだとみなされることがある。芸術的視点からすると、時間や空間的な規模の点などで、これらは膨大なエネルギーを投じた芸術作品に並ぶ価値があるのかどうか疑わしいという点で評価されにくいのだろうとも感じる。しかし、デジタルメディアといった視点で捉えると、モバイル機器を通した手軽な印象のショートフィルムなどは、少し異なるところに価値があるのではないだろうか[1]。これに関して、少し視点を変えて考えてみたい。

　本稿で筆者が注目するのは、モバイル・メディアの中に見られる、限られた要素による演出方法である。たとえば、近年、スマートフォンによって撮影・制作されたショートフィルムのコンテストをネット上でよく見かける。それらのショートフィルム作品の長さは様々だが、限られた設備や技術、時間的制約の中で、情報を取捨選択してストーリーを短時間の映像で描く工夫は興味深い。1分程度の短い映像作品においては、短い時間の中で印象に残る情報発信の方法を十分に練る必要があるだろう。この場合は、コミュニケーションやデザインの力が、思考力や表現力と関連して作品の出来に影響するのではないだろうか。たとえ規模の小さなショートフィルムであっても、そこには価値が存在するのも確かである。

　本研究では、モバイル・メディアで制作されたショートフィルムを高等学校における美術の鑑賞教材として取り上げてみたい。本稿においては、映像メディア

表現の特質や表現効果などを感じ取り、作者の心情や意図と創造的な表現の工夫などについて考え、見方や考え方を深める[2]指導方法に関して探索的に検討する。尚、対象生徒は、定時制高校で美術を学ぶ高校生である。

2. 生徒の多様性とショートフィルムの鑑賞方法をめぐって

本研究における鑑賞の教材として、価値のあるショートフィルムを発信している「モバイル・フィルム・フェスティバル (Mobile Film Festival)」という国際的な短編映画のコンテストより、教材として作品を選定した[3]。

ウェブサイトによると、2005年に設立されたこのモバイル映画祭は、「1 MOBILE、1 MINUTE、1 FILM」というシンプルな原則に基づいて制作された、ストーリー性のあるショートフィルムを発表している。巨額予算の作品ではなく、スマートフォンで撮影した長さ1分程度の映画作品に条件を限り、世界中から作品が応募できる点が斬新である。作品を応募・登録する際は無料であるため、経済的地位に関係なくすべての映画製作者が平等にチャレンジできる。これは、今日的な価値をもつデジタルメディアの特徴のひとつと言えるだろう。

また、作品の中で扱うテーマの内容は、気候変動、環境汚染など、人間と社会の問題に焦点が当てられ、世界的・現代的なテーマが扱われている。この点で筆者は、モバイル・フィルム・フェスティバルにおけるショートフィルムは、文化的に多様性のある定時制高校における映像メディア表現の鑑賞教材として適していると考えた。

さて、鑑賞の活動に関する資質・能力を育成するために、言語活動の充実を図ることが大切とされている[4]たとえば、学習指導要領では〔共通事項〕に示す視点を基にして、自分の価値意識をもとに生徒同士で発表し批評し合ったりするなどの活動を通して学びを深めることが、発想や構想に関する資質・能力や鑑賞に関する資質・能力の育成の方法として示されている[5]。

本研究の対象となる定時制高校においては、不登校を経験している生徒が多く、学習活動が潜在的に活発になりにくいという課題を抱えている。授業においては、生徒同士で発表し批評し合ったりするなどの活動は、生徒の学習意欲をかえって失わせる要因となりやすい。たとえば、授業で指名されたり、皆の前で意見を発表したりする活動は、集団の中で注目を浴びることにつながるため、当該

校の生徒にとっては大きなストレスになりやすい。

　生徒の国籍が多国籍であることも、他者との意見交換が活発になりにくい要因にもなる[6]。日本語に自信がない生徒にとっては、皆の前で発表したり、議論したりという活動はややハードルが高いようだ。それを乗り越えて取り組もうとする生徒が、当該校では少ないのも課題ではある。

　しかしながら、生徒は、個別に絵を描いたり作品を制作したりすることに高い集中力を示す傾向がある。よって、鑑賞の活動においても、個別に取り組む活動をまず充実させることで、作品の良さをじっくりと味わうことによる学びが成立すると考えた。生徒の多くは、日本語による感想の記述なども短い文にとどまっている場合があるため、負担感を少なくしながら、個々の学びを実感でき、それを全体の学びへとつなげるような鑑賞の方法を検討した。

　そこで、個々の生徒がショートフィルムにどのような印象をもったかをSD法によって測定することで、鑑賞の学習指導につなげる方法を検討した。生徒が評価した質問紙のデータを集計し、全生徒によるショートフィルムの印象評価の傾向を全体的に把握した。

　本稿においては、生徒が評価した映像に対する印象を分析しながら、データがどのようにメディア・リテラシーの学習に生かせるかを検討する。

3．調査の方法と内容

(1) 対象

　定時制高校 2 年生以上対象の「美術 II」選択者 19 人（2 年生 3 人、3 年生 11 人、4 年生以上 5 人）。

(2) 調査内容

　ショートフィルムの印象評価及び自由記述の感想を基にして、高校生がとらえた動画の印象を分析する。SD 法による質問紙を用いて、約 1 分間のストーリー性をもったショートフィルムを生徒に鑑賞させた。作品は、生徒の文化的な多様性を考慮し、日本人の生徒も外国籍の生徒も特定の文化の影響を受けにくいと思われる国で制作されたもので、世界的視野で考えることが可能な社会問題を扱った内容とした。授業においては 4 点の作品を鑑賞したが、本稿では、そのうち 2

図1　各ショートフィルムを視聴できるQRコード。左が『BREATH』、右が『CANETTE』

点の作品の鑑賞を扱う。尚、作品の内容は、図1に示すQRコードより視聴が可能である。

　選定した作品には、セリフや文字情報は少なく、字幕が付されている作品の言語は英語である。外国籍で英語が堪能な生徒以外は、その内容が読み取れないと思われる。映像と音声のみによって映画の内容やストーリー性を生徒がどのように読み解くかという、メディア・リテラシーの観点から選定した。一部の外国籍の生徒で、英語の字幕が理解できる生徒も少数いると思われたが、ショートフィルムの中で扱っている社会問題に関する知識に精通している者は少ないと考えられた。よって、これらの教材は、主に映像と音声から作品の印象を自分なりに捉える際に、どの生徒もある程度平等に取り組めると思われた。

(3) 映画 (刺激) の概要

①「BREATH (1分15秒)」(ディレクター：Mehmet Can Micik、制作国：トルコ、2018年)

　概要：2011年に深刻となったシリアの難民問題に起因する社会問題を描いた作品。男性が路上で食事中に窒息し始める。母国で医師を務め、現在はホームレスとなっている難民が男性の命を救った。シリアで医者だった男性がトルコで難民として路上生活を送っている現実を1分間の中で描いている。

②「CANNETTE (1分35秒)」(ディレクター：Alex Chauvet、制作国：フランス、2018年)

　概要：ポイ捨てされた空き缶を擬人化したコミカルな動きと、エンディングの

細やかな感情表現の対比によって、人間の活動を主な要因とする、気温と気象
パターンの長期的な変動（気候変動）の問題を訴える作品。

(4) 質問紙

　質問紙の内容を**図 2**に示した。外国籍の生徒において、日本語の形容詞の意味
が分かりにくい場合があると考えたため、各形容詞の英訳版も用意し、必要に応
じて使用させた。また、各映画に関する感想も自由記述させた。

(5) 手続き

　映画を鑑賞した後に、質問紙に回答を求めた。最初に説明なしで視聴させた
後、授業者（筆者）が内容を補足説明し、再度鑑賞させてから質問紙への回答を求
めた。

鑑賞した映画の印象を評価してください。対になる形容詞について，鑑賞した作品がどの程度あてはまるか
を評価し，最もあてはまるところに○をつけて下さい。

映画のタイトル：

		かなり	少し	どちらでもない	少し	かなり	
1.	よい						わるい
2.	好きな						きらいな
3.	美しい						醜い
4.	騒がしい						静かな
5.	動的な						静的な
6.	楽しい						つまらない
7.	軽い						重い
8.	明るい						暗い
9.	陽気な						陰気な
10.	緊張した						ゆるんだ
11.	鋭い						鈍い
12.	分かりやすい						分かりにくい

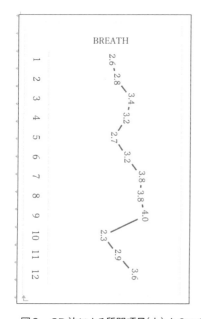

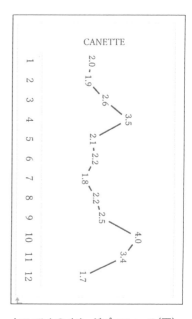

図2　SD法による質問項目（上）と2つのショートフィルムのイメージプロフィール（下）

4．生徒が捉えたショートフィルムの印象
(1) 分析1　映画①について
　図2の左下は、生徒の回答結果の平均値をもとに作成した、映画①のイメージプロフィールである。データを見ると、各形容詞対のうち、「軽い－重い」「明るい－暗い」「陽気な－陰気な」「分かりやすい－分かりにくい」の平均値が「重い」「暗い」「陰気な」「分かりにくい」の方向に大きく傾いていた。生徒は全体として映画①に対して、「重くて暗く、陰気で分かりにくい傾向がある」と捉えていたことが分かる。また、平均値が最も極端な値を示した形容詞は「陰気な」(4.0)であったことから、生徒は全体として、映画①の印象を「陰気」と評価していたことが示された。

　生徒の自由記述（図3）をもとにすると、「最初はよく理解できなかったが、話を聞いてみたら大変な状況を知り、残酷だと思った」や、「ホラーだと思ったら人の優しさが見えた映画」、「最初は単純に人を助ける話かと思ったが、結構重い話だった」など、最初に視聴したときと解説を聞いてから再度視聴した後で、映画に対する印象が大きく変化したことが分かる。また、「難民を受け入れて欲しいというメッセージ」や「現社会の非常さや残酷さ」といった作品のもつメッセージを感じ取り味わっていることが伝わってくる。一方、「タイトルの意味がよく分からない」「喉につまっていたものを吐かせた」などの記述から、作品のタイトルが示す比喩的な表現を読みとることはやや難しかったと考えられる。

　生徒の記述内容からも、生徒が映画①の印象を「重くて暗く、陰気で分かりにくい傾向」と評価したことがうかがえる。

(2) 分析2　映画②について
　図2の右下は、生徒の回答結果の平均値をもとに作成した、映画②のイメージプロフィールである。データを見ると、各形容詞対のうち、「騒がしい－静かな」「緊張した－ゆるんだ」「鋭い－鈍い」「分かりやすい－分かりにくい」の平均値が「静かな」「ゆるんだ」「鈍い」「分かりやすい」方向に大きく傾いていた。生徒は全体として映画②に対して、「静かでゆるんだ印象で、鈍くて分かりやすい傾向がある」と捉えていたことが分かる。また、平均値が最も極端な値を示した形容詞は「ゆるんだ」(4.0)であったことから、生徒は全体として、映画②の印象を「ゆるんだ」、すなわち、リラックス感のある印象と評価していたことが示された。また、

映画②では、「分かりやすい―分かりにくい」という形容詞対に対する評価の結果は「分かりやすい」に傾いた評価（1.7）となっていた。

　生徒の自由記述（図3）をもとにすると、「缶がつぶれたり、ひねった時などの音が何度聞いても好きだった」「かなり本物っぽいCGだった」など、映像の技術に関心をもったことが分かる。それらに関心をもちながらも「切ないというか、悲しい感じ」「缶に表情があった」という演出効果に対するコメントもあった。また、「缶に人間的な感情を入れることによって、ポイ捨てを止めさせる効果があると思った」、「視聴者にポイ捨てはいけないということを問いかけている」など、ストーリーの意図を概ね読みとることができている。これは、イメージプロフィールで示されたデータとも同様の方向を示している。

① BREATH	② CANETTE
a. 二回目はかなりイメージが違うと思った。(高2)	a. かなり本物っぽいCGだった。(高2)
b. 難民を受け入れてほしいというメッセージがあると思った。タイトルの意味についてはよくわからなかった。(高2)	b. 缶に人間的な感情を入れることによって、ポイ捨てを止めさせる効果があると思った。(高2)
c. 最初はよくわかんなかったけど、話をきいてみて、大変な状きょうって知ってざんこくと思った。(高2)	c. 切ないというか、かなしい感じがした。缶のつぶれたり、ひねった時などの音が何度聞いても好きだった。(高3)
d. ホラーだと思ったら、人の優しさが見えた映画でした。(高2)	d. スプライトの缶の方が楽しいと思います。(高3)
e. 顔が姿に入っていない。やることに（※1字不明）おる。(高3)	e. 日常的な風景があって良い。(高3)
f. 訴たえかけているストーリーでいいと思う。(高3)	f. 缶がポイ捨てをされたとき、どこか（冒険？）に行くのかと思ったけど、ゴミ箱にきちんとおさまりに行こうとしたのが意外だった。（その後処分されるから、命があるなら生きたいのではという意味）(高2)
g. 遠目から見ていたから、というのもあるかもしれませんが、何が起きているか全くわかりませんでした。みんなで話をして、意見を聞くまでは、精神病かなにかの話かと思いました。(高2)	g. 悲しいのか楽しいのかわからないびみょうな動画。(高2)
h. BGM以外ほとんど音がなかった（高2）	h. 缶に表情があったような気がした。悲しさがあった。(高3)
i. 最初は単純に人を助ける話かと思ったけどけっこう重い話だった。(高3)	i. 缶が最後よだれをたらした。(高3)
j. のどにつまっていた物をはかせた。(高3)	j. 視聴者にポイ捨てはいけないと言う事を問いかけているように感じた。空き缶が人がちゃんと塵箱に捨てなかったので、自力で塵箱迄移動し、我々人間がちゃんと塵箱迄行って捨ててくれという感じがした。(高4)
k. シリアで医者として働いていた男性が、歳月が経過していくにトルコで難民し、家族も職業も住む所を失い、ある男性が口を含んではいけない物を口にしており、そのホームレスの人に助けていると字幕を見て分かりました。いわば、現社会の非常さ、残酷さを伝えているように思った。(高4)	

※生徒の記述をそのまま文字にした。

図3　2つのショートフィルムに対する生徒の感想

5. 考察

　本稿では、生徒の学習活動が潜在的に活発になりにくいという実情を抱えた定時制高校における映像メディア表現の鑑賞の試みとして、生徒達が感じた映像に対する印象を捉え、分析しながら、メディア・リテラシーの学習としてどう生かせるかを探索的に検討することを目的としている。

　まず、ショートフィルムの鑑賞をメディア・リテラシーの学習として位置付け、SD法による調査をもとにして得られた情報を探索的に検討した。今回は有効回答数が 20 人という小規模な調査となったため、各形容詞対に対する評価の得点の平均値を算出して、映画のイメージプロフィールの作成を試みた。以下、本研究における調査によって得られた結果を基に考察する。

　映画①と映画②のイメージプロフィールを比較すると、印象の違いが明確である。また、図3に示した生徒の感想に見られるように、生徒の記述レベルには差がある。日頃言語活動を通した活動の成果が出にくいと考えられる生徒であるが、映像に対する印象評価によって各自が読み解いたイメージを評価し、データ化して視覚的に示すことで、メディア・リテラシーの学習を促進する可能性が示された。映像のイメージプロフィールによって、個の活動を全体の学びにつなげることが概ね可能であると確認された。

　今後は、質問紙への回答結果を授業に還元し、実際に生徒の鑑賞の学習へ役立てる方法を検討する必要がある。その際に、全体としての印象評価から映像に対する限定的な捉え方を指導するのではなく、個々の生徒の感想も取り上げながら、様々な感じ方や捉え方があることにも気付かせたい。多様な価値を育てながら取り組んでいくことが大切と考える。

　ICT 環境の整った今日の教育現場においては、今回検討したような鑑賞のスタイルにも更なる工夫ができると考える。今後はより規模の大きな集団における印象評価を取り入れた映像メディアの鑑賞方法についても検討していきたい。

註

1) 片桐　彩「高等学校における協働学習に基づいた映像メディア表現の教育的効果（Ⅲ）」『美術教育学』，第42号，2021，pp.119-134.
2) 文部科学省　『高等学校学習指導要領（平成30年告示）解説　芸術（音楽　美術　工芸書道）編　音楽編　美術編』，教育図書，2019（平成31年）.
3) Mobile Film Festival ウェブサイト，〈https://www.mobilefilmfestival.com/en/about/〉，（2023年10月1日閲覧）.
4) 文部科学省，前掲，p.124.
5) 同，p.139.
6) 片桐　彩「協働スキルを育む映像メディア表現―多様な生徒を対象にしたクロスカルチュラル・ラーニングの予備的検討―」，柳沼宏寿 編『SCREEN LITERACY -Education Through Visual Media Expression-』，vol.1，新潟大学大学院現代社会文化研究科，2020，pp.23-32.

参考文献

・仲谷洋平・藤本浩一『美と造形の心理学』，北大路書房，1993.
・大山正・齋藤美穂『色彩学入門　色と感性の心理』，東京大学出版会，2009.

URL

BREATH：https://youtu.be/E-XA12ogTJY?si=UTLQdzUntNi4t7fd
CANETTE：https://youtu.be/AGidbUNwNIg?si=-EFNn396uiry699V

執筆者プロフィール（掲載順）

第1部

佐原　理（さはら おさむ）

名古屋大学大学院博士後期課程修了、博士（学術）徳島大学大学院社会産業理工学研究部教授。映像／デザインにかかわる美術教育研究者として映像的触覚知を生み出すプロセスおよび米国のメディアアートカリキュラムなどを研究。NIRSを用い実際に映像的触覚知（特定の表現活動を行なった際に視覚入力が脳の触覚的認知を誘発する）が脳機能として長期増強することを明らかにしている。また心的視覚イメージを想起しないアファンタジア特性に関してもNIRSを用いて検証し美術教育研究における指導法の開発を進める。またデザインワークにおいては成層圏での気球運用および海洋回収のためのプロダクト開発を行い、成層圏での映像撮影および科学実験サンプルの回収を可能とした。JAXAでの大気球実験に生命科学研究者と連携し参画するなどし、局地研究のプラットフォームとしてバイオアート、地方創生プロダクトの研究開発を行っている。

赤木　恭子（あかき きょうこ）

主な専門は美術教育、美術科教育学。美術教育において、イメージやメディアを観点として、'経験的な創作行為を導く対話的な学修'のあり方を研究している。Key word：人間形成、対話、イメージ、メディア、五感、STEAM、SDGs、PBL、地域社会、共創等。近年は、メディアデザインを文脈とするアートプロジェクトや国際交流に携わる他、次世代へ向けてvividに往還する学びを追究している。東京学芸大学大学院連合学校教育学研究科修了。博士（教育学）。現　熊本大学大学院　准教授。

渡邊　晃一（わたなべ こういち）

福島大学　教授。2001〜02年文部科学省在外派遣員（ペンシルバニア州立大学、ロンドン芸術大学客員研究員）。2018年パリ国立美術学校客員教授。個展（川口現代美術館、田中一村記念美術館、Century Gallery London）、「現代日本美術展」東京都立美術館、「VOCA」上野の森美術館、「今日の美術」北海道立近代美術館ほか海外の企画展等多数。新国立劇場企画の舞台美術、「福島ビエンナーレ」（2004〜）の企画監修のほか、レオナルド・ダ・ヴィンチについて映画やテレビで監修を行うなど広範囲に活動。主な著書『テクストとイマージュの肌膚』青幻舎、『モナ・リザの教科書』日本文教出版。論文「生命形態と美術教育」にて第30回佐武賞。http://www.wa-art.com

山木　朝彦（やまき あさひこ）

鳴門教育大学名誉教授。1955年　東京生まれ。横浜国立大学教育学研究科修士課程修了。大分大学助教授、鳴門教育大学教授を勤め、現称号。研究分野は美術教育学。モダン／ポストモダンの芸術思潮・教育思潮と現実の教育実践との関係や美術館と学校との連携による鑑

賞教育の方法論について次の著作を執筆している。山木朝彦ほか監修『今、ミュージアムにできること』、宮脇 理監修『民具・民芸からデザインの未来まで』、『アートエデュケーション思考』、永守基樹ほか編『美術教育学の現在から』、およびフィルムアート社編『アート・リテラシー入門』を分担執筆。また、社会貢献として、美術科教育学会代表理事（第11期）、せとうち美術館ネットワークアドバイザー、大塚美術財団評議員として、美術教育の社会への浸透を図っている。

柳沼 宏寿 (やぎぬま ひろとし)

1961年福島県郡山市生まれ。福島大学大学院教育学研究科修了。博士（教育学）。福島県公立中学校で21年間の勤務を経て、現在、新潟大学教育学部教授。新潟大学教育学部附属新潟中学校校長（2016-17）。「日本海夕日アートプロジェクト」「下川手集落の〈軌跡〉展」「フォーラム 本宮方式映画教室運動」「シネリテラシーフェスタ」などを実施。また、「子育て支援講座」や「家庭教育講座」などの講師を務めている。論文等「ヴァルネラビリティからレジリエンスへの映像メディア表現～本宮方式映画教室運に見る地域創生力～」（大学美術教育学会）『生命論パラダイムからの美術教育』（ミューズ・コーポレーション）、『教育芸術として立ち上げる総合学習』第50回読売教育賞（読売新聞社）、『認知的方略の自覚化を通した美術教育』第35回教育美術賞（財団法人教育美術振興会）他。

ジャダ・カードリー (Ghada Ahmed Qadri Shaaban)

美術教育学の国際的研究者。ヘルワン大学芸術教育学部芸術教育学科（エジプト・カイロ）で2021年に修士号を取得。現在、エジプトの美術教育大学でPhDを取得中。芸術が子どもたちに与える影響の科学的研究を進めている。特にエジプトの危険にさらされている子どもたちをはじめ、あらゆる側面からの研究を数多く発表。修士課程では、疎外を孕む文化がホームレスの子どもたちの芸術表現に与える影響について研究。芸術は社会を改善し、子供たちの行動を修正するための崇高なメッセージと捉え、大人や子どもの精神に対し豊かに働く芸術のあり方を追求している。Interdependence Hexagon Art Project USA 2020の国際代表・国際審査員。「オンライン附属シネマ（新潟大学附属特別支援学校主催）」ゲスト審査員。「GCL（グローバル・シネリテラシー・フェスティバル）」コメンター。第29回欧州模擬国連会議（2016：オランダ・ハーグ）・北大西洋理事会（NATO）にエストニア代表として参加。

第2部

宮脇 理 (みやわき おさむ)

Independent Scholar ／ 元・筑波大学教授。博士（芸術学）。
日本の美術教育先駆者として工芸・ものづくりを通した感性教育の発展に尽力。1953年東京教育大学（現筑波大学）卒業。文部科学省教科調査官、岡山大学教授、横浜国立大学教授、筑波大学教授、上海・華東師範大学顧問教授、他歴任。元美術科教育学会代表理事。著書『工

芸による教育の研究』(建帛社、1993年)『感性による教育』(国土社、1988年)『アートエデュ
ケーション思想 アートとシネマの教育学』(学術研究出版、2022)他多数。訳書エルンスト・
レットガー著『土による造形』(造形社、1977年)、ハーバード・リード『芸術による教育』(宮
脇理・直江俊雄・岩崎清共訳、フィルムアート社、2001年)他。2016年11月、瑞宝中綬章を受章。

長谷 海平 (はせ かいへい)

関西大学総合情報学部准教授。東京芸術大学博士後期課程単位取得満期退学後、一橋大学助
教、京都大学特任助教を経て2020年より現職。フィルム、デジタルシネマ、スマートフォン
など記録形式が多様化する映像メディアの表現について映画制作を通じた研究に取り組む。
現在はVR表現の可能性をテーマに制作研究を展開している。主な展示に *Maillot de bain*
(2018/ NEWVIEW: Gallery X by PARCO)、*AI History 1890-2090*(2023 / SIGGRAPH
Asia 2023 Sydney: Art Gallery)。

佐藤 昌彦 (さとう まさひこ)

1955 (昭和30) 年福島県生まれ。北海道教育大学名誉教授。福島学院大学教授。北海道教育
大学附属札幌中学校・校長 (2012年4月-2016年3月)。北海道教育大学キャリアセンター札
幌校センター長。博士 (学校教育学)〈兵庫教育大学大学院連合学校教育学研究科、2016年〉。
【主な著書・訳書】
・佐藤昌彦『次世代ものづくり教育研究』学術研究出版/ブックウエイ、2019.
・佐藤昌彦著・抄訳、宮脇理解説『ものづくり教育再考 —— 戦後 (1945年以降) ものづくり
 教育の点描とチャールズ・A・ベネット著作の抄訳 ——』学術研究出版、2018.

上野 行一 (うえの こういち)

教育学者、ハーバード大学教育大学院PE。元高知大学大学院教授。Academia.edu Peer
Reviewer。美術による学び研究会代表。アメリア・アレナスの論文 "Is This Art?" (1990)
に触発されて以来、彼女と活動を共にする。「対話による意味生成的な鑑賞」を開発、全国で
実践を広めている。著書に『私の中の自由な美術 —— 鑑賞教育で育む力』(光村図書、2014)
ほか。NHK番組委員 (高校講座「美術」監修)、光村図書教科書編著者 (中学校「美術」、高等
学校「美術」)。

岩佐 まゆみ (いわさ まゆみ)

大分県立高等学校指導教諭 (美術)、京都芸術大学大学院修士課程在籍 (2024年2月時点)。
美術による学び研究会事務局長、日本教育工学会会員。科研費奨励研究17H00122 (対話型
鑑賞＋美術史学習)、同19H00092 (自己調整学習＋美術探究)。第10回未来教育研究所研究
助成奨励賞 (美術教育の視座からのSTEAM教育)。著書に全国高等学校通信制教育研究会
編『高校生の美術1学習書』(NHK出版、2022)。光村図書教科書編著者 (高等学校「美術」)。

三木 盛顕 (みき もりあき)

兵庫県立美術館主任指導主事兼課長。美術科教諭として兵庫県立高等学校に勤務、兵庫県教育委員会事務局指導主事、同主任指導主事を経て現職。兵庫県高等学校教育研究会美術・工芸部会において研究担当理事、事務局長を歴任。「対話による鑑賞教育」などの教育実践を取り上げた全国高等学校美術、工芸教育研究大会〈2009兵庫大会〉では大会事務局長を務めた。美術による学び研究会会員。

松永 登代子 (まつなが とよこ)

福岡県飯塚市立中学校美術科教諭。岡山大学教育学部特別教科（美術・工芸）工芸専攻卒業。福岡県教員を定年退職後現職。美術による学び研究会会員。日韓映画文化交流研究会代表。論文に「Z世代に贈る『思考を揺さぶる映画鑑賞』〜短編アニメーション映画《父と娘》の授業実践を通して〜」『美術による学び』第4巻第1号（日本・美術による学び学会、2023）。

第3部

井上 昌樹 (いのうえ まさき)

育英短期大学保育学科講師・修士（教育学）。群馬大学大学院教育学研究科終了後、群馬県小・中学校教諭、東京福祉大学短期大学部を経て現職。アートとサイエンスを融合した創造的学びを促す「図工美術×プログラミング」題材の開発に取り組む。現在では、プログラミング概念を拡張した生成AI活用の可能性を探るとともに、幼児のティンカリング体験を誘発する遊び環境の開発にも取り組む。

茂木 一司 (もぎ かずじ)

跡見学園女子大学文学部教授・博士（芸術工学）。群馬大学名誉教授。筑波大学芸術研究科、九州芸術工科大学芸術工学研究科修了後、鹿児島大学、群馬大学を経て、現職。「現代はアートの時代」（R.シュタイナー）を実践するために、アートによる共生社会構築をめざす「インクルーシブアート教育」を模索中。近著に、『視覚障害のためのインクルーシブアート学習』（ジアース教育新社、2022）、『色彩ワークショップ』（日本色研事業、2020）など。

高橋 延昌 (たかはし のぶまさ)

宮城県生まれ。宮城教育大学で中学社会と美術の教諭免許取得後、筑波大学大学院修士課程芸術研究科視覚伝達デザイン専攻修了。デザイン学修士。広告出版会社勤務等を経て、2001年度より（公立）会津大学短期大学部産業情報学科デザイン情報コース着任。2022年度より同短大教授。専門はグラフィックデザインおよび基礎造形教育であるが、ふくしま産業賞で連続入賞するなど実社会と関わるゼミ活動も評価されている。研究室WEB　http://takahainfo.com/

池側 隆之（いけがわ たかゆき）

関西学院大学総合政策学部教授。東北芸術工科大学大学院修士課程修了、修士（デザイン工学）。京都工芸繊維大学大学院博士後期課程修了、博士（学術）。専門は映像デザイン。最近の論考に「サーフェスとイメージ —— 新しい映像創作がもたらす皮膚感覚」（『現代の皮膚感覚をさぐる』春秋社、2022年、分担執筆）、「創造を担う映像ドキュメンテーション」（『KYOTO Design Lab Yearbook 2018』KYOTO Design Lab、2019年、分担執筆）があるほか、コンテンツも多数制作。

マリア・レツィオウ（Maria Letsiou）

ビジュアル・アーティスト。テッサリア大学幼児教育学部ビジュアル・アート教育 助教。テッサロニキ・アリストテレス大学幼児教育学部及び視覚・応用芸術学部で講義を担当（2011-2023）。テッサロニキ・アリストテレス大学視覚・応用芸術学部絵画科卒業（1996）。アテネ美術学校芸術理論・歴史学科博士号取得（2010）。イリノイ大学アーバナ・シャンペーン校芸術デザイン学部にて視覚芸術教育の博士研究（2015）。フルブライト客員研究員プログラム奨学金（2015-2016）。ギリシャ奨学財団（IKY）博士論文奨学金（2005-2009）。第9回ビエンナーレ・オブ・ヤング・ヨーロピアン・アーティスト（ローマ：1999）、ルレオ・アート・ビエンナーレ、LAB11（スウェーデン：2011）。論文（ギリシャ国内外の作品集、雑誌、会議録）多数。ギリシャ国内外の個展、二人展、グループ展に多数出品。研究者としては、美術教育におけるデジタル・メディア、映像・材料文化教育、研究手法としてのアート・グラフィー（A/r/tography）、デジタル・メディアを使った子どもたちの自由な実践に関心がある。

レティシア・バルツィ（Leticia Balzi）

ノルウェーのショルダルを拠点に活動するアルゼンチン出身のアーティスト、研究者、教師。ファーガーハウグ・インターナショナル・スクール・ショルダルでビジュアル・アートとデザインの教師を務める。ニューヨーク大学で美術教育学の「修士（文学）」、ノルウェー科学技術大学で芸術研究の「美術学修士」を取得。ノルウェー、スペイン、ドイツ、アメリカ、ラトビア、アルゼンチンなどで美術展に参加。アーティストとしては、新自由主義的傾向を持つ西洋のビジュアルカルチャーにおいて女性の「身体」が政治的に影響を及ぼしている構造を美学的に検証している。教育者としては、中高生と視覚芸術を通して差別について議論している。フルブライト奨学生。スウェーデン・アーツカウンシルにおいてアーティスト助成金（Kulturrådet Kunstnerstipend）受賞。InSEAヨーロッパ地区代表世界評議員（2023-2025）。

第4部

春野 修二（はるの しゅうじ）

1970年福岡県生まれ。北九州市立中学校教諭、北九州市立美術館学芸課勤務、福岡教育大学附属小倉中学校教諭、北九州市立教育センター指導主事、北九州市立中学校教頭。

第5回さっぽろ国際現代版画ビエンナーレ展 準大賞受賞 (2000年)、北九州市立美術館にて『北九州美術1904-2004』等企画、ハルハウスとして ISBN 出版者登録 (2020年)、『ちいさな山の、おおきなシェルター』(2023年) 等出版を経て現在、クラフト＆コンテンポラリーアーツセンター準備室設立 (2023年)。

笠原 広一 (かさはら こういち)

1973年福島県生まれ。霊山こどもの村・遊びと学びのミュージアム、京都造形芸術大学 (現京都芸術大学)、福岡教育大学を経て、東京学芸大学に勤務。博士 (感性学)。
アート・ワークショップ、Arts-based Research、A/r/tography などをテーマに、美術教育学研究と実践開発に携わる。著書に『子どものワークショップと体験理解 —— 感性的視点からの実践研究のアプローチ』(2017 九州大学出版会)、『アートグラフィー —— 芸術家／研究者／教育者として生きる探求の技法』(2020 ブックウェイ／学術研究出版)、『まちと・アートと・場づくりと こくぶんじアートラボ・プロジェクトの実践から』(2022 学術研究出版) 等がある。

竹内 とも子 (たけうち ともこ)

新宿区立柏木小学校 指導教諭。中学校美術科の非常勤講師を経て、現在東京都の小学校図画工作科の専科教諭として勤務。ごく稀に、6年生担任と国語専科担当。「光を造形素材とした造形活動」や「映像メディア生かした造形活動」を積極的に取り入れつつも、身体感覚を意識した造形活動を一層推進中。また、「版による造形活動を通した創造性育成」の実践や、異動が必須の公立学校勤務を背景に、「地域の特色を生かした造形活動の題材開発」を得意としている。

鈴木 紗代 (すずき さよ)

前橋市立木瀬中学校 教諭 (美術)。群馬大学大学院教育学研究科修士課程教科教育実践専攻美術教育専修を卒業。卒業後は群馬県内で小学校教諭を経て、現在は同県中学校教諭。大学から美術教育における映像表現題材に興味をもち、映像表現における身体の必要性や協働的な学びに焦点をあてて研究。教職についてからも美術における映像表現の題材を開発・実践等を続けている。

甲田 小知代 (こうだ さちよ)

新潟市立新津第二中学校 教諭。中学校の授業や部活において、「社会との関わり」をテーマに映像制作の実践研究を行っている。また、2006年より「フィンランドの美術教育」をテーマに、現地調査や関係者インタビュー、現地校との交流実践を基に、同国の美術教育の動向や制度設計について調査研究を継続中である。

神戸 由美子 (かんべ ゆみこ)

株式会社日経映像、苫小牧市立光洋中学校、北海道登別明日中等教育学校、北海道札幌厚別

高等学校を経て、現在北海道札幌国際情報高等学校 教諭。筑波大学大学院人間総合科学研究科芸術専攻博士後期課程修了 博士（デザイン学）。情報処理学会会員。北海道高等学校文化連盟美術専門部事務局長。

鈴木 雅之（すずき まさゆき）

東京都生まれ。現在、宮城県大河原町立金ケ瀬中学校 教頭。1995年より宮城県内の公立中学校で勤務。2011年より7年間、県立の中高一貫校、仙台二華中学校・高等学校で中学1年生から高校3年生までの全学年の美術を担当する。2018年より2年間、宮城県美術館教育普及部の職員として幼児から高齢者までの教育に携わる。2020年より県内の公立中学校で教頭職として勤務し現在4年目を迎えている。

中原 勝（なかはら まさる）

福島県で美術教諭として勤務。福島県立福島高等学校では、文化祭の担当としてコロナ禍での開催を含む6回の文化祭を経験した。都度小さな変革を加えながら開催し、現在に至る。生徒に意思決定の場を多く持たせた生徒主導の文化祭を心掛けている。1970年生まれ福島大学卒。

片桐 彩（かたぎり あや）

女子美術大学美術教育研究室 非常勤講師。博士（教育学）。国際美術教育学会（InSEA）2023-2025年アジア地区代表世界評議員。横浜国立大学大学院教育学研究科修士課程修了（1996年）。都内民間企業においてDTPデザインの仕事に従事した後、神奈川県公立中学校美術科教諭・高等学校芸術科教諭として25年間勤務。新潟大学大学院現代社会文化研究科博士後期課程人間形成研究専攻修了（2021年）。2023年より現職。

後 記

　映像メディアの始まりは、写真としては1839年にダゲールが発明したダゲレオタイプ（銀板写真術）とされ、動画としては1893年にエジソンが発明したキネトスコープとされる。たかだか百数十年前である。しかし、ここで一気に4万年以上も前、人類が洞窟の壁画を描き始めた頃に思いを馳せてみたい。松明を手に洞窟の奥深くまで入り込み、暗闇に照らし出された壁面に我々の祖先は何をイメージしたのであろうか。目に映るのは、光と影によって映し出される岩の凹凸だろうが、その形象から錯覚や見立てを通して心象イメージを膨らませていったと予想される。その時、岩肌は想像の世界を想起させるメディア（媒体）であった。さらに、そこにイメージを定着すべく牛や馬を描き、当時のコミュニティにおける共通の思いや願いを込めた。その絵を幾人かの仲間が一緒に眺める状況を思い描くなら、洞窟は、暗い空間で大勢の人々がスクリーンを見ている映画館のようでもある。そう考えると、洞窟の壁画は火の光によって浮かび上がる絵画であると同時に、当時の人々にとっては現在の映像メディアと似たインターフェイスを提供していたのではないかと思えてくる。

　現在は、スマートフォンをはじめとしたモバイル端末機の普及よって、TVや映画館のようにスクリーンと観客が固定的な位置関係にあるとは限らず、状況によって自在に移動したり異なった形態になったりする。レフ・マノヴィッチは『ニューメディアの言語—デジタル時代のアート、デザイン、映画—』(2013)の中で、デジタルメディアなどのニューメディアにおいて、旧メディアで前提とされていた「アルベルティの窓」は不動のものとしては失効しつつも、映像の特性やテクノロジーの進化を踏まえつつ「画面は依然として画面」であり「もう一つの空間への窓」というインターフェイスの存在を強調した。たしかに我々は、そのインターフェイスがどのような位相にあろうと、その「画面」あるいは「窓」を通して認識を成立させている。その時、まず銀幕のように映像を可視化するスクリーンをイメージできるが、もう一つの意味としての「ふるい（篩）」が動名詞の「スクリーニング (screening)」の「ふるいにかける」「選別する」であることに着目すると、メディアの特質がより鮮明になる。つまり、我々がメディアを通して受け取っている情報は、特定の条件に照らしてスクリーニングされたものなのだ。しかも

その条件というものには、知覚や認知のレベルから、経験に基づいた見方の傾向、そして思想や哲学なども含んで形成された我々自身の認識のフレーム、いわば「感性」が大きく関わっている。

　人類は、数百万年もの間、石を叩いて道具を作り続け、また、数万年もの間、洞窟に絵を描き続けながら脳を発達させてきた。しかし、単純に「脳の発達」として捉えるのではなく、自然と直に関わりながら五感や体性感覚を通して、造形感覚や美意識そして想像力を含めた「感性」を育んできたことも忘れてはならない。それこそが AI 時代において現実とバーチャルの違いやそれぞれの特質を見極める人間力だと言える。その意味で美術教育はメディア・リテラシーの極めて重要な方法の一つなのである。

　編者が本書の企画を具体的に始めたのは 4 年程前であった。しかし、その後感染症パンデミックが世の中を席巻し、その影響もあって教育界では ICT を一足飛びに普及させることとなった。そのような状況を踏まえると映像メディアの活用についてまとめるにはもう少し現場の様子を見る必要があると考えた。そして、3 年ほど経過した 2023 年の春、ようやく事態が落ち着きを見せてきたことを踏まえて企画を再開した。共同執筆者を募るにあたっては、本書のテーマである「映像メディア表現の教育的意義」に迫るために相応しい人材を、過去十数年の著作物や有識者からの情報を基にリサーチして声をかけさせていただいた。年度内の発行を目指したため執筆期間は約 5 ヶ月という厳しい条件ではあったが、結果的に 23 件の応募があり、構想の具体化へ踏み出すことができた。いくつかの論考からもわかるように、教育現場における ICT 機器の普及や社会のグローバル化など、この 3 年間を通して映像メディア表現の意義や役割が一層鮮明になってきた印象を受ける。その意味で、今、このタイミングで本書を世に出すことに特別な意味を感じている。

　本書は 23 編の論考をざっくりとではあるが 4 つの視点から分類し構成している。第 1 部「映像メディアの位相」は、主として映像メディアと教育の関係についての理論研究である。映像メディアが、美術や教育あるいは学校や映画制作の現場など、様々な領域においてどのような位相に立ち現れ意味を生成しているのかについての考察が展開されている。第 2 部「映画との共鳴」には、映像メディア表現の文化的中枢を担ってきた「映画」との関わりからの論考が集まっている。こ

こでは、社会形成に関わる映像の力や、映画鑑賞がメディアリテラシーと深く繋がっていることが実感されよう。第3部「拡張する表現」では、それぞれの論考において映像制作や教育の現場におけるインタラクティブな展開が紹介され、映像メディア表現の多様性と可能性が開示されるものとなっている。第4部「創造の現場」では、映像メディア表現に果敢に挑戦する教育現場の実践が数多く紹介されている。特に、「映像」というメディアが子どもの創造性を引き出していることや、学校文化を内外に発信する方法として活用されている様相に教育的意義を捉えることができる。以上、それぞれの現場で大変貴重な研究・実践が織りなされており、どれもが刺激的で学ばされることが多い。また、それらが一堂に会することによって映像メディア表現の教育的意義を「感性による教育」の視点から鮮やかに浮かび上がらせていることも感じ取ってほしいところである。

　今回の出版に際し、振り返れば多くの方々にお世話になった。当初、本企画を後押ししてくださった宮脇理先生、そして、途中頓挫しそうな時に励ましてくださった山木朝彦先生、お二人の支えがなければこのような企画を実現させることはできなかった。また、本書の内容を視覚的にもアピールする素敵な表紙をデザインしてくださった片桐彩先生の存在も大きい。彼女は新潟大学で博士号を取得し、現在、InSEA アジア地区代表世界評議員を務めているが、海外からの共同執筆者3人は彼女のグローバルな活動を介しての参加であり、ご自身の論考と翻訳も含めて多面的にご尽力いただいた。さらに、学術研究出版の湯川祥史郎氏と瀬川幹人氏には、出版に関する豊富な経験に基づいたスキルで論者の構想を理想的な形で実現していただいた。そしてなんと言っても共著者の皆さんには心の底から勇気づけられた。十分な時間的余裕がない中での編者の呼びかけに快く賛同し珠玉の論考を発信してくださった。お世話になった皆様に、この場をお借りして深く御礼を申し上げたい。

2024年3月

柳沼 宏寿

映像メディア表現の教育的意義　―感性による教育の地平から―

2024年2月26日　　初版発行

編著者　柳沼　宏寿
発行所　学術研究出版
　　　　〒670-0933　兵庫県姫路市平野町62
　　　　[販売] Tel.079(280)2727　Fax.079(244)1482
　　　　[制作] Tel.079(222)5372
　　　　https://arpub.jp
印刷所　小野高速印刷株式会社
©Hirotoshi Yaginuma 2024, Printed in Japan
ISBN978-4-911008-36-2